BIBLIOTHÈQUE D'HISTOIRE CONTEMPORAINE

Dr JEAN LORIS-MÉLICOF

Chargé de mission du Gouvernement français,

La Révolution Russe

et les

Nouvelles Républiques transcaucasiennes

BOLCHEVISME ET ANTIBOLCHEVISME

Préface de M. ALBERT THOMAS

Ancien Ministre,

Directeur du Bureau international de la Société des Nations.

LIBRAIRIE FÉLIX ALCAN.

La Révolution Russe

et les

Nouvelles Républiques

transcaucasiennes

BOLCHEVISME & ANTIBOLCHEVISME

par le

Dr JEAN LORIS-MELICOF

Chargé de mission du gouvernement français en 1919

Préface de M. ALBERT THOMAS
Ancien Ministre
Directeur du Bureau International du Travail de la Société des Nations

PARIS
LIBRAIRIE FÉLIX ALCAN
108, BOULEVARD SAINT-GERMAIN, 108

1920

A LA MÉMOIRE

DE JEAN JAURÈS ET DE FRANCIS DE PRESSENSÉ,

A GEORGES CLEMENCEAU

ET

A ANATOLE FRANCE,

MEMBRES DU COMITÉ DE RÉDACTION

DU « PRO ARMÉNIA »,

je dédie cet ouvrage

Dr J. L.-M.

PRÉFACE

Peu de pays sont moins connus de la généralité du public que cette vaste région appelée communément Transcaucasie, ou Caucase méridional.

Si, de temps à autre, le bruit des luttes sanglantes entre Arméniens et Tartares arrive à nos oreilles, si quelques localités nous sont familières par les richesses de leur sol, nous ignorons à peu près tout du développement politique et social, de la vie intérieure de ce pays.

Que s'y est-il passé pendant la guerre et surtout après la débâcle russe ? Par quelles étapes se sont formés, sur les ruines de l'ancien Empire tsariste ces trois nouveaux Etats de Géorgie, d'Arménie et d'Azerbeydjan ? Comment la Géorgie, a-t-elle pu, aux portes de l'Asie, constituer un véritable gouvernement socialiste démocratique ? Comment, tandis que la conquête russe avait trouvé un Caucase primitif et sauvage, aux mœurs patriarcales, pouvons-nous maintenant assister dans ce pays au développement d'une civilisation européenne moderne ? Comment les races, les religions et les classes, si diverses, si opposées, si hostiles, ont-elles pu s'y harmoniser dans des unités nationales ?

C'est toute la vie intellectuelle, sociale et politique de ce pays lointain qui nous échappe; les ouvrages publiés jusqu'à présent sur lui ne sont, pour la plupart, que des travaux anecdotiques et fragmentaires, qui ne permettent guère de reconstituer la trame des événements et de démêler cet imbroglio géographique et social.

Cette vue d'ensemble qui nous manquait jusqu'à présent, le livre de Loris-Melicof nous l'apporte.

Nul, autant que Loris-Melicof, n'était prêt à triompher des difficultés d'une telle entreprise.

Neveu du fameux ministre libéral d'Alexandre II, Arménien d'origine, élevé en France et naturalisé français, durant de longues années Loris-Melicof a été en contact avec les cercles révolutionnaires, socialistes et libéraux, russes, polonais, arméniens, qui se formèrent à Paris après l'avènement au trône d'Alexandre III, et qui furent les premiers foyers d'où partirent les revendications nationales de l'Arménie, de la Pologne, de la Géorgie.

C'est dans ces petits groupes, à la vie ardente et fiévreuse, toute brûlée d'espérance, que se sont formés intellectuellement et politiquement les hommes qui, aujourd'hui, dirigent ces jeunes Etats. Loris-Melicof a vécu au milieu d'eux, avec Plehanoff, avec Lavroff, avec Kovalevsky, en relations constantes avec Clemenceau, alors rédacteur en chef de la *Justice*, avec Paul Lafargue, avec Victor Bérard.

Il a fondé avec Pierre Quillard, le journal *Pro-Armenia*, défenseur inlassable du peuple martyr contre toutes les persécutions.

Plus tard, quand l'heure eût sonné des libérations nationales, LorisMelicof, chargé de mission auprès du Général Denikine, par le Gouvernement français, a vu naître les nations nouvelles.

Acteur de tous les événements dont il parle, il en a été *magna pars*. Son livre n'est pas seulement un exposé, un récit, c'est un témoignage.

Et c'est aussi une opinion. Loris-Melicof a assisté aux luttes fratricides qui déchirent la Transcaucasie. Il pense que, seule, l'union des trois Etats caucasiens en une Confédération qui respecterait leur autonomie et leur originalité propres amènerait, avec la Paix, l'admirable essor économique auquel sa merveilleuse richesse naturelle destine ce pays.

Il défend ce projet avec émotion et foi. Je puis bien dire ici à Loris-Melicof et à tous ceux qui liront son livre que personne, plus que moi, ne se réjouira si un jour son rêve se réalise.

ALBERT THOMAS

NOTICE SUR L'AUTEUR

> .... LORIS-MELICOF qui soutient son
> grand nom de toute la force de son
> grand cœur....
>
> Anatole FRANCE.
>
> *(Discours prononcé à Rome le 7 mai 1903)*

A ceux des lecteurs de ce livre qui, étrangers au monde
de la politique ou des sciences, ignorent la personnalité de
son auteur, cette courte notice apparaîtra comme nécessaire.
Il est bon, avant d'entrer dans l'examen et la complexité des
faits dont débordent ces pages nourries, d'être complètement
rassuré sur la qualité, le savoir, l'expérience de celui qu'on va
suivre.

LORIS-MELICOF est né à Tiflis, en 1862, d'une ancienne famille
arménienne par son père et sa mère, née Argoutinsky, originaires tous deux de la province Lori. Dans toute la Russie
libératrice, le nom est vénéré pour le souvenir de l'homme
qui faillit transformer le destin de l'empire à l'heure, trop
courte, hélas ! où il fut appelé au poste suprême par la seule
force de son caractère et de son intelligence.

Le docteur Jean LORIS-MELICOF est le neveu du grand ministre d'Alexandre II. Il a su maintenir et renouveler la grande
tradition du nom, selon les paroles mêmes du maître Anatole
France.

Dès ses études secondaires, à Tiflis, LORIS-MELICOF est un
des fondateurs du Cercle caucasien aux tendances socialistes.
Son désir passionné de servir l'intérêt général par l'action
politique et sociale l'a fait entreprendre déjà certaines tentatives
de groupements d'études qui devaient mettre en rapport des
ouvriers et des élèves, groupements constituant des universités
post-scolaires avant la lettre. Prenant prétexte de cette agitation,
la direction du lycée où il poursuit ses études décide de le
radier.

C'est alors qu'il vient à Paris. Attiré vers la carrière des
armes que sa jeunesse veut utiliser pour la diffusion des prin-

cipes démocratiques, son titre d'étranger lui ferme Polytechnique et l'Ecole Militaire.

C'est alors qu'il s'oriente vers la médecine.

Dès son arrivée à Paris, LORIS-MÉLICOF pénètre dans les milieux révolutionnaires russes. Il apporte son concours à tout effort nouveau, tente l'organisation d'une Association internationale des Etudiants de Paris, puis celle des Etudiants Russes et Arméniens. Il devient le disciple et le jeune compagnon de Pierre Lavroff, il fréquente la société de Mme Polonska. Toutes les idées le passionnent et particulièrement le mouvement révolutionnaire. Il fréquente le monde de l'émigration russe, assiste aux réunions politiques françaises. De front, il poursuit activement ses études médicales. A la Sorbonne, au Collège de France, à la Faculté de Médecine il entend Charcot, Ranvier, Renan, Aulard, Wurtz et suit les leçons de Pasteur. Il est brillamment reçu docteur et est élu dans de nombreuses sociétés scientifiques. Reçu en France docteur en médecine, il part en Russie pour conquérir ce grade au titre russe, qu'il obtient à la suite d'une thèse remarquée. En 1889, il rentre à Tiflis où il est prosecteur et chef de laboratoire à l'hôpital Michel ; en 1892, il est chargé de mission en Perse.

C'est avec Christophore Mikaélian qu'il se rencontre dans le cadre de la Fédération des révolutionnaires arméniens. De 1891 à 1899, il y travaille avec enthousiasme. Dans le champ immense de la lutte politique et sociale, LORIS-MELICOF va s'arrêter au mouvement arménophile, pour s'y consacrer particulièrement. Rentré en France en 1900, il reçoit la mission d'inspirer et d'activer l'action politique européenne en faveur du peuple martyr.

A la suite des grands massacres, en 1896, Albert Vandal, Clemenceau, Rochefort, Mgr Charmetant, le comte de Mun avaient écrit et parlé sur l'horreur de l'oppression et de la cruauté turques ; mais le mouvement n'était que sentimental ; il fallait le pousser jusqu'à ses conclusions politiques et diplomatiques. C'est à cette œuvre que LORIS-MELICOF s'attacha, et son nom y restera associé.

Entré en relations avec Victor Jaclard, ancien colonel de la Commune, intime de Clemenceau, LORIS-MELICOF travaille à la création d'une publication documentaire sur la question arménienne. Le journal *Pro Armenia* est né ; il en confie la rédaction en chef à Pierre Quillard, le secrétariat à Jean Longuet, auquel le signataire de cette notice devait succéder. Au comité de direction, LORIS-MELICOF appelle des hommes dont l'action généreuse et inlassable en faveur de la cause arménienne ne devait jamais se démentir, dont le génie allait donner une ampleur nouvelle au mouvement : Anatole France, Jean Jaurès, Georges Clemenceau, Francis de Pressensé. Pendant toute la durée de son activité, LORIS-MELICOF fut constamment en rapports étroits avec ces quatres hommes éminents,

dont il partageait entièrement les conceptions et dont il recueil-
lait les conseils éclairés.

Alors les manifestations arménophiles se succèdent ; ardent,
LORIS-MELICOF se dépense, effaçant toujours sa personnalité.
Chacun se souvient de cette période de campagnes enthousias-
tes où les manifestations et les meetings se multipliaient dans
tous les pays.

En France, en 1902, avec d'Estournelles de Constant, Denys
Cochin, Jaurès, F. de Pressensé, Lerolle ; en 1903, avec Jaurès,
Denys Cochin, Pressensé. La même année des réunions ont lieu
en Italie, avec le concours de Turati, de Moneta, à Rome, au
théâtre Adriano, où parle Anatole France. Quiconque porte
un grand nom dans la politique ou dans les sciences donne
son adhésion entière à la cause arménienne ; le grand Marcelin
Berthelot remet à LORIS-MÉLICOF une longue et admirable lettre
qu'il adresse au Président Roosevelt, pour solliciter une intervention américaine. Le mouvement est si général qu'un ministre même, Camille Pelletan, envoie son adhésion à l'occasion
de la conférence faite au théâtre Sarah-Bernhardt, suscitant
ainsi une protestation du Gouvernement Turc.

Mais bientôt l'heure des différends allait apparaître au sein
de la Fédération révolutionnaire.

LORIS-MELICOF n'accepte pas de prendre une attitude nuisible à l'ampleur du mouvement. Aux attaques, aux pressions,
il répond par un départ silencieux et digne (1). L'heure n'est
pas encore venue, trop d'intérêts nationaux étant engagés,
d'entrer dans le détail et dans la vérité profonde des dissentiments qui aboutirent à la démission de LORIS-MÉLICOF. Qu'il
suffise de bien noter aujourd'hui que, contre la dangereuse et
désastreuse action de personnalités diverses, poussées par des
ambitions, oublieuses de ce principe qu'une cause juste et
sacrée doit se défendre avec des moyens justes, LORIS-MELICOF
s'éleva avec énergie. C'est lui qui dénonça aux dirigeants mêmes du mouvement toute la tristesse de leurs procédés et l'horreur de certaines actions. La cause arménienne était frappée
dans sa personne.

A Pétrograd, où il se rend en 1906, LORIS-MELICOF collabore,
avec Maxime Kovalevsky, au journal libéral *Le Pays*. Parallèlement au journalisme, il poursuit ses travaux de médecine
et, en 1907, il donne, aux médecins des zemstvos, à Saint-Pé-

---

(1) Avant de se retirer, LORIS-MELICOF donna la mesure de son
caractère. Et plus tard, l'*Homme Libre* (numéros du 5 juin et du 27
juillet 1913) publia des lettres signées par les quatres membres du
Comité de rédaction du *Pro Arménia*, Jean Jaurès, Francis de Pressensé, Anatole France et Georges Clemenceau, et par Victor Bérard,
Maxime Kovalevsky, ainsi que par d'autres hommes politiques de
différents pays ; dans toutes ces lettres, il était rendu hommage à
la vie d'honneur et de probité politique de LORIS-MELICOF.

tersbourg, une série de cours sur la bactériologie du choléra.

En 1908, LORIS-MELICOF revient en France ; Georges Clemenceau, alors Président du Conseil, le fait entrer à l'Institut Pasteur, où divers travaux scientifiques sont présentés par lui à la Société de Biologie et à l'Académie des Sciences.

Il s'était fait naturaliser Français en 1903. La guerre déclarée, âgé de cinquante-deux ans, dégagé de tout service au double titre de classe ancienne et de nationalisation récente, il aurait pu, comme tant d'autres, assister les combattants de ses encouragements et de ses vœux. Mais LORIS-MELICOF était Français de cœur, pour toute la tradition libérale et révolutionnaire qu'il attache à cette nationalité. Dès les premiers jours de la guerre, il se rend au recrutement, où il se propose inutilement comme combattant. Enfin, en septembre, il est nommé médecin militaire. Mais l'arrière ne le satisfait pas : il a des relations, c'est d'elles qu'il se servira pour aller au front.

LORIS-MELICOF est d'abord affecté à un hôpital de Bar-le-Duc, qu'il quitte enfin pour le poste de médecin-major du 46ᵉ régiment d'artillerie. Cette même année, il reçoit la Croix de guerre. Jusqu'aux derniers jours de la lutte, tour à tour dans des formations sanitaires, à Salonique et au front, LORIS-MELICOF resta là où sa conscience lui prescrivait de demeurer.

En 1919, on reconnaît que l'auteur de ce livre était autrement désigné pour l'examen des questions russes que nos représentants habituels ou que des militaires ; chargé par le gouvernement français d'une mission générale en Russie méridionale, en Caucasie, après s'être entretenu avec le général Denikine, LORIS-MELICOF a l'occasion d'adresser des rapports remarquables, dont les prévisions se sont justifiées.

Ainsi, nul n'était mieux désigné pour traiter du sujet de ce livre.

Je croirai mon rôle terminé, si j'ai pu faire apprécier au lecteur, toute la valeur de l'homme, avant qu'il n'entre dans la lecture de son œuvre.

Hugues MILLIÈRE,
Publiciste

Ancien secrétaire du « PRO ARMENIA »

INTRODUCTION

Je dois dire toute l'affectueuse amitié que j'ai toujours vouée aux Slaves, à leur nation simple, bonne, pleine d'abnégation. Parmi eux, je compte beaucoup d'amis et les noms de Lavroff, Kovalewsky, me resteront toujours chers.

Je crois que je n'en aborderai pas moins cette étude avec l'impartialité nécessaire à la recherche des vérités susceptibles de nous éclarer sur l'état présent de ce pays et de nous fournir des conclusions utiles, des solutions sages, dans l'intérêt de la Russie même.

Envoyé par le Ministère des Affaires étrangères en mission dans la Russie méridionale, pour y étudier les rapports franco-russes, je m'y suis rendu vers la fin de l'année 1919. Après avoir visité cette partie de la Russie, je suis descendu dans la Caucasie, pour rentrer en France au commencement de l'année 1920.

Au cours de mon voyage, j'ai envoyé au gouvernement français quelques rapports dont on trouvera les principaux passages en appendice à cet ouvrage.

J'avais pensé tout d'abord me borner à la publication de ces comptes rendus officiels; mais beaucoup de mes amis ont insisté pour que je fasse un exposé plus détaillé de la situation russo-caucasienne.

C'est dans ces conditions que j'ai entrepris ce travail, dont on voudra bien me pardonner les imperfections.

La solution de la question russe, trop longtemps négligée, domine aujourd'hui toute la situation internationale.

Je veux préciser ma pensée : l'Occident vient de sortir d'une lutte gigantesque; cette lutte a été engendrée par les prétentions démesurées de l'impérialisme militaire allemand.

La démocratie occidentale, forcée de répondre à cette provocation insolente, s'est décidée à abattre coûte que coûte ce monstre d'apparence invulnérable et à libérer la civilisation d'un danger imminent.

Pendant la guerre, l'esprit a été trop tendu vers la bataille pour penser en même temps au règlement de l'avenir du monde; mais la victoire arrivée, il a fallu organiser la paix.

Des hommes se sont mis à l'œuvre. Le travail a été dur. Il a fallu tout improviser sous les yeux de l'univers impatient.

De ces délibérations est née une organisation inspirée des véritables principes de la démocratie. Elle consacrait le réveil de la conscience des peuples et leur assurait la liberté de disposer d'eux-mêmes en proclamant la paix universelle sous l'égide de la Société des Nations.

Mais les forces manquaient à cet ordre nouveau. L'Occident, fatigué par la guerre, en confia l'exécution à des militaires et à des diplomates qui se sont montrés au-dessous de leur tâche.

D'autre part, les petits peuples appellés à la liberté faisaient preuve de prétentions mesquines et de tendances nationalistes et impérialistes. Leurs exigences dégénéraient quelquefois en menaces agressives pour la possession d'une ville ou l'établissement d'une frontière.

Enfin la bourgeoisie de tous les pays, sous l'influence du relâchement des mœurs pendant la guerre, montrait une rapacité, un individualisme égoïste tel que l'exploitation de l'Etat était élevé à la hauteur d'une institution.

Ce relâchement des instincts égoïstes contribuait à augmenter l'abîme qui la sépare, par opposition des intérêts, de la classe ouvrière.

D'autre part, le prolétariat prenait, après la guerre, une plus grande conscience de son rôle social et, en augmentant son salaire, tenait à mettre en pratique les idées du pamphlet de Paul Lafargue, sur le droit à la paresse, en réclamant la loi de huit heures pour diminuer les bénéfices de la bourgeoisie.

Des deux côtés, on observait une tendance à accentuer la séparation des classes, au lieu de travailler à leur rapprochement. Tout cela a créé un malaise général et a contribué à l'instabilité politique et économique.

Cependant, une élite sociale tendait à remédier à ce bouleversement mondial par des mesures étudiées et rationnelles.

En face de l'Occident meurtri, l'Orient s'est dressé de plus en plus menaçant.

Avec la révolution russe, avec l'avènement des bolcheviks au pouvoir, nous sommes en présence de secousses formidables où se manifeste le réveil des classes populaires.

Sous le régime despotique des tsars, plein de survivances byzantines et tartares, grandissaient des partis révolutionnaires martyrisés par leurs dominateurs. Nourrissant un messianisme mystique, ils ne cessaient de rêver à la justice humaine et au bonheur universel. Mais animés d'une profonde volonté de vengeance contre leurs anciens oppresseurs, ces partis révolutionnaires se sont trouvés à leur tour maîtres des destinées de presque tout le peuple russe.

Et voilà que les bolcheviks, porteurs des mêmes survivances, usent des rigueurs dont se servaient leurs dominateurs.

Ce bolchevisme, qui déjà envahit l'Orient, menace l'Occident et prétend, par son apostolat communiste, commander au monde entier, en préparant partout, sous le couvert des idées de libération sociale, le retour à la barbarie et à la misère universelles. L'époque où nous vivons est grosse d'un avenir plein de graves possibilités. Il y a comme des grondements précurseurs d'un orage, qui, s'il se produit, pourrait balayer sur son passage tout ce que l'esprit humain a produit de civilisation.

Prendra-t-on à temps des mesures pleines d'une prévoyance intelligente et raisonnée ?

Ce serait une faute de négliger le péril, de le considérer comme insignifiant.

L'infiltration se produit partout invisiblement et il n'y a pas un moment à perdre. Pour éviter des erreurs impardonnables, il faut connaître les origines et les causes du mal, afin d'appliquer les remèdes appropriés. Aux hommes politiques, aux conducteurs des masses, qui portent des responsabilités, de savoir prendre des décisions énergiques, même au prix de leur popularité, pour éviter les suprêmes folies des appétits déchaînés d'une masse inculte, tout en garantissant les intérêts du prolétariat par une politique clairvoyante.

C'est pour contribuer à la connaissance des mouvements révolutionnaires de Russie que je me suis décidé à présenter dans ces pages la question russo-caucasienne. Je me suis efforcé de souligner les erreurs commises par les bolcheviks et par les antibolcheviks et j'ai tenté d'indiquer sommairement les moyens de travailler à une heureuse organisation de la Russie future.

En cette esquisse de l'histoire intellectuelle et révolutionnaire de la Russie, j'ai voulu jeter en même temps quelque lumière sur la vie des peuples de Transcaucasie.

Dans ce petit pays se sont concentrés des hommes différents par la race, par le tempérament national, par la culture et par l'histoire.

Animé d'un amour profond pour tous ces peuples de la Caucasie, je me suis efforcé de les présenter d'une façon impartiale au jugement de l'Europe. Dans tout cet exposé, je n'ai eu d'autre volonté que celle d'être exact et équitable.

S'il m'était arrivé de me tromper, qu'on veuille croire que je suis tout prêt à reconnaître mes erreurs. Et s'il pouvait paraître à d'aucuns que mes pages portent des passages qui leur semblent injustes envers des peuples ou envers des hommes, je demande qu'on croie à ma bonne foi et qu'on me compte pour excuse la difficulté où je suis de manier aisément les finesses de la langue française.

Dr J. L.-M.

29 mai 1920.

CHAPITRE PREMIER

L'évolution politique et sociale de la Russie, depuis les origines jusqu'au début du XXᵉ siècle.

Les origines ; Les mœurs primitives ; L'influence des Varègues et du christianisme byzantin ; Le joug mongol.

Ivan IV le Terrible ; le tsar père et maître de ses sujets ; Les réformes de Pierre le Grand ; Catherine II.

Alexandre Iᵉʳ ; Speransky et Araktcheef ; La société russe au début du 19ᵉ siècle ; L'évolution intellectuelle de la jeunesse ; Le messianisme slave ; Alexandre II le libérateur ; Le général M. Loris Melikof ; Les précurseurs du mouvement révolutionnaire ; Alexandre III.

Quelques souvenirs sur les milieux révolutionnaires russes de Paris ; Le déclin du parti terroriste.

Les Grands-Russiens actuels, qui sont devenus les conquérants et les dominateurs de toutes les Russies, occupent au commencement de leur histoire, vers le IXᵉ siècle, une toute petite partie du centre de la Russie, autour de la Moscovie, de Novgorod, de Pskoff, entourés par les races finnoises et turques. Des études nombreuses ont été faites sur l'origine des Grands-Russiens. On a voulu même les identifier avec les Scythes mentionnés par Hérodote ou les faire passer comme descendants des Finnois, des Turcs et même des Tartares, qui sont d'origine touranienne.

Il est établi que les Scythes de l'antiquité, qui vivaient sur les confins des colonies grecques de la Mer Noire, ont été identifiés, d'après les études archéologiques et philosophiques, avec les Slaves, dont le nom apparaît après la grande mêlée des peuples, au quatrième siècle de notre ère.

Le centre de peuplement de ces Slaves est à placer dans la Russie méridionale, et cela correspond aux témoignages du premier historien russe. Par conséquent les Petits-Russiens et les Blancs-

Russiens sont considérés comme les véritables Slaves, ainsi que les Serbes et les Polonais.

Le nom de Slave était particulièrement réservé aux Blancs-Russiens et aux Petits-Russiens, qui possèdent toutes les qualités de la race. Je ne voudrais pas entrer dans cette discussion ethnographique, qui ne fait pas l'objet de mon étude, mais il est établi que les Finnois étaient une race autochtone.

A cette époque, entre les Slaves russes et les Slaves polonais, il n'y avait que peu de différence ; et c'est la conquête par deux races distinctes, l'adoption de deux religions rivales, celle de Byzance et celle de Rome, l'influence de deux civilisations opposées, la grecque et la latine, qui ont créé deux peuples, deux nationalités rivales.

La race russe a la faculté d'absorber les races autochtones. Les Russes possèdent à un haut degré l'instinct d'unification et de colonisation. Souvent les autochtones se reculèrent pour laisser la place à un élément slave pur ; mais, quand ils furent absorbés, le mélange avait une influence sur le type, le caractère et les aptitudes du Grand-Russe. Il suffit de comparer le piquant et éveillé Petit-Russien avec le Moscovite massif et lourd, mais ayant plus de suite dans les idées, de persévérance, de résignation et de patiente énergie. De tous les peuples slaves le Grand-Russe est le seul qui ait su créer et conserver un grand empire. Il a même assujetti ceux qui avaient le sang plus pur et étaient mieux doués.

Au point de vue des mœurs domestiques et politiques, le chef de famille avait un pouvoir absolu et despotique. Le principe patriarcal dominait toute la vie sociale, — la commune, ou mir, n'était que la famille agrandie ; elle était soumise à l'autorité des anciens, aînés de chaque famille, qui se réunissaient en un conseil, ou Vetché. Les communes les plus rapprochées formaient un groupe qu'on appelait Volost (canton). gouverné par un conseil d'aînés dont le plus ancien devenait le chef. En cas de péril, les Volosts pouvaient se confédérer, mais ce n'était toujours que provisoirement. L'idée de l'unité d'un peuple, de l'unité de la nation russe était absolument étrangère à cette race ; l'idée de Gouvernement et d'Etat devait être importée du dehors.

Le premier historien russe, Nestor, moine de Kiev, décrit, au XIIe siècle, leurs mœurs domestiques comme très barbares. Etant chrétien, il est évident qu'il juge les païens assez sévèrement. «Les Drevlianes, dit-il, vivaient d'une manière bestiale et vraiment comme des animaux sauvages ; ils s'égorgeaient entre eux, se nourrissaient de choses impures, ne voulaient point de mariage. »

L'occupation favorite des Slaves était l'agriculture. L'instinct de sociabilité naturelle les rendait très hospitaliers. Il était permis de voler pour nourrir l'hôte. Pacifiques, passionnés pour la liberté, pour les chants, pour les danses. Tel est, en quelques mots, le type des Slaves primitifs. L'imperfection de leur état politique, leur morcellement en peuplades, leur guerre de canton à canton les livraient sans défense aux envahisseurs.

Ils furent obligés de recourir à l'aide des Varègues, dont l'origine est discutée — (sont-ils d'origine scandinave, slave, ou plutôt un mélange des premiers avec les aventuriers slaves ?) — mais il est incontestable qu'ils avaient une supériorité militaire : l'habitude d'obéir à un chef. Dans l'anarchie slave ils apportaient cet élément de force guerrière et disciplinée dont les Slaves avaient tant besoin. « Cherchons, dirent-ils, d'après Nestor, un prince qui nous gouverne et nous parle selon la justice. » Et ils s'adressèrent aux princes de la Varégie : « Notre pays est grand et tout y est en abondance, mais l'ordre et la justice y manquent ; venez en prendre possession et nous gouverner ».

∿

C'est à cette date que commence réellement l'histoire de la Russie, quand trois frères varègues, Rourik, Sineous et Trouvor, prirent possession de ce pays, en 862. Ceux-ci passèrent la Baltique avec leurs bandes guerrières, ou droujinas, et déposèrent le germe de l'Etat futur.

Ces guerriers varègues étaient les « hommes fidèles » du prince ; ils formaient sa garde et étaient son conseil naturel dans les affaires publiques et privées. Le prince, au milieu de sa droujina, semblait n'être que le premier parmi ses égaux.

Les Varègues, comme nous l'avons déjà dit, étaient, selon toutes probabilités, d'origine scandinave et d'une localité de Suède appelée Roslog et d'où vient le nom de russe.

Ils ont apporté non seulement le nom de la Russie à la Slavie primitive, mais aussi ce germe de l'Etat qui devait s'épanouir en un grand empire, cet esprit conquérant, guerrier et discipliné, qui est la condition essentielle pour dominer les autres races conquises.

Aux Varègues venus du Nord, les Byzantins, au Sud, s'unissaient par le lien d'une religion commune. Vladimir, un barbare rusé, débauché et sanguinaire, souffrant de la crise religieuse, imagina d'instituer une enquête sur la meilleure religion. La religion grecque, par sa magnificence et sa splendeur, attira son attention et il se convertit en 984. Pour le peuple, resté au fond païen, Vladimir Monomaque, Saint Vladimir est devenu le Beau Soleil de Kiev.

Le christianisme de Byzance, orthodoxe, a eu une grande répercussion sur toute leur histoire. L'influence spirituelle, répandue par les missionnaires et par le contact direct, a eu des conséquences considérables. Les Russes, par cette conversion, se séparent complètement des peuples avec lesquels ils étaient unis par leur origine commune et leur langue (polonaise). Ils se séparent aussi de l'Occident, de la civilisation européenne pour longtemps.

Au point de vue politique, le christianisme byzantin a opéré à la longue une révolution. Les prêtres apportaient avec eux un idéal de gouvernement : l'empereur, tsar de Constantinople, héritier de Byzance, vicaire de Dieu sur terre. C'est lui qui possédait les sujets ; seul il faisait la loi, il était la loi vivante.

La littérature byzantine, qui fut un fruit de la décadence, servait de modèle aux chroniqueurs et aux écrivains russes.

Un empire unitaire, indivisible, appuyé sur une armée permanente, une hiérarchie de fonctionnaires et un corps de jurisconsultes, c'est cette idée de l'Etat inconnu aux Slaves comme aux Varègues que les prêtres apportaient en Russie. Le christianisme eut aussi son influence sur la législation.

Le vol, le meurtre n'étaient plus des offenses privées, mais c'étaient des crimes qui devaient être châtiés au nom de Dieu par la justice humaine. A la vengeance privée se substitua la vengeance publique. Au rachat pécuniaire se substituèrent les peines corporelles qui répugnaient à la liberté barbare. Les tortures, les mutilations, la peine de mort, voilà le code pénal des Byzantins.

Longtemps, deux systèmes de législation subsistèrent : à côté du code scandinave de Jaroslof furent en vigueur les codes byzantins de Justinien, jusqu'au moment où Ivan le terrible les fondit ensemble.

Le christianisme, par conséquent, a apporté l'idéal religieux tout imprégné de la civilisation décadente de Byzance : le byzantinisme avec toutes ses conséquences.

A cette influence spirituelle et politique s'est ajouté le joug mongol.

Les Tata ou Tartares, peuplade de race mongole, originaires

de l'Altaï, n'avaient de respect que pour la force et massacraient tout, après leurs conquêtes.

La cruauté et la barbarie étaient leurs caractères distinctifs. Ce sont ces tribus sauvages qui, sous la conduite de Ginguis Khan, envahirent les steppes méridionales de la Russie. Quand le premier prince de Kiev, Mstitlav, se rendit à eux, ils massacrèrent sa garde, le prince lui-même et ses gendres, et, après les avoir étouffés sous des planches, ils célébrèrent leur festin sur leurs corps inanimés.

L'influence du joug mongol se manifesta moins par des mariages et le mélange des races que par une mise en servitude humiliante. Les Tartares introduisirent une levée régulière d'impôts sur la population et une organisation financière. Les khans, les premiers, ont posé les bases de l'unité russe.

Les princes russes de Moscovie achetaient chez le khan le Iarlick, qui est le droit de s'appeler *grand prince*, et celui de lever les impôts pour les remettre à la « Horde d'Or » tartare.

La loi d'imitation de Tarde, dans ce milieu inculte, a joué un très grand rôle et la démoralisation des mœurs fut immense.

En dehors de la cruauté et du despotisme que les Tartares ont apportés avec eux, il faut mentionner deux sentiments qui sont néfastes pour la civilisation : le fanatisme et l'intolérance.

Ce n'est qu'au XV° siècle (1480) que la Russie rejeta ce joug, sous le grand Prince Ivan III, qui épousa le dernier rejeton des empereurs byzantins, Sophie Paléologue, et qui, par ce mariage, devint l'héritier des empereurs de Byzance et des Césars.

w

Ainsi Moscou succédait à Byzance et voulait réaliser cet héritage. Ivan le terrible, admirablement doué, incarnait dans sa personne l'idéal byzantin et les mœurs cruelles des Mongols. Son absolutisme, sa tyrannie atteignirent au plus haut degré.

Il voulut être couronné tsar, puisqu'il était en quelque sorte l'héritier du tsar Nahoudonosor, du tsar Pharaon et de tous les autres. Si Constantinople était la seconde Rome, Moscou en était la troisième. Marié à une Romanoff, il vécut entouré de la famille Romanoff. Avec lui, la Russie a inauguré solennellement cette politique qui l'a écartée de l'Europe ; cet héritage fascina longtemps les despotes russes, et fut la base de tous leurs actes politiques. La Moscovie, par sa haine pour les hérétiques de l'Occident, restait ce que l'avait fait le joug tartare, un empire asiatique, et jusqu'au XVIII° siècle n'était qu'un Etat oriental presque sans relation avec l'Europe.

Le régime patriarcal et l'exemple des souverains orientaux contribuèrent à y maintenir le principe despotique dans toute sa force. Le tsar était à la fois le père et le maître de ses sujets, plus absolu encore que le khan de Tartarie.

La personne et les biens de ses sujets étaient sa propriété, les plus grands seigneurs n'étaient que ses esclaves, l'empire était considéré comme sa chose; les fils des plus grands seigneurs se faisaient gloire de servir le tsar comme des valets de chambre. Pour son mariage, il choisit entre toutes les beautés de la noblesse russe. Grâce à l'ignorance générale, il n'y avait pas en Russie de vie intellectuelle, pas de vie sociale. La débauche et l'ivrognerie étaient des vices nationaux. Les prêtres buvaient théologalement. Chez les grands seigneurs, un festin n'était gai et joyeux que lorsque tout le monde était ivre. Telle était l'ancienne Russie jusqu'au XVIII° siècle : une Chine européenne; et il faut aller jusqu'à Pierre le Grand pour trouver un homme de lutte combattant toutes les forces du passé. Ses voyages en Europe le poussèrent aux réformes administratives, militaires et ecclésiastiques. Il violenta les hommes, les choses, la nature, le temps et réalisa le progrès à coup de despotisme.

Le mérite de son génie consistait dans la rupture définitive de ce mur chinois qui séparait la Russie de l'Occident. Ses innovations avaient pour but de transformer l'Etat partriarcal et asiatique en un Etat moderne, mais toujours despotique, en empruntant tout aux étrangers sans aucune critique ni esprit d'adaptation.

Ses successeurs, les impératrices, continuèrent ce contact avec l'Europe. Tour à tour avec l'Allemagne (Anna) ou la France (Elisabeth et enfin Catherine II). C'était, peut-on dire, une révolution d'en haut, la transformation de la société superficiellement. C'était un vernis léger de civilisation qui laissait subsister l'ancienne barbarie. L'immense masse restait attachée à la glèbe et le knout et la peine de mort accompagnaient toutes ces réformes.

Cependant, la littérature russe, sous différentes formes, commençait à apparaître et les relations fréquentes de l'impératrice Catherine II avec les philosophes français (Diderot, Voltaire, Montesquieu) ont laissé des traces sur l'élite intellectuelle russe qui commençait à se réveiller.

Avec Alexandre Ier commence en Russie une ère nouvelle; les barrières qui la séparent de l'Europe sont enlevées entièrement. Les idées de la Révolution française pénètrent en Russie, se répandant profondément dans la société; les idées de liberté politique et intellectuelle produisent un courant d'émancipation et l'opinion publique demande des réformes libérales. L'empereur lui-même devient l'âme de toutes ces innovations. Il abolit toutes les mesures tyranniques. La question de l'émancipation des serfs est agitée par lui. Il forme pour la première fois un ministère et organise l'instruction publique; il fonde et perfectionne les universités; il crée les écoles militaires.

De 1806 à 1812, Alexandre Ier est sous l'influence de Spéransky, ancien élève au séminaire, qui parvint au poste de secrétaire d'Etat et jouit de la confiance absolue de l'empereur.

Spéransky, pénétré des principes de la Révolution française, présenta au souverain un plan systématique de réformes.

Mais il avait mis tout le monde contre lui : la noblesse de Cour, les jeunes fonctionnaires, les propriétaires, les sénateurs, etc. Et on alla jusqu'à le dénoncer comme traître et complice de la France. Il fut banni de la capitale et, à sa place, apparut l'apôtre du pouvoir absolu Araktcheff, l'instrument de la tyrannie de Paul Ier, qui gagna bientôt la confiance d'Alexandre. Il était le serviteur le mieux désigné pour une réaction sous l'influence de laquelle Alexandre Ier tomba définitivement.

Les généreux efforts d'Alexandre trouvèrent bientôt dans l'opinion un appui décidé et, à dater du retour des armées russes de l'Occident, les idées libérales commencèrent à se propager en Russie, les voix éloquentes de la tribune française trouvèrent un écho dans la jeune noblesse russe et dans une partie de la bourgeoisie.

La franc-maçonnerie, proscrite depuis Catherine II et poursuivie par Paul Ier, s'était réorganisée et la question de la république et de la monarchie constitutionnelle était posée dans son sein, où le colonel Pestel jouissait d'une grosse influence. Un grand mouvement littéraire et scientifique accompagnait cet éveil de l'esprit russe, ces complots politiques. On peut dire que ce fut l'âge d'or : l'influence de la Révolution française allait mettre la Russie sur la voie de la civilisation d'Occident. Mais la force des ténèbres, la force de l'héritage du joug tartare durant depuis près de 300 ans, la force de cette influence byzantine en décadence, de ce rêve de domination du monde, étaient encore très fortes, très enracinées dans la mentalité du monde russe. Et c'est pourquoi la révolution des Décembristes échoua.

A la fin de son règne, Alexandre renia ses idées libérales et retomba dans le mysticisme de la réaction. Nicolas I⁰ʳ, le dernier Mohican du tsarisme, d'un despotisme rappelant celui de son ancêtre Ivan le Terrible, étouffa le soulèvement qui s'était formé pendant l'interrègne des deux Empereurs. Il dompta, mais n'anéantit pas le mouvement, qui devint clandestin, pour se réveiller beaucoup plus tard sous une autre forme. Ainsi périrent les premiers nobles pionniers du mouvement d'émancipation russe.

Les barrières contre la France révolutionnaire sont de nouveau fermées; la censure, la police réapparaissent; c'est l'absence de contrôle de la vie publique; la Russie est retombée sous le régime du tsarime autocrate, despote, patriarcal, qui a eu comme tâche principale d'exterminer la révolution. Mais les fermentations révolutionnaires reprennent, par moment, une acuité extrême, surtout après les désastres d'Orient (guerre de Crimée).

Nous voyons donc, au XIXᵉ siècle, les classes dirigeantes imprégnées des traditions tartares et des rêves byzantins; autour d'elles, se groupent toute l'armée régulière et les multiples fonctionnaires (Tchinovnik), soutiens du régime archaïque.

De l'autre côté, les grands propriétaires fonciers, dont une partie est restée en dehors de toutes ces influences néfastes et a conservé cette mentalité slave, généreuse, large, simple, idéaliste, pleine de mysticisme.

Ces grands fonciers vivaient comme les seigneurs féodaux dans leurs ousadba éloignées des grandes villes. Ils commencèrent à envoyer leurs enfants dans les écoles universitaires, pour les études supérieures et là ces jeunes générations subirent l'influence de la vie intellectuelle; le génie purement slave se réveilla et ils devinrent les partisans ardents des libertés politiques... N'ayant aucune culture antérieure, ils ne pouvaient pas posséder l'esprit critique, qui ne se développe que par la liberté de penser. En Occident, le protestantisme et la franc-maçonnerie, qui s'adressent à la conscience individuelle, ont été des facteurs importants de réveil intellectuel; mais la Russie n'a pas eu de culture individuelle. La religion orthodoxe enseignée par les popes ignorants, sujets obéissants et dociles du tsar omnipotent, n'a jamais pu jouer un rôle intellectuel ou moral. Quelques sectes raskolnikis, animées de sentiments plutôt mystiques, qui rappellent par leurs tendances les protestants occidentaux, étaient poursuivies et écrasées par les tsars. La religion orthodoxe avait plutôt un caractère païen et les images religieuses jouaient le rôle des idoles, qu'on baisait si souvent que les verres de ces images étaient recouverts des couches noires des traces du contact des lèvres.

Le mécontentement qui se manifestait dans la jeunesse intellectuelle à ce moment prenait la forme d'une protestation contre l'état d'oppression, et cette jeunesse acceptait les formules prêtes qui se présentaient à elle comme une panacée du bonheur humain. Ces formules se déposaient dans les cervaux incultes des jeunes gens comme une couche superficielle, sans avoir remplacé les conceptions formées par les traditions. Voilà pourquoi, à l'âge adulte, avec le changement de milieu, ces nouvelles idées généreuses s'évaporaient sous la poussée des antécédents.

Le paysan, le moujik courbé sous le joug de son seigneur, était un esclave, ou batrak, et vivait encore plus en dehors de la vie politique. Il ne connaissait que son mir, il ne pensait qu'à avoir de quoi manger et vivre; il restait le type pur au point de vue slave. On le trouvait très loin des centres, là où, durant des siècles, tous les événements historiques avaient passé par-dessus leur tête sans les toucher.

Tel est le degré du développement intellectuel dans lequel se trouvait la Russie sous Nicolas Ier.

Les désastres d'Orient, la guerre de Crimée, apparaissaient comme une immense banqueroute de l'autocratie. Avec Alexandre II, nous entrons dans la voie du libéralisme.

Le mot d'ordre est devenu « l'autocratie éclairée ». Quant à l'opposition, qui grondait de plus en plus dans le monde intellectuel, elle a pris une position anormale et maladive, contraire à la révolution décembriste. Au lieu de suivre le mouvement démocratique d'Europe et de l'adapter dans le domaine intellectuel et politique, elle s'est inspirée d'un idéal mystique.

Est-ce le fait de la défaite politique en Orient qui a humilié les sentiments de l'élite de l'Empire russe ? Est-ce le fait de cette oppression qui durant des siècles, arrêtait le développement normal de ce grand peuple, comme dans une serre où le plafond arrête la croissance de l'arbre, ainsi que Garchine l'a écrit dans sa nouvelle « Althea Magnus » ?

Le fait est tel que l'ancien rêve byzantin de la domination du monde a surgi dans les deux camps, *le messianisme mystique est devenu et restera longtemps encore l'idéal à atteindre.*

L'autocratie, le tsarisme prétendaient que, comme envoyé de Dieu, l'héritier des Byzances devait conquérir le monde. Les Grands-Russiens se considéraient comme les conquérants, comme le peuple dominateur; quant aux autres peuples, ils étaient des vaincus et des allogènes. Leur élite disait : « Nous sommes appelés à sauver le monde par notre idéal moral, le slavisme a une mission particulière dans le monde. »

Voilà pourquoi l'écrivain génial Hertzen, qui a émigré à cette époque, avec Agarioff et Bakounine, obtenait dans son journal « La Cloche », qui attaquait les institutions russes, un succès considérable. Ayant vu la Révolution de 48, ayant observé la petite bourgeoisie égoïste et mesquine d'Europe, il concluait que l'Occident était pourri, que le salut devait venir du moujik russe qui, ayant conservé le collectivisme dans le mir, est le trésor de toutes les vertus et apportera la morale au monde. Par conséquent, au Messie du tsar envoyé de Dieu, les intellectuels opposaient un autre Messie : le moujik.

Entre ces deux aspirations mystiques, la vie normale n'était pas possible. Le tsar despote oriental poursuivait, comme envoyé de Dieu et héritier de Byzance, la conquête du monde pour sa satisfaction personnelle, pour son ambition, entouré de valets qui ne pensaient qu'aux intérêts personnels de leur souverain. Ses sujets, les Grands-Russes, étaient des esclaves qui n'avaient pas le droit de s'occuper des choses publiques et de l'Etat, dans la direction duquel ils ne pouvaient prendre aucune part. Par suite, ils ne pouvaient développer leur sens politique et patriotique. Mais leurs aspirations étaient dirigées vers le bien de toute l'humanité et le salut du monde entier.

C'est pendant la Révolution française que le patriotisme français s'épanouit si largement. En l'absence de ces libertés les Grands-Russes se sont attachés aux vastes problèmes de l'humanité. Quant aux autres peuples, les allogènes, ils ne pouvaient pas s'intéresser encore aux problèmes civiques, pour une autre raison; c'est qu'ils étaient considérés comme des éléments étrangers à l'Etat et qu'ils subissaient plus ou moins l'oppression gouvernementale, ce qui contribuait chez eux au réveil et au développement de l'esprit national. Encore en 1907, les députés de la

Sibérie me disaient : « Nous n'acceptons pas qu'on nous appelle Russes », mais nous sommes de Russie (Rossianine). »

La Pologne a été deux fois victime de ses aspirations nationales.

En 1831, Nicolas Ier, après l'insurrection, y envoya Paskevitch qui, après avoir arrêté des dizaines de milliers d'insurgés, déclara à l'empereur que l'ordre régnait en Pologne.

Avec l'avènement d'Alexandre II, les Polonais eurent encore l'espoir de reconquérir leurs droits nationaux.

L'occasion se présenta au moment de la réunion de la Société d'agriculture ; le gouvernement ne voulut pas donner satisfaction aux revendications exprimées. L'insurrection se produisit et Mouravieff anéantit les villages, les villes, fit fusiller tout le monde et donna l'ordre de ne pas faire de prisonniers.

La nécessité de donner satisfaction à l'opinion publique, reveillée après le règne d'Alexandre Ier, se faisait de plus en plus sentir et le règne de l'autocratie éclairée par les réformes libérales commença sous Alexandre II.

Par l'acte du 19 février 1881, il abolissait le servage et le paysan devenait cultivateur libre. Un travail fébrile s'opérait dans les commissions élues, avec le concours de la presse, pour élaborer un plan de réformes agraires, administratives, judiciaires. La réforme la plus importante consistait à donner le self gouvernement provincial (Zemstvo, conseil du district et conseil général). Cette réforme est devenue la base, l'embryon de la vie politique russe, où devait se développer les sentiments civiques et patriotiques. Ces zemstvos ont joué dans ce sens un grand rôle d'éducation patriotique, et ils sont encore pleins d'un grand avenir.

Déjà sous Alexandre Ier, avec le réveil politique, encouragé par lui, on observait un grand mouvement littéraire et scientifique.

La culture européenne pénétrait, malgré la persistance de l'arbitraire, dans tous les domaines de la vie russe.

Après l'échec de l'insurrection des Décembristes, les survivants se consacrèrent aux études et firent honneur à leur pays, dans les lettres, dans les arts, dans l'économie politique.

La politesse, l'esprit de justice, le respect de la personne humaine avaient fait en même temps de grands progrès. Le génie slave se réveillait en donnant à ses acquisitions de l'Occident son caractère national de bonhomie, de tendresse, de vive intelligence.

On se demandait si toutes ces qualités étouffées autrefois périraient avant d'avoir produit leurs fruits.

L'opposition, devenue clandestine après le grand mouvement décembriste, ne s'était pas éteinte ; elle veillait en attendant un meilleur moment et elle s'épanouit en un mouvement prodigieux après le désastre d'Orient.

Cette même opposition s'était fait sentir sous Alexandre II, après l'insurrection polonaise.

Cette fois, les manifestations d'étudiants commencent. Les universités se ferment. La noblesse s'en mêle. On demande la convocation de l'Assemblée nationale. Deux attentats contre l'empereur se produisent.

Une renaissance littéraire et scientifique surgit, qui surpasse, par son ampleur et sa profondeur, tous les mouvements précédents. Une activité prodigieuse se manifeste dans tous les domaines.

Les idées matérialistes commencent à dominer dans la philosophie et la sociologie, après le kantisme et l'hegelianisme ; et le mot d'ordre lancé dans ce mouvement intellectuel, c'est que « l'Occident est pourri » ; « Rien à prendre en Europe, rien à garder en Russie ».

Un des représentants les plus remarquables de ce mouvement est Tchernichevsky, qui est devenu l'idole de la jeunesse par sa critique de l'économie politique de Stuart Mill et par son roman « Que faire ? ». C'était un théoricien qui traitait toutes questions avec une profonde connaissance scientifique. A côté de lui se rangeaient Pissareff, Dobraliouboff et beaucoup d'autres, qui ont donné l'impulsion et les directives à la jeunesse intellectuelle de toute la Russie. Tourgueneff, dans son roman « Les pères et les Enfants », a décrit d'une façon saisissante ces types de jeunes gens de l'époque qu'on appelait nihilistes : Bazaroff (scientifique), dans d'autres romans, Roudneff (raisonneur), Insaroff (révolutionnaire).

〜〜〜

Ces maîtres théoriciens étaient les précurseurs du mouvement révolutionnaire organisé. Nous assistons pour la première fois à l'organisation du parti révolutionnaire, qui a eu comme point de départ le moujik russe. Le moujik était alors la base de tout mouvement social ; on a vu ces spectacles extraordinaires de toute la jeunesse dévouée à la cause sacrée et animée des hauts sentiments d'idéal et de justice, faisant des pèlerinages dans les villages russes pour apprendre la véritable vie du moujik et se mêler à lui. Le nouveau parti révolutionnaire a mis sur son drapeau « la Terre et la Volonté », qui exprime, que toute la terre soit aux paysans. Après le congrès, ce titre fut transformé et prit le nom de : « la Volonté du Peuple », qui, à son tour, s'est changé en parti socialiste révolutionnaire.

Le programme était simple : transmission de toutes les terres aux paysans, conservation de la commune (mir) et convocation de l'Assemblée nationale (Zemsky Sobor). Ce parti pensait que le peuple russe, par son organisation de la commune, était socialiste et qu'il ne fallait que conserver cette commune.

Pour atteindre ce but, le parti a adopté la tactique terroriste et les attentats, sporadiques d'abord, sont devenus systématiques, à tel point que le gouvernement a été, à la longue, enclin à céder. Le grand défaut de cette organisation consistait en ceci que le parti se présentait sous forme de comité exécutif et créait à son tour des ramifications dans toutes les directions de l'Empire.

Il devint d'une puissance remarquable. Tout ce que la Russie comptait de meilleur comme intelligence, valeur morale, génie et talent, était affilié à ce parti qui travaillait avec un héroïsme sans exemple. Les attentats se multipliaient contre l'empereur, contre les généraux, contre les ministres. Le gouvernement ripostait, sévissait et tous les moyens de despotisme tartare étaient mis en exécution : tortures, pendaisons, cachots, et l'on vit toute l'élite russe anéantie par les tsars.

Des hommes de génie, comme Jeliaboff, Kibaltchitch, Perovska et beaucoup d'autres, ont accueilli la pendaison courageusement. Jeliaboff, qui avait toutes les qualités d'un grand chef, disait qu'il ne faut pas considérer les problèmes de la révolution au point de vue des intérêts d'une classe quelconque, mais au point de vue des intérêts du peuple russe, dans son ensemble de toutes les classes réunies, dont les intérêts sont contraires aux intérêts de l'autocratie.

Ni l'état de siège, ni les conseils de guerre ne décourageaient ces fanatiques illuminés ; et par milliers et milliers, ils allaient dans les prisons et en exil en Sibérie.

L'erreur de ces révolutionnaires consistait dans cette illusion que le peuple, le moujik était avec eux, qu'il était socialiste par sa mentalité, alors qu'en réalité il continuait à vivre en payant docilement ses impôts, exécutant toutes ses obligations et croyant que tout cela était la volonté de Dieu.

Mais le gouvernement, voyant qu'il ne venait pas à bout de cette lutte, fit appel à ses meilleurs généraux de la guerre russo-turque. Parmi eux se trouvait le comte Loris-Mélicof, descendant de la noblesse arménienne, qui venait de remporter des victoires sur le front d'Asie-Mineure, comme généralissime, et qui, par des mesures énergiques, avait arrêté la peste de Vetlianka. Etant appelé comme gouverneur général, il réussit à enrayer le mouvement terroriste par la douceur, la clémence, avec le concours de l'opinion publique. Son succès à Kharkoff le conduisit à Pétrograd, où il fut nommé Président du Conseil et Président du Conseil Suprême pour lutter contre l'ennemi intérieur.

Loris-Mélicof, évidemment, était avant tout un général célèbre par sa carrière militaire dans le Caucase et serviteur dévoué du tsar. Mais n'ayant pas subi les influences tartares et byzantines, comme ses collaborateurs russes, animé par sa nature de sentiments humains et généreux, il tâchait d'appliquer les mesures les plus douces et les plus efficaces, en donnant satisfaction à l'opinion publique dans ses revendications justes, il réussit dans son entreprise de pacification. Il croyait cependant que tout cela n'était que palliatifs et qu'il fallait donner à la Russie des libertés nationales. Il jouissait de la même confiance auprès d'Alexandre II que son prédécesseur Speransky auprès d'Alexandre Ier. Quoique moins préparé comme homme politique, il persuada l'empereur de donner à la Russie une représentatiton nationale.

Il est possible qu'il ait acquis ces idées pendant son séjour à Paris, en 1875, avant la guerre russo-turque. Quoi qu'il en soit, Alexandre II accepta cette réforme, après une séance orageuse du ministère, où les réactionnaires protestèrent contre cette concession et où Loris-Mélicof, dans un discours éloquent, prouva que cette représentation non seulement n'ébranlerait pas le trône, mais au contraire l'affermirait davantage. C'est alors que le souverain, plein de reconnaissance pour son favori accepta de donner ces libertés politiques à son peuple.

Il se proposait de se marier morganatiquement avec la princesse Dolgorouky, en Crimée, et de laisser à son conseiller Loris, la régence de la Russie comme vice-empereur; mais le jour de la signature de ce manifeste, un attentat contre Alexandre II renversa tous ces projets (le 1er mars 1881), et tout fut à recommencer.

Alexandre III, monté sur le trône, accepta l'héritage de son père, mais pendant que le manifeste se composait la nuit à l'imprimerie du Ministère, Pobedonostseff et Katkoff arrivaient en toute hâte chez l'empereur, s'agenouillaient devant lui en pleurant, et déclaraient que l'autocratie lui venait de Dieu et qu'elle allait être en danger s'il ne renonçait pas au manifeste.

Alexandre III céda et donna l'ordre d'arrêter la composition du manifeste.

Le lendemain, quand le président du Conseil apprit l'ordre de la nuit, il se présenta au tsar et lui remit sa démission. C'était la première fois, dans l'histoire russe, qu'un ministre osait donner sa démission à son maître omnipotent. Loris-Mélicof s'en alla finir ses jours à Nice, où, malgré son âge, sa maladie et ses fatigues, il continua de s'instruire. Je l'ai vu lisant Claude Bernard, prenant des notes pendant la lecture et me conseillant cette méthode de travail. Il était à ce moment, à Nice, en relations directes avec toute l'élite intellectuelle russe et française; M. le comte de Voguë était un de ses confidents et les bruits couraient à ce moment qu'il lui avait confié ses Mémoires pour les publier après un temps déterminé; mais sa fille m'a démenti ces propos.

Ce « Vremenchtchik » — favori du moment — comme on l'appelait à Pétrograd, avait eu une carrière brillante, mais très courte. En arrivant à Pétrograd, il apparaissait comme une figure étrangère au milieu de cette aristocratie russe. Il était *homo novus*. Il paraît qu'il choquait les grandes princesses en mangeant le poisson avec un couteau. Sa probité était légendaire. Alexandre II lui disait : « En Russie, il n'y a que trois hommes que ne volent pas : moi, mon fils et toi ». Dans un journal allemand, *Beiblatt*, une caricature montrait un corbeau blanc au milieu d'une nuée de corbeaux noirs; le blanc représentait Loris-Mélicof; autour de lui, de l'or était répandu à terre. Et la légende du dessin disait : « En Russie est apparu un corbeau blanc, qui sera dévoré par les corbeaux noirs ».

ın

Avec le changement de ministère, la lutte devenait de plus en plus difficile, une émigration des révolutionnaires russes s'accentuait à Paris. Il existait déjà des réfugiés disséminés en Suisse, à Londres, depuis les persécutions en Russie, mais maintenant le parti terroriste devait créer un centre à Paris, sous la direction intelligente de ses délégués, de Mme Marina Polonska, devenue l'inspiratrice de ce mouvement à l'étranger. Le chef de l'émigration était le vénérable Lavroff, émigré depuis longtemps, à la suite de son exil à Vologda; il connaissait Marx dont il partageait les idées, mais il voulait marcher avec le mouvement de son temps et il acceptait en même temps le programme des terroristes. « Il a été éclectique jusqu'au bout des ongles, » disait Plekhanoff. « Il savait, a dit Engels, qu'en tout il y a le bon et le mauvais côté; il acceptait le bon et rejetait le mauvais. » Il était de la génération de 1840.

J'ai connu un autre homme de sa génération qui lui ressemblait beaucoup par son éducation, sa culture, ses manières. C'était Constantin Arseneff.

Ces hommes représentaient l'époque des Décabristes, où la culture européenne n'était plus seulement de surface, mais pénétrait profondément les cœurs et les consciences.

C'est chez lui que je rencontrai Hermann Lopatine, qui aida Lavroff à s'enfuir de Vologda et qui s'est enfui également de la Sibérie. Il me racontait cette évasion pleine d'aventures pittoresques; il m'expliquait sa réussite par sa manière d'agir, en usant de tout le monde, même des fonctionnaires du tsar et en ne demandant à chacun que ce qu'il lui était possible de donner. Souvent, je me rappelle ce principe pratique dont on oublie trop de se servir.

A cette date, Lavroff voulait écrire l'histoire de la pensée humaine. Il voulait la publier en vingt-quatre volumes, puis en douze. Finalement il descendit à un seul, qui fut imprimé grâce à l'offre des frais d'édition que lui fit son ami fidèle, le professeur Maxime Kovalevsky...

Il réunissait une fois par semaine ses amis intimes et nous lisait ce qu'il avait écrit durant la semaine. Je dois avouer que nous l'écoutions avec beaucoup de distraction. Son étude sur l'astronomie générale et l'anthropologie, l'introduction de son livre, nous intéressait très peu.

Tous les émigrés venaient à Paris pour voir ce vénérable vieillard et, il faut bien le dire, ils se désillusionnaient de lui comme lui se désillusionnait d'eux. Il m'avouait souvent que, malgré tout son dévouement pour eux, il ne trouvait pas une satisfaction morale dans leur milieu.

Je le voyais souvent: étant étudiant en médecine, j'étais son médecin attitré. Le soir, vers six heures, j'allais le chercher pour dîner dans un petit restaurant du boulevard Saint-Michel, parce que déjà l'établissement Duval était un luxe pour lui.

Après dîner, nous rentrions; je lui faisais son thé qu'il prenait en mangeant des croissants. Ensuite, je lui lisais le « Temps » : d'abord les dernières nouvelles, puis l'article de fond. Il se réjouissait d'être dans la société cultivée de Wirouboff, Paul Lafargue, Charles Edmond, administrateur du journal le « Temps », G. Clemenceau, alors rédacteur en chef de la « Justice » et leader de l'extrême-gauche à la Chambre des députés. Quand il fallait plaider la cause d'un émigré, il endossait sa vieille redingote et allait trouver Clemenceau, qui le recevait toujours très bien — et rentrait content d'avoir réussi dans ses démarches.

L'ami commun de Clemenceau et de tous ces émigrés était son collaborateur Jaclard, l'ancien colonel de la Commune, marié à une Russe. Il fréquentait assidûment un autre salon révolutionnaire polonais, présidé par une charmante et intelligente Polonaise, Mme Jankonvska, qui a donné tout ce qu'elle possédait au mouvement polonais. Le jeune avocat Millerand, président du Conseil actuel, fut son défenseur. Evidemment, une Russe pur sang d'une intelligence supérieure, Mme Palonska détestait cette Polonaise qui semblait l'emporter par sa coquetterie.

J'ai passé plusieurs années dans ce milieu d'élite révolutionnaire, sans faire partie de leur organisation, puisque je n'acceptais pas leur programme politique et leur tactique, n'ayant jamais approuvé le terrorisme qui répugnait à mes principes et à mon caractère.

Je les fréquentais en qualité d'ami, ils étaient tous charmants, possédant les meilleures qualités des Slaves. Que de fois Mme Palonska m'envoya avec des commissions confidentielles chez Lavroff, qui ne se prêtait pas toujours à toutes ses suggestions ! Elle me disait : « Dites à votre vieillard qu'il fasse ça et ça ». Je m'exécutais et le pauvre vieillard cédait, plein de haute estime pour cette femme.

Dans ce milieu de femmes révolutionnaires, à cette époque, il convient d'en citer une tout spécialement, pour sa haute valeur scientifique, et qui resta en dehors de la politique : Maaame Sophie Kovalevska, belle-sœur de Jaclard et amie de madame Jankovska. De remarquables travaux lui avaient assuré une grande notoriété comme mathématicienne; elle fut reçue solennellement à l'Académie des Sciences et nommée professeur de mathématiques à

Stockholm. Elle avait des rêves scientifiques et des ambitions sentimentales. C'est ainsi qu'elle croyait aux fameux canaux de Mars et disait sa conviction qu'un jour on construirait un télescope si grand et si puissant qu'il deviendrait possible de communiquer avec cette planète. Elle croyait aussi qu'avec l'évolution, la taille de l'homme diminuerait progressivement et que l'humanité future serait composée de lilliputiens. J'avoue que ces théories astronomiques et anatomiques me laissaient assez sceptique.

Elle s'était prise de passion pour Maxime Kovalevsky, lequel, à ce moment, habitait sa villa de Beaulieu et venait de temps en temps à Paris, pour la plus grande joie du père Lavroff. Elle allait souvent à Beaulieu, pour y voir celui qu'elle aurait voulu épouser. Son projet ne put être réalisé. Car, si Maxime Kovalevsky avait pour elle une très grande amitié et la tenait en haute estime, il n'éprouvait pour elle aucun sentiment d'amour.

On sait que Sophie Kovalevska louchait un peu. Et cela enlevait du charme à son visage intelligent.

Il y avait aussi une dame russe, Mme Nikitine, qui collaborait au journal de Clemenceau. Elle avait des idées très avancées et, quand les amis de Clemenceau lui reprochaient ses articles, celui-ci répondait : « que voulez-vous, elle écrit si bien ! »

Clemenceau avait une grande popularité dans tout ce milieu d'émigrés. A cette époque, chacun lisait régulièrement son journal la « Justice »; ses discours étaient attendus avec impatience. On définissait son éloquence de cette manière : « Quand Gambetta commence à parler, usant de son geste éloquent, tout le monde se tait, tandis que Clemenceau, commençant au milieu du bruit, fait taire tout le monde par la force de sa logique et de son raisonnement. »

C'est à ce moment que Mme Palonska commença avec Lavroff la publication du journal mensuel « Le Messager et la Volonté du peuple ». Deux émigrés, au grand étonnement de la rédaction, refusèrent d'y collaborer : c'étaient Plekhanoff et Axelrod, parce qu'ils ne se contentaient plus du programme Norodnaia Volia. Ils devinrent bientôt les fondateurs du nouveau mouvement en Russie du parti social démocrate.

A cette époque, le parti terroriste Norodnoia Volia était à son déclin. Ayant comme but l'affranchissement du moujik russe, il était essentiellement le parti national.

Son principe, « la fin justifie les moyens », avait donné des résultats funestes. Il n'avait presque pas d'attaches avec le peuple lui-même ; c'était un parti d'intellectuels agissant comme conspirateurs, ayant pour but principal d'abattre l'autocratie par le terrorisme. Ses adeptes ont montré beaucoup d'abnégation, mais ils se sont totalement épuisés.

La grande faiblesse du terrorisme résidait dans ce fait que tout en travaillant pour le moujik, il n'était pas soutenu par lui et n'était pas appuyé par le peuple. Toutes ses organisations se concentraient dans le comité exécutif, qui fut dissous après l'arrestation de tous les membres.

CHAPITRE II

La Révolution russe

L'oppression sous Alexandre III.

Plekhanoff et le mouvement social-démocrate ; Les marxistes et la lutte de classes ; Bolcheviks et Mencheviks.

Nicolas II et la décomposition du régime.

La Révolution de 1917 ; Kerensky ; Lénine ; Ses antécédents ; Rôle de la biologie dans l'évolution sociale.

Les antibolcheviks ; leur réactionnarisme ; Denikine, démocrate, n'avait aucune autorité personnelle ; La terreur blanche serait aussi néfaste que la terreur rouge.

Le régime de la Russie nouvelle doit être démocratique et républicain.

Ma mission en Russie méridionale ; Les causes de la débâcle de Denikine ; Tous les révolutionnaires, bolcheviks et antibolcheviks doivent s'entendre pour le bien de la Russie nouvelle.

Autant Alexandre III a été populaire à l'étranger et y a laissé un bon souvenir comme pacificateur, autant il a été détesté par toutes les classes de la société russe. Imbu de son rôle divin, il fut guidé pendant tout son règne par ces trois principes : autocratie, orthodoxie, et panrussisme. Ce dernier a remplacé le panslavisme du règne précédent, en décadence par suite de l'amertume causée par la trahison des Bulgares et l'insurrection des Polonais.

A la politique de l'autocratie éclairée d'Alexandre II, a succédé, sous Alexandre III, la politique des nivellements, la politique de la russification forcée et obligatoire. Le mot d'ordre était : faire disparaître tout ce qui n'était pas conforme au type grand-russe, au point de vue de la langue et des mœurs.

Les Polonais, les Petits-Russiens, les israélites, les Arméniens devaient se soumettre à ces exigences en effaçant toutes les particularités nationales. Leur langue, leurs écoles, leur littérature étaient interdites.

Ceux qui ne se soumettaient pas à ces mesures étaient poursuivis. Comme nous le disions, la haute société russe de la fin du

XVIIIe siècle apprit le français avec une telle ardeur qu'il y eut des familles où l'on parlait mieux le français que le russe.

Alors l'empereur exigea de n'entendre que le russe à la cour, et lui-même en donna l'exemple.

Beaucoup de fonctionnaires d'origine allemande dans les universités et administrations, furent licenciés et remplacés par des Russes qui ne possédaient pas leurs capacités.

Les mêmes faits se produisirent d'une façon brutale dans le Caucase, sous le gouverneur Galitzine, qui abolit toutes les institutions nationales admises par les tsars.

La situation des israélites n'était pas meilleure; ils furent victimes de toutes sortes de restrictions, de poursuites, d'interdictions de séjour. Le gouvernement limita leur instruction secondaire et supérieure.

Bien que les ministères des finances et les autres administrations publiques ne pussent se passer du concours des israélites, le gouvernement suscita un mouvement antisémite qui dégénéra ensuite en pogroms des populations israélites.

Cette politique du nivellement et le fait de considérer toute la population de l'Empire russe qui n'est pas grand-russe comme allogène, provoqua naturellement chez tous un mécontentement, une protestation, une révolte unanimes, mais latents, qui devaient se manifester à la première occasion.

Le grand Empire russe, conquis avec le sang, l'intelligence, le travail de ces allogènes, qui ont participé à son développement avec autant d'efforts que les Grands-Russes, a voulu les traiter comme des vaincus et des inférieurs.

Une fois les forces du parti terroriste épuisées, la lutte devenant très dure avec l'autocratie, le mouvement révolutionnaire s'est apaisé et la réaction a commencé à dominer toute la Russie pour régner jusqu'à la fin du XIXe siècle.

⁓⁓⁓

Pendant ce temps apparaissait un nouveau mouvement social démocrate. Plekhanoff, émigré à Genève et initiateur de ce mouvement créa les groupes de « l'émancipation du travail », en 1883, qui propagèrent ses idées sociales-démocrates et leur donnèrent une grande extension en Russie. Il attira l'attention sur le capitalisme naissant en Russie et sur le prolétariat. D'après le principe de Karl Marx, il prétendait que la Russie devait suivre la même voie que l'Europe, qu'elle devait passer par le régime capitaliste et qu'il fallait y préparer le prolétariat conscient.

La jeunesse russe, après l'affaiblissement du parti terroriste comme action et comme idées, se jeta sur cette nouvelle révélation sociale et tourna son regard vers les ouvriers, se dévouant à eux.

L'ouvrier devint son idole, comme l'avaient été les moujiks pour le parti Narodnik.

Un grand nombre de cercles (Croujok), indépendants les uns des autres, se forment alors dans toute la Russie pour étudier les questions ouvrières, pour enseigner aux ouvriers des usines et des fabriques leurs devoirs prolétariens.

Le parti terroriste a un comité exécutif qui se ramifie du centre à la périphérie, tandis que le nouveau parti social-démocrate se multiplie en comités sans liaison et sans cohésion, sans direction, d'une façon indépendante, ce qui lui a fait donner le nom de Koustary, qui signifie « industriel à domicile ».

Plekhanoff et ses amis de Genève, à cause de leur éloignement de la Russie, dans l'impossibilité de communiquer avec leurs adhérents, n'avaient pu avoir sur eux une influence directrice et modératrice. Pour ces motifs, ces cercles autodidactes, grâce à cet esprit absolu et simpliste qui est particulier aux Russes, ont poussé leurs idées à l'extrême.

Les écrits de Plekhanoff, pleins de modération et d'adaptation aux conditions réelles de la Russie, n'avaient pas accès en ce pays et le mouvement social-démocrate prit librement une allure désordonnée, facilitée par l'autonomie de chaque cercle.

Cependant le mouvement grandissait. Une série de grèves était le résultat de cette propagande. En même temps, la presse libérale menait une lutte acharnée sur ces idées, les uns disant que la Russie pouvait passer immédiatement au collectivisme, tandis que les autres pensaient qu'elle devait évoluer par la bourgeoisie. Mikaïlovky et Strouvé étaient les deux représentants attitrés de ces courants d'idées.

Plekhanoff, vivant en Europe, comprenait bien que le mouvement social-démocrate devait marcher de pair avec l'émancipation politique et conseillait de s'allier avec la bourgeoisie libérale pour abolir l'autocratie, qui était le premier obstacle au mouvement social-démocrate.

Ce parti a été moins persécuté par le gouvernement, dont tous les efforts étaient dirigés contre les terroristes. Le principal pour lui était de ne pas laisser toucher aux ministres et au tsar. Tout le reste était secondaire, à cause de l'incompréhension de ces questions par la 3° section de la Sûreté générale. Ainsi la littérature sociale-démocrate a eu plus de liberté.

L'organisation du parti social-démocrate se faisait, au début, sans difficultés insurmontables. Toute la jeunesse révolutionnaire, à ce moment, se divisait en deux camps : socialiste révolutionnaire et social-démocrate et ces tendances politiques étaient devenues comme un état civil. Si on demandait à un jeune homme ce qu'il faisait, il vous répondait non pas sa profession véritable, mais qu'il était S.D. ou S.R.

Le mouvement social-démocrate grandissait de plus en plus. Les membres affiliés s'occupaient des caisses ouvrières, des secours ouvriers, des secours des corporations ouvrières et de l'organisation des grèves. Les terroristes se reconstituaient et comblaient les vides qui se formaient dans leur comité. Un élément démoralisateur surgissait dans leur action : pour lutter utilement contre la 3° section, des membres devenaient policiers, arguant de leur propre principe que « la fin justifie les moyens ». La Sûreté elle-même avait ses espions dans ce parti. De cette promiscuité sortit un abaissement moral qui jeta une ombre sur la vie révolutionnaire.

Le colonel Zoubatoff, de la police, et le terroriste Azeff sont les hommes les plus typiques de cette démoralisation dans le mouvement russe.

Ce fléchissement moral, dans ce milieu policé et persécuté, avait des conséquences extrêmement fâcheuses et néfastes. Autant ces révolutionnaires étaient francs, sincères et dévoués dans leur milieu, autant ils étaient méfiants, rusés et faux en dehors. Ils conspiraient même dans la vie privée.

L'esprit étroit de parti, l'intolérance les accaparaient tous ; on se séparait sur un mot insignifiant, on se querellait et on se disputait durant des jours et des nuits pour des futilités ou des différences d'opinion. Ces discussions sans fin, dans ces circonstances graves, rappelaient les discussions byzantines. « Toute lutte et toute discussion entre les révolutionnaires et les socialistes russes, disait Engels, doivent être considérées comme des niaiseries pures qui ne peuvent que réjouir leurs ennemis. »

Leur vaste érudition des questions sociales s'adaptait difficilement à leurs cerveaux incultes. Ils acceptaient tout avec foi, sans recourir au mécanisme de leur raisonnement assoupi par l'ambiance du régime. Incapables de réfléchir et de faire des déductions indépendantes, ils s'attachaient avec obstination à telle ou telle formule, craignant de trahir le parti s'ils modifiaient un *iota* de sa doctrine. En russe, « changer » et « trahir » s'exprime par un seul mot : «Izmenit ».

A partir de 1897, les mouvements terroriste et ouvrier ont pris une extension si grande que les pendaisons ont recommencé, les cachots se sont rouverts et la jeunesse intellectuelle a dû être à nouveau saignée à blanc.

La sociale-démocratie, loin de ses chefs, tels que Plekhanoff, se constitue en groupes indépendants les uns des autres, et qui se disent marxistes. L'idée de la lutte de classe devient chez eux prépondérante et, sous leur influence, des grèves grandioses se produisent dans toutes les grandes villes.

Mais l'idée d'organiser un parti unique commence à mûrir et, en 1897, les groupes sociaux-démocrates tiennent un Congrès qui ne donne pas de résultats appréciables, parce qu'un mouchard s'y était introduit.

Au second Congrès, en 1903, se manifestèrent deux courants dont la divergence, marquée dans les ordres du jour, a été si insignifiante qu'on s'étonne que la scission ait pu se produire. A la tête de la majorité se trouvait Lénine (Bolchevik).

Pendant la réaction de la fin du XIX° siècle, les partis révolutionnaires se préparaient et guettaient le moment favorable pour abattre l'autorité chancelante.

Les deux partis travaillaient selon leur programme particulier, en se détestant et en passant leur temps dans les discussions byzantines.

Les social-démocrates, divisés en deux partis, bolcheviks et mencheviks, faisaient leur propagande dans les fabriques et les usines : l'ouvrier russe était devenu pour eux ce qu'était le moujik pour les socialistes révolutionnaires.

Les ouvriers habitant les Villes s'émancipèrent plus vite et formèrent même des groupements organisés. Les grèves furent nombreuses, dans tous les centres, pour des revendications politiques et sociales. Bientôt les socialistes révolutionnaires se divisèrent eux-mêmes en maximalistes et minimalistes et recommencèrent leur tactique terroriste ; les attentats politiques se multiplièrent.

La désastreuse guerre russo-japonaise donna le signal de la

recrudescence du mouvement révolutionnaire et la société libérale vit d'un bon œil toutes ces protestations. Les soldats revenus de la guerre fournissaient des recrues à l'opposition.

Nicolas II, successeur de son père, était incapable de volonté : il suivait l'avis du dernier consulté. Le ministre Witte, ancien haut fonctionnaire des chemins de fer, grâce à son intelligence et à sa connaissance des finances, prit vite une situation prépondérante parmi les conseillers du tsar, comme Speransky sous Alexandre I⁰ʳ et Loris-Mélicof sous Alexandre II. Après la paix russo-japonaise, il s'aperçut très vite que les réformes sociales étaient les seules qui puissent sauver la monarchie et il conseillait à son maître, longtemps hésitant, de donner satisfaction aux réclamations populaires. Mais les conservateurs intriguaient contre lui.

Les grèves de Pétrograd, l'attentat contre le grand-duc Serge, la grande manifestation populaire dirigée par le pope Gapon en janvier 1905, le jour de la bénédiction des eaux, obligèrent le gouvernement à des concessions politiques. Les massacres, pogroms, pillages et séditions militaires se multiplièrent et, en 1906, le problème de la représentation nationale à la Douma était résolu.

Il se forma alors un nouveau parti qui devait jouer un grand rôle, parce que placé entre les partis extrémistes et composé de toute l'élite intellectuelle russe : c'était le parti constitutionnel- démocrate que l'on désigna aussi sous le nom de parti cadet. Les cadets réclamaient l'organisation du parlementarisme ; mais les événements ont montré qu'ils manquaient d'esprit politique.

A l'ouverture de la Douma, alors que les gauches étaient nombreuses et pouvaient constituer un bloc important, capable de tout faire, elles se divisèrent en différents groupes politiques usant leur action dans des discours interminables.

Au lieu de proclamer immédiatement les droits de l'homme et les libertés politiques, en agissant d'accord avec les fractions de gauche, les cadets, se croyant assez forts par eux-mêmes, négligèrent ces autres partis. Et pour donner satisfaction aux paysans, ils commencèrent par vouloir discuter la question agraire. A la dissolution de la Douma par Stolypine, ils n'avaient pas encore terminé l'étude du problème.

A la nouvelle de la dissolution de la Douma, au lieu de déclarer qu'ils voulaient siéger en permanence, ils partirent sans protester, après que les travaux des commissions furent terminés.

Puis ils gagnèrent Viborg, en Finlande, pour y siéger, croyant que le peuple allait les soutenir. Ils se trompaient !

Le seul qui ait montré de l'énergie à ce moment fut Milioukoff, le chef des cadets. Quand il apprit la dissolution de la Douma, à minuit, il parcourut la ville, à bicyclette, prévenant, lui-même, tous les membres de son Comité central.

Souvent mon grand ami Maxime Kovalevsky, membre de la Douma, homme d'une grande culture occidentale et qui avait passé trente années en France, après avoir été chassé de l'Université de Moscou, me rappelait l'entêtement des cadets, qui ne voulurent point s'entendre avec tous les partis de gauche parce qu'ils pensaient que la force de leur nombre leur assurait toute liberté d'action. Du reste Milioukoff lui-même m'a confirmé qu'il ne trouvait pas nécessaire cette collaboration avec les autres partis de gauche.

Maxime Kovalevsky a pu réaliser ce bloc des gauches bien plus tard, pendant la guerre, lorsqu'il rentra en Russie, après son emprisonnement en Autriche, où il se trouvait lorsque le conflit éclata.

Les opinions politiques de Maxime Kovalevsky étaient plus avancées que celles des cadets. Connaissant personnellement Karl Marx, qui avait pour lui beaucoup de sympathie, il acceptait les idées socialistes et était en communion d'idées absolue avec son excellent ami Vandervelde. Du reste, il me l'a confirmé lui-même, un jour, à la fin de 1905, quand il était directeur de l'Ecole russe de Paris. Il solutionnait la question agraire en Russie, beaucoup plus largement que les cadets. Selon lui, le Sénat doit représenter toutes les corporations ouvrières, et la Confédération du travail. Un article où il développait ses idées a été refusé, en 1913, par le rédacteur en chef de la *Revue Bleue*, à laquelle il collaborait, à cette époque, et où il n'écrivit plus ensuite. C'est en raison de ses idées avancées qu'il n'est pas entré dans le parti cadet, à la création duquel les fondateurs ne l'ont pas invité, bien qu'ils lui ont offert cependant de signer le programme déjà élaboré par eux et qu'il ne put accepter. Il se plaignait à moi amèrement de cette attitude inamicale des fondateurs de ce parti, dont il était, par son savoir et son expérience, le maître incontestable dans ces questions politiques et sociales.

Ayant appris qu'il était prisonnier de l'Allemagne, j'adressai, à la fin d'août 1914, au président Wilson — qui, je le savais, tenait Maxime Kovalevsky en grande estime — une dépêche portant la signature de MM. Lavisse, G. Clemenceau, Metchnikoff, Léon Bourgeois, Denys Cochin, Roux, etc... Nous demandions au président des Etats-Unis d'intervenir en faveur de notre ami.

Malheureusement, Maxime Kovalevsky mourut avant la révolution, au mois de mars 1916.

Etant lié avec lui, depuis très longtemps, par une affectueuse amitié, nous avions toujours correspondu. Et dans la dernière lettre qu'il m'écrivit, deux mois avant sa mort, alors que je me trouvais à Salonique, il m'exprimait son pessimisme sur l'avenir de la Russie et il se plaignait du *tædium vitæ*.

Après m'avoir supplié de ne pas trop risquer ma vie, il me disait son peu despoir en cet avenir et ajoutait que le présent était « le naufrage des idéals ». Il terminait sa lettre en m'affirmant qu'il n'avait pas même la curiosité, comme son ami sociologue de Roberti, de savoir comment finirait la guerre, mais que cependant il tenait quand même à vivre.

Cependant la russification continuait son œuvre. Les mesures les plus rigoureuses étaient prises en Finlande : on limitait les droits des Petits-Russes, des Polonais et des autres nationalités.

Le mouvement révolutionnaire, ayant diminué, reprend à nouveau à la veille de la grande guerre.

La famille impériale est fascinée par un aventurier, Raspoutine, qui fait les lois et décide des nominations des fonctionnaires.

C'est dans ces conditions que la Russie entre dans la guerre, acceptée avec enthousiasme par toutes les classes sociales et toutes les nationalités, avec l'espoir caché qu'elle devait apporter des libertés nouvelles.

La guerre commencée, on s'aperçut bien vite que la Russie n'était pas prête. Les Zemtsvos s'efforcèrent de parer à cette insuffisance ; mais les ministres étaient médiocres et entourés d'individus à vendre : la trahison travaillait en même temps à la cour.

L'assassinat de Raspoutine précipita les événements et le manque du pain à Pétrograd, le 8 mars 1917, provoqua une première émeute sur un mot d'ordre qui fut donné mystérieusement : c'était la fin du régime. L'empereur Nicolas II, autocrate absolu, héritier des empereurs de Byzance et des Césars, abdiquait le 15 mars 1917.

La révolution triomphait, en pleine guerre, plutôt militaire que prolétarienne, quand, en Occident, on attendait de la Russie le plus grand effort.

Tout ce qui s'est passé depuis, il m'est difficile de l'exposer parce que je ne fus pas un témoin de ces faits et que les témoignages des autres et les articles de presse ne sont pas suffisants pour permettre un jugement.

Mais quand même, sans en rejeter la responsabilité sur qui que ce soit, on ne peut pas ne pas s'étonner que cette révolution si longtemps attendue se soit terminée par cette anarchie qui dure encore.

Ceux qui ont été au pouvoir en portent la responsabilité à des degrés divers.

La plus grande erreur provient de ce fait que, durant des années, les éléments révolutionnaires n'eurent pas le sentiment de la patrie, mais seulement le sentiment de leur parti. Ils sont patriotes pour leur parti; ils ne savent pas sacrifier leur doctrine à l'intérêt de l'Etat et, en dehors de leur programme, ils ne voient rien; ils sont intraitables, intolérants, fanatiques, ils ne savent pas écouter les autres et ne savent pas raisonner objectivement, dans l'intérêt de l'Etat russe.

Qui donc se met alors à la tête du mouvement ouvrier russe ? C'est Tchheidze, un Géorgien !

Kerensky, qui est un orateur populaire, se met à la tête du gouvernement, mais agit en dictateur; sa première pensée est de se faire photographier sur le fauteuil du cabinet de travail de l'empereur déchu.

La France, qui avait tant d'intérêts supérieurs en Russie, se devait d'envoyer là-bas des hommes connaissant bien la Russie et la Révolution française, des universitaires estimés dans le milieu révolutionnaire russe en même temps que des hommes énergiques, pleins d'initiative, pour donner des conseils.

Si on ne pouvait pas éviter le bolchevik Lénine, il fallait par tous les moyens, dès le début, modérer ses aspirations; on ne l'a pas fait, et aujourd'hui c'est le règne despotique de Lénine qui a proclamé le marxisme pur, la dictature du prolétariat, le communisme mondial et qui, en deux ans, a ramené la Russie vers la barbarie primitive.

~~~

Qu'est-ce que Lénine ? C'est un fanatique illuminé, despote par le caractère et prêchant le messianisme du communisme mon-
~~~

dial, dont il est un apôtre, comme le Christ. C'est un démagogue, mais doué d'une grande puissance intellectuelle, puisqu'on affirme qu'il étudia et apprit la philosophie en quelques semaines. Mais il n'a pas cette intelligence critique que donne la réflexion intime.

S'il avait cette intelligence critique, il aurait dû voir qu'après la secousse mondiale qui a réveillé la conscience des masses, il fallait donner au temps le pouvoir de faire le reste, dans l'intérêt même des idées dont il voulait être l'apôtre. S'il avait eu cette intelligence, il n'aurait pas introduit la comédie communiste par une force brutale qui rappelle ces institutions primitives, préhistoriques, dont je parlerai dans mon étude de la Caucasie.

Lénine porte les marques de l'atavisme de ses ancêtres mongols, aux points de vue psychologique et moral. Il porte en lui-même cette survivance morale qui est du domaine de l'anthropologie criminelle. On me dira que c'est un Russe d'origine slave. Qu'est-ce que cela fait ? Sait-on si, pendant le joug tartare, un de ses aïeuls ne fut pas Tartare ? A cette époque, les aristocrates russes et tartares contractaient des mariages, puisque un certain nombre de *mourzas* ont pu devenir des princes russes par leur conversion à l'orthodoxie.

Cet atavisme peut être expliqué aussi par les influences de la branche maternelle. On sait, d'après la théorie des probabilités, que les fils prennent des qualités maternelles.

Ces croisements de race, chez les parents donnent souvent des résultats remarquables, mais en même temps ils marquent souvent les fils du sceau de la mentalité maternelle. Il arrive aussi qu'au lieu de ressembler à la mère le fils subit l'influence psychique et morale des ancêtres de la mère. C'est le cas de Lénine.

Je ne le connais pas personnellement, je ne l'ai jamais vu, mais sa photographie révèle d'une façon indiscutable son origine mongole. Les yeux bridés, les pommettes saillantes, le menton parsemé de poils rares donnent incontestablement à son visage le type d'un Mongol, d'un Kalmouk.

A sa puissance cérébrale s'ajoutent la psychologie et la morale des Mongols primitifs. Il manque de sens moral et affectif, il est l'homme du fanatisme, de l'intolérance et de la haine, caractéristiques des despotes barbares des temps primitifs.

Non, je ne puis pas être partisan de Lénine, je ne suis pas marxiste à sa manière, et voici pourquoi :

Le marxisme peut être l'objet de différentes interprétations. Je ne parle pas de ceux qui ont le cerveau inculte et inapte à la réflexion ; je parle de ceux qui possèdent toutes les qualités mentales pour avoir des convictions sociales réfléchies.

Marx appartenait à cette génération qui, dans sa jeunesse, était sous l'influence de l'Hégélianisme et qui se jetait ensuite dans le nouveau courant matérialiste le plus absolu. Ce matérialisme a eu une inflence prépondérante dans tous les domaines scientifiques. Je place Marx dans cette catégorie des génies matérialistes à outrance qui sont apparus vers cette époque et qui sont restés, malgré leur génie, sous l'influence de leur milieu scientifique.

J'ai lu Marx dans l'édition qui circulait en 1882.

Marx a créé incontestablement la science socialiste ou, comme on dit, le socialisme scientifique ; il sut en poser les bases comme personne d'autre avant lui. Mais le « Capital » de Marx ne peut être ni le *Coran*, ni l'*Evangile* pour ceux qui acceptent ses principes fondamentaux. Il s'est classé parmi les grands hommes comme Darwin, Broca, A. Comte, Claude Bernard. Mais être un génie dans une science, cela ne veut pas dire qu'on est aussi un génie dans d'autres domaines. Pasteur était un génie dans la biologie, mais il fut clérical toute sa vie ; Metchnikoff, qui possédait à un haut degré la faculté d'analyse et de synthèse dans la biologie, fut au contraire médiocre dans la technique bactériologique. Tel qui formule une idée géniale peut être en même temps incapable de la réaliser, semblable à ce peintre du roman d'Emile Zola, qui fut incapable de coucher sa pensée sur sa toile.

F. de Pressensé ne me disait-il pas, un jour, tout en le reconnaissant pour son chef, que Jaurès, orateur et philosophe socialiste remarquable, eût fait un très mauvais ministre. Marx a énoncé des principes ; mais cela ne veut pas dire qu'il était en mesure de les réaliser, parce que, pour cela, il ne suffit pas de la science, mais il faut encore des qualités de réalisateur.

Eh bien ! j'ai été et je suis toujours un prolétaire intellectuel ; je n'ai aucune idée préconçue pour telle ou telle autre conception sociale ; je désire ardemment que le travail ne soit pas exploité, j'accepte les principes du socialisme et même du communisme, à condition que l'esprit créateur de l'individu ne soit pas opprimé, que ces nouvelles formes sociales ne soient pas des Eglises, que ces institutions idéales soient réalisées par des individus conscients de leurs droits humains et de leurs devoirs, ce qui n'est possible que dans les conditions politiques d'un état libre.

Ces transformations sociales peuvent se produire dans les pays cultivés, où une évolution de la conscience humaine a développé l'altruisme et où le principe de l'intérêt général est devenu comme un réflexe inconscient. On peut décréter des lois, des libertés politiques; on peut renverser les gouvernements, mais les rapports sociaux basés sur le haut développement de la conscience humaine et de la morale doivent être le résultat de l'éducation et d'une lente évolution.

Les principes de la Révolution française ont été proclamés il y a plus d'un siècle; ils ne sont pas encore réalisés.

Tout nouveau régime, toute expérience sociale ne peut être réalisée que par la participation de la collectivité de l'époque, par la réflexion commune, par la pensée collective. Toute tentative individuelle, quelle que soit la pureté des intentions, que cela soit même la merveilleuse « Icarie » de Cabet, est vouée à l'échec, comme artificielle et ne répondant pas aux aspirations immédiates de toute la collectivité.

Je voudrais que l'Etat souverain, imbu des idées de solidarité humaine, réalisât un constant progrès social, en développant l'esprit scientifique et artistique, en aiguillant la pensée nationale vers un idéal de beauté et en facilitant l'activité des génies créateurs.

Alors qu'une culture générale populaire n'existe pas même en France, où j'ai pu voir durant la guerre des villages repoussants de saleté, dans lesquels bêtes et gens vivent sous le même toit, où j'ai vu, parmi les infirmiers d'un hôpital, vingt illettrés sur vingt et un soldats, comment croit-on qu'on puisse développer une société idéale en Russie, où le développement intellectuel et civique est en retard de plusieurs siècles sur les pays de l'Occident de l'Europe.

On en arrive forcément à la commune primitive, préhistorique et barbare.

m

Il y a encore une autre considération qui a, d'après moi, une importance capitale et qui éclaircit beaucoup la question de sociologie et d'histoire.

On a voulu appliquer les lois des sciences naturelles et de la biologie, aux problèmes de la vie sociale, et particulièrement on a voulu établir certaines règles qui devaient fixer les salaires, étant donné les nécessités de la vie physiologique des travailleurs, sans prendre en considération leurs besoins moraux et intellectuels.

On a comparé la vie de la société à l'organisation physiologique de l'homme et on a voulu assimiler le fonctionnement de l'organisme humain au fonctionnement de la société ; ce qui est manifestement irrationnel, pour cette simple raison que les membres de la société ont la conscience et que les cellules de l'organisme ne l'ont pas et parce que les individus sont libres de leurs mouvements en tous sens, alors que les cellules sont privées de cette liberté.

Quelques sociologues (Drepper) ont comparé aussi la vie d'une nation à un organisme qui naît, se développe, devient adulte, vieillit et meurt.

Nous n'avons pas d'exemple d'une nation qui soit passée par tous ces stades. On a observé des arrêts de croissance mais on n'a pas observé dans les Etats la mort par la décroissance graduelle.

Cependant la biologie joue dans la vie du peuple un grand rôle. Je veux parler de l'influence de la biologie générale sur le développement de la société.

Comme les lois d'astronomie dominent la vie de toute l'humanité, les lois de la biologie dominent la vie d'une société. Nous avons parlé de l'évolution : est-ce qu'on s'est demandé si l'évolution sociale est infinie, ou si elle est limitée par les aptitudes du cerveau particulier à chaque nation.

Est-ce que le cerveau est apte à se perfectionner à l'infini, ou s'il arrive un moment où, ayant donné son maximum d'effort, il s'arrête d'évoluer ? Des travaux nombreux ont montré qu'un génie ne donne pas d'enfants supérieurs à lui par l'intelligence. Les empereurs romains, tel Auguste, ont eu des descendants dégénérés.

Il y a des peuples glorieux qui ont disparu après avoir donné le fruit de leur culture à la civilisation. La Chine, par exemple, s'est arrêtée dans sa civilisation pendant des siècles : qui sait si, après ce long arrêt, elle pourra poursuivre son ancienne civilisation, ainsi que les derniers événements de là-bas peuvent le faire croire.

J'écarte toutes les conditions pathologiques, toutes les influences néfastes qui peuvent agir sur les cerveaux, comme les maladies, les abus, et aussi les dégénérescences dont je viens de parler ; si j'examine un cerveau sain, normal, n'ayant subi aucune de ces vicissitudes, je puis dire que le cerveau humain a une capacité intellectuelle et morale limitée, comme le cerveau d'un chien qui ne peut se développer jusqu'à l'intelligence humaine.

Ainsi l'homme est limité par son cerveau ; je ne puis pas dire où est cette limite, n'ayant point de données précises ; mais il y a une limite qui varie suivant le peuple et la nation. Nous verrons que, dans la Caucasie, petit territoire où des nations diverses vivent côte à côte en subissant les mêmes influences durant des siècles, comment les unes sont arrivées à une culture développée, alors que les autres ont conservé un développement moral et intellectuel inférieur.

Les exemples ne manquent pas. Nous sommes tous plus ou moins porteurs des traces des temps primitifs ; nous les avons domptées par la réflexion, par la culture ; l'égoïsme brutal s'est transformé en altruisme et nous marchons vers la solidarité humaine, l'idée si chère à Léon Bourgeois. Mais en arriverons-nous à l'altruisme idéal, à la solidarité parfaite ? Pourrons-nous nous dompter jusqu'au bout et accomplir l'effort qui est essentiellement du domaine cérébral, puisque la haute morale est liée étroitement avec le développement intellectuel ? La dernière guerre nous a montré que l'immense majorité de tous les peuples civilisés est au niveau d'une médiocrité intellectuelle et morale incroyable.

Nous savons qu'il y a des peuples d'élite qui progressent plus que les autres, qui sont à la tête de la civilisation ; nous savons de même que, dans chaque peuple, il y a une élite supérieure à toute la masse.

Est-ce que cette élite en est arrivée à la limite de l'évolution humaine ? Et n'est-il pas possible d'accroître les limites de l'évolution intellectuelle en puisant dans les masses nationales une élite plus nombreuse, par une sélection plus large ?

Voilà pourquoi, pour arriver à étendre la limite de la capacité cérébrale, il faut que l'élite amène à elle, par des institutions appropriées, une masse plus nombreuse. Il est donc important d'arriver à ce que la capacité cérébrale donne son rendement maximum. Mais ce maximum ramènera-t-il l'humanité à l'altruisme idéal, à la solidarité complète ? Je n'en sais rien ; et c'est pour cela que je me demande si l'évolution humaine atteindra, au point de vue biologique, cette perfection.

Mais il faut cependant toujours aspirer à cet idéal dans les conditions conformes à la biologie générale.

Les événements russes sont-ils causés par l'arrêt de ce développement ? L'histoire nous enseigne que la Grèce classique a été envahie par les barbares, que l'empire romain, après avoir brisé le lien administratif qui l'unissait à ses nombreuses provinces, s'est englouti dans la barbarie. Je me demande aussi si Lénine, qui porte tous les signes d'atavisme barbare, qui a une attraction personnelle pour les criminels du droit commun, n'amènera pas en Russie ce retour à la barbarie.

Je suis loin de croire à cet arrêt, mais les événements actuels laissent le champ libre à cette supposition.

Pour que le cerveau puisse se développer normalement et donne le maximum de son rendement et des impressions, il lui faut avoir été enrichi par la succession systématique et rationnelle de perceptions psychiques.

Le cerveau d'un enfant naissant ressemble au cerveau d'un homme primitif et il passe jusqu'à son épanouissement intellectuel, qui correspond à sa maturité sexuelle, par toute l'évolution psychologique jusqu'au niveau de son époque. Le cerveau, à la naissance, est blanc comme une feuille de papier, il se remplit de perceptions de ses cinq sens principaux, et pour que la succession soit normale, il faut suivre la même voie que chez ce primitif : en d'autres termes, le cerveau de l'enfant perçoit les choses concrètes et ensuite acquiert les facultés de généralisation et de synthèse ; car si nous faisons le contraire, nous violentons le cerveau et il se produit un traumatisme, ainsi qu'il arrive quand nous forçons un muscle ou tout autre organe.

Percevant d'abord la réalité du monde extérieur comme l'homme primitif, nous pouvons ensuite concevoir des formules : nous sommes aptes à les analyser et les critiquer, nous réfléchissons.

Le cerveau, dans ces conditions, peut donner le maximum de son rendement.

Eh bien ! si je juge la jeunesse intellectuelle russe, je constate son ignorance de la réalité et le vide des formules qui comblent son cerveau.

<center>~~~</center>

En allant en Russie, j'étais optimiste et j'avais la foi que les antibolcheviks, par une politique rationnelle et intelligente, auraient le dessus sur le bolchevisme.

Mais mon voyage m'a convaincu qu'ils ne sont ni raisonnables ni intelligents, que tout ce monde qui luttait contre les bolcheviks, sauf peut-être le général Denikine et le groupe Vosrojdenié, étaient des contre-révolutionnaires qui rusaient en affichant leur patriotisme, avec pour mot d'ordre : « la Russie une, grande et indivisible ».

Tous ces ambassadeurs, ministres et représentants des cadets à Paris ne faisaient que se tromper mutuellement. Tous ces représentants officiels de la Russie antibolcheviste et tous ceux qui les entouraient ont fait preuve à la fois d'inintelligence politique, et d'une ruse toute orientale.

Avant d'accomplir ma mission, je me suis rencontré avec toutes les délégations des pays que je devais visiter et avec les représentants de tous les partis russes à Paris : parmi ceux-ci, l'ambassadeur Maklakof, brillant orateur, mais diplomate inhabile, et qui, envoyé de Kerenski, s'était jusqu'alors adapté à tous les gouvernements provisoires successifs.

Je me représentais la situation russe de la manière suivante :

La révolution bolchevique a divisé la Russie en deux camps : le camp bolchevik, qui, sous l'inspiration de son chef Lénine, voulait à tout prix réaliser les idées communistes par la dictature du prolétariat, mais qui, en réalité, n'était que la dictature de Lénine Khan et C°.

Les antibolcheviks étaient animés d'une hostilité acharnée contre les bolcheviks et avec raison, mais ils ont été guidés plutôt par la haine des bolcheviks que par l'amour du peuple et de la reconstitution de l'Etat désorganisé.

Je veux dire que la psychologie et la mentalité des deux camps était la même et que si demain les antibolcheviks prenaient le dessus, nous assisterions à une terreur aussi cruelle, qui s'appellerait la Terreur blanche au lieu de Terreur rouge. Voilà pourquoi je ne souhaite même pas la victoire des antibolcheviks dans ces conditions.

Dans le camp antibolchevik se trouvaient tous les autres partis politiques, associés aux éléments de l'ancien régime, qui se sont infiltrés dans tous les milieux antibolcheviks, qui intriguent, rusent, soit parmi les Russes eux-mêmes, soit dans les ministères des Alliés, en se camouflant de différents noms politiques. Et on voit un phénomène extraordinaire qui jamais dans l'histoire ne s'est manifesté : les gens de même opinion se trouvent dans les deux camps et la grande majorité des Russes se désintéressant de la lutte et ne pensant qu'à vivre.

Dans la pensée de Lénine, se mêle le communisme et l'anarchie ; et son despotisme atavique satisfait son besoin de dictature derrière l'étiquette de la dictature du prolétariat. Avec les bolcheviks se sont associés aussi des éléments nombreux de l'ancien régime. En fait, il y a un fond général d'impérialisme recouvert du vernis des doctrines sociales, mal digérées et mal conçues, mêlé à une haine réciproque des partis politiques autrefois si proches entre eux.

Lénine et Strouvé furent longtemps des amis inséparables.

Maintenant, Lénine personnifie Ivan le Terrible, que Strouvé appelle au secours (*Grande Russie*, Rostov, nov. 1919).

A cette révolution dont il souffre, le peuple russe est indifférent, parce que, dans les deux camps, l'esprit de parti a pris la place du patriotisme et de la volonté de sacrifice à l'Etat.

L'ancien régime est mort lors de la première révolution de 1917 et, avec lui, les anciennes traditions politiques et sociales ; or, il faut donc affirmer que le régime futur doit être démocratique et républicain, sauf l'avis contraire de l'Assemblée des Représentants.

La quasi-unanimité du peuple russe (90 0/0) ne songeait qu'à acquérir la propriété de la terre : il faut donc avant tout donner la terre aux paysans.

La Russie, « grande, une et indivisible », n'a été maintenue que par des liens administratifs. La dernière politique de la russification de l'ancien régime, non seulement n'a pas resserré les éléments allogènes de la Russie, mais encore a augmenté leur mécontentement et leur opposition. Tous les allogènes, surtout dans les derniers temps de l'ancien régime, étaient tellement exaspérés de ces persécutions que la révolution a été saluée partout comme la fin de leurs misères. Il ne faut pas oublier que tous les allogènes ont cultivé plus que les Grands-Russes leurs traditions historiques, leurs aspirations nationales et que, pas conséquent, si la révolution donnait à tous le droit du citoyen, aux paysans le droit à la terre, aux allogènes le droit de se disposer d'eux-mêmes, tout en voulant conserver la Russie « grande et indivisible », il lui fallait remplacer les liens administratifs de l'ancien régime par des liens organiques, des intérêts communs politiques et économiques.

Il fallait proposer aux allogènes une fédération de peuples.

Le régime républicain jusqu'à la Constituante, la terre aux paysans et le fédéralisme, voilà ce qu'il était nécessaire de proclamer pour attirer du côté des antibolcheviks tous les éléments mécontents des bolcheviks et pour écarter à temps le danger de la contre-révolution. C'est ce que j'ai voulu dire au général Denikine pour le convaincre d'accepter ces trois points, en vue du salut de la Russie.

C'était au moment où sa situation était brillante, mais, hélas, cela a été une illusion ! Les représentants du général Denikine à Paris m'ont traité avec une méfiance allant jusqu'à l'hostilité et ont tout fait, par l'intermédiaire de leurs correspondants à l'état-major de Denikine, pour que je ne sois pas reçu par lui. Et voilà que les circonstances les obligent d'adopter précisément ce programme que je préconisais avant mon départ, au moment même où Denikine s'effondre.

La Russie se désagrège par la faute et l'incapacité politique de deux camps animés d'un esprit de parti étroit et d'une haine mutuelle, plus disposés à traiter avec l'étranger qu'à trouver des points d'union au nom de l'amour du peuple russe, de la patrie et de l'instauration d'un régime démocratique qui pourrait donner toutes satisfactions légitimes aux citoyens et aux peuples.

*

Arrivé en Russie, j'ai vu immédiatement que les éléments contre-révolutionnaires prédominaient, que ce sont eux qui dirigent tout, que la Terreur semble régner partout, que les mots « démocratie » ou « fédération » sont des mots bolcheviks défendus dans le vocabulaire de la Russie méridionale.

Il y a des gens qui pensent juste, mais ils sont effacés et persécutés. En somme, l'état-major de Denikine est contre-révolutionnaire et domine tout, même le général Denikine. La désorganisation est complète : aucun idéal, aucun esprit créateur ; la spéculation et le vol sont courants chez les hauts fonctionnaires, et j'ai signalé dans mes rapports la débauche et le pillage parmi les officiers, un antisémitisme plus accentué que sous l'ancien régime, les pogroms favorisés par les représentants officiels, l'espionnage et le contre-espionnage en grande faveur. Déjà à Paris, on me prévenait qu'avec mes idées, je rencontrerais des difficultés pour séjourner dans ce pays. Mais ces prévisions étaient au-dessous de la réalité et tout un complot a été organisé pour que je ne voie pas le général.

Dès le premier jour, j'ai été insulté, à la gare de Rostov, par les officiers russes. Au déjeuner, que le chef de la mission française m'a offert et où j'ai raconté cette mésaventure, un officier de son état-major me déclara qu'il était Russe et me recommanda la prudence. Et c'est cet officier qui, après le déjeuner à la mission française, alla me dénoncer à l'état-major russe !

Le chef de la mission, le colonel Corbel, supportait dans sa maison ce mouchard, qui remplissait certaines fonctions dans sa mission. Et quand je demandai au colonel quelle punition il allait lui infliger, il me répondit qu'il était content de cet officier, qui lui rendait des services. Après la dénonciation, cet officier, nommé Dietch, non seulement continua d'accompagner le colonel Corbel mais il fut invité à dîner par le consul français, en compagnie du général Mangin.

Dans ces conditions, j'ai dû renoncer à mon projet de contribuer à renforcer les éléments antibolcheviks par les moyens politiques, et je me suis contenté de remplir mon rôle officiel d'envoyé du gouvernement français, afin que Denikine fasse des déclarations officielles en faveur des alliés ; mais, sur ce point, j'ai eu des difficultés, car avant de voir Denikine, son ministre Neratof, homme de l'ancien régime, connu pour sa médiocrité, me posa comme condition que la conversation ne devait pas être divulguée.

Mes impressions sur le général Denikine sont exposées dans mes rapports et je n'y change rien. En patriote sincère, le général jouissait d'une grande popularité à l'époque de mon séjour ; dévoué entièrement à son armée, mais privé des qualités politiques de l'homme d'Etat, d'intelligence étroite, il allait en tâtonnant dans la politique intérieure et extérieure, entre deux tendances, la droite et la gauche, qui le perdirent définitivement. Il s'est trompé profondément lorsqu'il a cru que seule l'action militaire pouvait débarrasser la Russie du bolchevisme. Du reste, on sentait bien que sa popularité n'était que passagère et qu'il n'était pas l'homme de la situation. Les qualités morales de l'homme privé ont contribué grandement à sa popularité. Malgré ses efforts surhumains pour se rendre utile à son pays, pour contribuer à la reconstitution de la Russie « Une, grande et indivisible », il a échoué parce que son point de départ était faux. Sa détermination de persécuter le gouvernement de Kouban a été une mauvaise inspiration et la pendaison d'un des membres influents de ce gouvernement, à Ekaterinodar, a été funeste pour son commandement et maladroit au point de vue des intérêts de l'État russe. Du reste, les missions étrangères ne se faisaient pas d'illusion sur l'instabilité de son gouvernement.

La mission italienne se plaignait de l'état chaotique des ministères, à Rostov.

Le chef de la mission anglaise m'a décrit la situation critique, désespérée même, de l'armée volontaire à la fin du mois de novembre 1919; il me disait que « les bolcheviks la chasseraient très prochainement vers Novorossisx et que les missions militaires seraient obligées de quitter la Russie méridionale, étant acculées à la mer. Il se plaignait que son gouvernement ne lui envoyât pas de renfort et il assurait qu'avec une division anglaise, il se chargeait de chasser complètement les bolcheviks. »

Les causes de la débâcle de l'armée volontaire sont multiples.

D'abord la misère, l'absence totale d'organisation au point de vue du ravitaillement et des munitions. Les blessés n'ont pas été soignés. L'organisation sanitaire a été rudimentaire. Les épidémies de typhus et d'autres maladies furent terribles. Les soldats étaient toujours mal vêtus, parce qu'après chaque distribution, ils envoyaient les vêtements reçus dans leur village. « Les Anglais, me disait un officier du front, ont distribué trois fois des uniformes complets à une armée entière; et les soldats, chaque fois, renvoyaient tout à leurs familles, dans leur village d'origine. »

Une autre cause qui a son importance, c'est que les soldats se battaient pour piller. « Si on leur défendait le pillage, me disait un officier, ils refuseraient de se battre. » Les officiers profitaient également de ce pillage et, rentrés dans les villes, ils festoyaient. En arrière du front, ils faisaient de la spéculation. Les armées bolcheviks pillaient aussi, mais avec cette différence que les volontaires, après le pillage, quittaient le pays, tandis que les bolcheviks y restaient.

L'armée de Denikine, en s'avançant vers le Nord, risquait de subir les grands froids et de ne trouver que des villes déjà pillées et détruites, tandis que les bolcheviks se trouvaient dans des conditions contraires; en Russie méridionale, ils pouvaient trouver un climat plus tempéré et rencontrer des grandes villes pleines de richesses.

Nous devons constater qu'en général, la très grande partie de la population de ces villes restait indifférente à la lutte. Elle vivait dans la terreur et n'était préoccupée que de trouver des moyens de subsistance.

Ceux qui dirigeaient l'armée volontaire étaient pour la plupart des réfugiés, des grands russes ayant souffert des bolcheviks, personnellement ou dans leurs familles, ou d'anciens grands fonctionnaires, des « Kammerherr ». A proprement parler, ce n'était pas une guerre civile puisque la grande majorité de la population était désintéressée et se montrait plutôt fatiguée par le changement des dirigeants et par l'obligation de s'accommoder chaque fois à un nouveau gouvernement, lequel, au fond, avait la même tendance que le précédent : exploiter la population.

Cependant, on trouvait, dans cette masse indifférente des éléments qui momentanément restaient plutôt observateurs et se dissimulaient pour éviter la terreur rouge. C'étaient les représentants des zemstvos de l'Union des villes et des Coopératives, qui déjà ont donné des preuves de leur valeur politique et économique et qui sont capables de faire beaucoup de bien quand le pays sera pacifié.

L'expérience de deux ans de bolchevisme, qui a accaparé toute la Russie par suite du manque de savoir-faire des antibolcheviks, a donné des résultats peu encourageants pour ses dirigeants. Les bolcheviks deviennent pessimistes et la raison commence à parler. Ils paraissent prêts à discuter, mais il faut un prétexte. « Nous partirons, disent-ils, quand on nous chassera ». Ils sentent qu'ils ont échoué dans leur tentative utopiste qui a ramené toute la Russie à la barbarie primitive, au chaos et à l'anarchie complète.

～～

Quelle est la solution à cette situation présente de la Russie ?

Je ne crois pas que les antibolcheviks seuls arrivent à chasser les bolcheviks ; et si cela se produit, nous assisterons à un carnage indescriptible. Je ne crois pas non plus qu'ils se réconcilient au nom de la patrie et du bien du peuple russe.

D'autre part, il faut que la Russie vive et se rétablisse le plus tôt possible. Pour cela, il n'y a qu'un seul moyen, c'est de recourir à un arbitrage qui créera un mot d'ordre et un *modus vivendi* pour rallier tout le monde. Les gouvernements alliés se sont-ils si compromis qu'il ne puissent jouer ce rôle ?

Je pense qu'une puissance, ou même une commission de la Société des Nations pourrait se charger de ce rôle. La cessation de toute violence et de toute terreur serait la première condition ; puis le régime républicain, démocratique et fédératif, avec la nationalisation de la terre, et, bien entendu, établissement de toutes les libertés politiques. Je ne crois pas que la Constituante serait opportune, car tant que le pays ne sera pas pacifié, cette assemblée ne produirait que des discussions sans fin qui rendraient la situation plus grave encore.

Si un social-démocrate et un socialiste révolutionnaire — qui, pendant la terreur rouge, firent disparaître les ministres et les généraux de l'ancien régime — peuvent collaborer, dans un Comité, avec un ancien ministre tsariste qui porte une lourde part de responsabilité morale dans les déportations, emprisonnements et pendaisons qu'eut à subir l'élite de la jeunesse russe, pourquoi, au nom de ce même amour de la patrie et de l'Etat russe, ces mêmes hommes ne peuvent-ils entrer en conversation avec les bolcheviks, qui ont signé le traité de Brest-Litovsk et s'imposent par la terreur rouge, mais qui cependant, par les idées et par les principes, sont plus proches d'eux que l'ancien ministre tsariste ?

D'autre part, puisque le général Broussiloff, au nom des Rouges, paraît-il, et le général Denikine, au nom des Blancs — d'après la déclaration qu'il me fit lui-même — sont d'accord pour protester contre l'avance des Polonais, dans leur lutte avec l'armée rouge, pourquoi, pour sauver la Russie, ne peut-on trouver un moyen d'entente, un *modus vivendi* pour que cette situation humiliante vis-à-vis du monde entier prenne fin, pour que cessent les souffrances du peuple russe ? Sinon on retournera rapidement vers la barbarie primitive.

Au fond, on doit reconnaître que, sous le couvert des formules des partis politiques, la psychologie et la mentalité des contre-révolutionnaires, des antibolcheviks de toutes couleurs, des bolcheviks eux-mêmes sont identiques, c'est-à-dire nationalistes et impérialistes. Tous veulent la grandeur de la Russie, qu'ils soient soviétiques, marxistes, populistes ou autocratiques. Ils sont tous fanatiques et intolérants, ils haïssent tous l'étranger quel qu'il soit et sont hautains avec les allogènes.

La base de l'arbitrage doit être fondée sur le régime démocratique. Le bolchevisme a pénétré jusqu'au fond de la cellule sociale primitive : les soviets locaux ont tout le pouvoir. Il faut que les zemstvos et l'union des villes avec les coopératives reconstituent ces unités et débarrassent le pays de l'anarchie et de l'arbitraire qui y règnent. En commençant par le bas, on remontera jusqu'au pouvoir central des soviets et, une fois la Russie reconstituée démocratiquement et définitivement, on pourra songer à la réunion d'une Constituante, laquelle devra être l'émanation des fédérations russes, puisque, dans le cas contraire, les principes fédératifs des allogènes risqueraient d'être submergés par les voix unitaires des Grands-Russes.

Je ne considère pas cette solution comme absolue, mais je crois que dans cette direction doit se porter la préoccupation des patriotes russes s'ils veulent sauver leur grand pays de la ruine définitive. Ces deux ans d'expérience tragique ont dû faire réfléchir les bolcheviks aussi bien que les antibolcheviks. Les sentiments véritables du patriotisme et le sens des réalités politiques se sont réveillés des deux côtés. En apaisant les rancunes personnelles qui ont joué un si grand rôle dans les deux camps, il faut, au nom de l'amour de la patrie et de l'Etat russe, arriver à une entente et remplacer l'absolutisme du tsar, ainsi que la tyrannie de Lénine, par une véritable démocratie, à la grande satisfaction de tous les peuples de la Russie.

CHAPITRE III

La Transcaucasie avant la conquête russe

Un peu de géographie ; La Géorgie ; L'Azerbeydjan ; L'Arménie ; Formation ethnographique de la Caucasie.

La Caucasie au 18ᵉ siècle ; La féodalité géorgienne ; Les Khans et les Becks tartares ; Les Meliks et les Agalars arméniens ; Les classes sociales ; Les Kurdes autonomes.

Les possibilités d'évolution des peuples de Caucasie.

Il fallait subir cinq années d'une guerre terrible et ce bouleversement anarchique de toute la Russie pour que cet admirable pays qu'est la Transcaucasie puisse intéresser le Conseil suprême des Alliés et le monde entier.

La Caucasie est cette bande de territoire qui relie l'Europe à l'Asie.

L'énorme massif de montagnes qui s'allonge à l'orient de la mer Noire, depuis le détroit de Kertch, jusqu'à la péninsule d'Apcheron sur la mer Caspienne, partage le pays en deux parties : septentrionale et méridionale, ou Transcaucasie. Le développement de la chaîne caucasienne atteint 1.200 kilomètres d'une mer à l'autre, sur une largeur de 40 à 200 kilomètres. Il ne forme pas une chaîne unique, mais se divise au centre en plusieurs chaînes, tantôt parallèles et tantôt obliques, qui renferment des bassins et des cratères. Aux extrémités jaillissent des volcans de boue, des sources de naphte et de pétrole. Les eaux thermales sont abondantes sur les deux versants. Les richesses minérales sont prodigieuses.

Le massif se divise en trois régions distinctes :

1° Le Caucase Occidental, parallèle à la mer Noire et qui, de cette mer aux sources de Kouban, s'élève progressivement avec la pyramide neigeuse de l'Ochten (2.900 mètres), où commencent les neiges persistantes. Le versant méridional, jadis habité par les Tcherkesses, est, depuis leur exode volontaire ou leur déportation administrative en 1864, actuellement habité par le peuple des Cosaques et des Russes. Les Abkazes se maintiennent encore dans les hautes vallées fertiles, boisées, bien abritées, où la température est chaude, la végétation luxuriante, mais empestées par les émanations des marais (paludisme);

2° Le Caucase Central va des sources de Kouban au mont Borbalo; il comprend les plus hauts sommets et les plus vastes glaciers de la chaîne. Sur la principale ligne de hauteurs, s'élève l'immense massif de l'Elbrouz (5.646 mètres), entre les hautes vallées de Kouban, de la Kouma et du Terek. Il est prolongé au Nord par le Bechtaou, au pied duquel se trouve Piatigorsk, centre d'eaux minérales, sulfureuses, ferrugineuses et gazeuses (Narzan). Les autres pics éternellement neigeux de la chaîne se trouvent à l'Est et dominent la vallée de la libre Svanie, région des Svanes soumis par les Russes en 1858.

Autour des sources de l'Ardon, se trouve le massif de Kazbek (5.044 mètres), cîme vénérée des Tcherkesses, dans le pays des Ossetes; les Kabardines occupent la haute vallée de Terek. Après la conquête russe, on construisit une belle route militaire qui part de Vladikovkaz, remonte le Terek, franchit le col de Darial (2.431 mètres) au pied du Kazbek, descend le fleuve Aragva et aboutit à Tiflis;

3° Le Caucase Oriental, du mont Borbalo à la mer Caspienne, est le pays des Tcherkesses musulmans sunnïttes et des Lezghiens de Dagestan, qui, réunis sous les ordres de l'imam Chamyl, défendirent pendant trente ans leur indépendance dans les montagnes et tuèrent plus d'un demi-million de Russes avant d'être domptés. Cette chaîne descend, par une terrasse de 250 mètres dans la péninsule d'Apcheron.

Le littoral de la mer Noire, dans sa partie septentrionale, tournée vers l'Europe, est bas, bordé de marécages et de lagunes. L'étroite zone maritime où jadis étaient établies les colonies grecques, byzantines et génoises est remplacée en partie par quelque dizaines de milliers de familles arméniennes immigrées naguère de Samsoun et qui, s'occupant de la culture du tabac, ont créé des propriétés florissantes.

Toute cette côte élevée, partout verdoyante, est inaccessible aux grands navires. Soukhoum Kaleh est le port principal de l'Abkhasie actuelle. Le littoral de la Mingrélie, plus éloigné des montagnes, est moins abrité contre le vent glacial du Nord-Est. On y trouve le port de Poti, à l'entrée du Rion ; la côte se relève dans le Lazistan. Batoum, conquis par les Russes en 1878 et déclaré port franc, est le meilleur mouillage de la mer Noire orientale.

Le littoral de la mer Caspienne est bas, s'élève à l'embouchure de Terek, pour s'abaisser de nouveau jusqu'au delà du mauvais port de Derbent. Une chaîne de montagnes boisées, parallèles au rivage, s'étend jusqu'à l'embouchure de Somour ; la côte dirigée au Sud-Est est sillonnée par les derniers rameaux du Caucase, qui projettent au loin dans la mer la haute, rocheuse et stérile péninsule d'Apcheron. Derrière ce promontoire, qui est un réservoir inépuisable de sel, de naphte et de pétrole, s'abrite le port de Bakou, point de départ des communications avec la baie de Krasnovo, tête de ligne de la voie ferrée de Tiflis à Batoum, le port le plus important de la Caspienne russe.

La Caucasie du Nord, au-dessus du massif du Caucase, est couverte de steppes, de plaines unies, basses et sablonneuses, habitées par les Cosaques du Kouban et du Don.

La Caucasie du Sud, ou Transcaucasie, siège d'anciens Etats florissants, séjour des peuples sédentaires et cultivés, offre un contraste frappant avec le versant septentrional. C'est de ce côté de la steppe que la chaîne domine les basses plaines d'une hauteur de 4.500 mètres, en s'abritant derrière un talus escarpé. Du côté sud, le plateau se tient à une hauteur moyenne de près de 2.000 mètres ; les crêtes paraissent beaucoup élevées et leur descente est moins abrupte.

~~~

La Transcaucasie est comparée par sa beauté à la Suisse et, par ses produits et sa richesse, à la Saxe ; mais elle est unique dans son ensemble par sa nature luxuriante et variée, par ses habitants appartenant aux différentes races et peuples de l'Asie et de l'Europe.

Elle a été l'objet d'admiration des voyageurs anciens ou modernes, des savants et des poètes, mais chacun n'a levé qu'une partie du voile ; il y a encore beaucoup à étudier pour connaître bien ce pays.
~~~

La Transcaucasie commence au massif du Caucase et va jusqu'aux frontières russo-turques. Je laisse aux spécialistes le soin de tracer les limites géographiques entre elle et l'Asie-Mineure, mais on peut dire que le plateau arménien englobe sa partie méridionale.

Malgré sa petitesse relative et sa complexité à tous les points de vue, la Transcaucasie se divise elle-même en trois parties fort distinctes par ses propriétés dominantes, par sa nature, par ses habitants.

Aux points du vue orographique, climatérique et économique, aux points de vue ethnographique, historique et social, on peut la diviser en trois pays absolument différents.

La partie centrale, qui a pour limite à l'ouest la mer Noire, au nord le massif du Caucase, s'arrête, au sud, au plateau arménien et aux steppes asiatiques de l'Azerbeydjan. C'est la Géorgie. Tout ce qui est à l'est, jusqu'à la mer Caspienne, est l'Azerbeydjan. Tout ce qui est au sud de la Géorgie est l'Arménie.

La Géorgie est le pays le plus favorisé. Elle présente une multitude de vallées charmantes, de petites montagnes verdoyantes légèrement ondulées, des forêts riches et étendues, qui diminuent sensiblement vers le Sud et vers l'Est (40 % du territoire). On y trouve des pâturages alpins restreints; le sol est extrêmement fertile (5 millions de tonnes de céréales, 10.000 tonnes de tabac); c'est le pays des vignes et des superbes jardins aux magnifiques fruits de toutes sortes. Le climat est doux, subtropical; jamais la température ne s'abaisse au-dessous de zéro.

L'état hygrométrique de l'atmosphère rend inutile toute irrigation artificielle. Il y a peu de mines, sauf celles de manganèse (600 kilomètres; contenance, 200 millions de tonnes).

Le plateau arménien, qui ne dépasse pas 2.000 mètres se différencie sensiblement de la Géorgie. Ce plateau est uniforme, creusé de petites vallées par ses fleuves comme l'Arax et ses affluents; mais c'est un plateau avec tous ses caractères distinctifs. Il est partagé entre la Russie, la Perse et la Turquie. A la Russie appartiennent toutes les chaînes qui s'élèvent entre la Koura et l'Arax. Près du col qui mène d'Erivan à Bayazet, se dressent les deux massifs, du Grand et du Petit-Ararat (5.160 et 3.596 mètres). La chaîne du centre, qui enserre la haute Koura, forme le plateau d'Akhalkalaki, dominé par des cratères, où se sont formés de nombreux lacs. Sur la rive gauche de l'Arax, se dresse l'énorme massif volcanique isolé de l'Alagôz (mont Bigarré 4.120 mètres), au pied duquel est bâti le couvent Etchmiadzine. A l'est, d'autres cimes volcaniques entourent la profonde cuve de Gauktchaï, dans laquelle s'étend le lac Sevan (l'eau bleue), deux fois et demie plus grand que le lac de Genève, et renfermant une île avec un monastère arménien. Le sol est propre à l'agriculture. Le pays est surtout riche par ses pâturages, qui sont uniques dans toute la Transcaucasie. Ces pâturages sont utilisés non seulement par les autochtones, mais aussi de longue date par les peuples voisins, par les nomades qui, aux saisons favorables, arrivent de fort loin avec leur bétail. Dans le gouvernement d'Erivan, en 1912, le dénombrement du bétail donnait : bœufs et vaches, 437.092 ; moutons et chèvres, 921.729 ; chevaux, 36.065, etc. La production agricole était la suivante : céréales, 300.000 tonnes ; coton, 8.000 ; raisin, 60.000 ; riz, 10.000 ; vin, 413.000 hectolitres ; cognac, 100.000 degrés ; alcool de vin, 100.000 degrés également.

On trouve très peu de forêts. Le plateau lui-même, d'origine volcanique, est très riche en minerais de toutes sortes. En voici la production annuelle : cuivre 155 mille tonnes ; charbon 200 millions de tonnes ; sel, 168 millions de tonnes ; on extrait également de la tourbe, du marbre blanc, du platine, le l'or et du fer, etc... Le climat est continental. Les saisons sont rigoureuses. L'hiver est très chaud. Le climat est tempéré par l'humidité printanière et estivale.

L'Azerbeydjan se présente sous la forme de plaines immenses, au-dessous de la mer, par endroits. Ces steppes asiatiques sont brûlées par le soleil, sans arbres, sans eau, monotones et désertes. On ne rencontre presque pas de montagnes, ni de forêts, ni de pâturages, mais parfois des marais salants. Dans les formations volcaniques, on trouve des gisements abondants de pétrole et de houille (en 1914, Bakou, 7 millions et demi de tonnes ; Grozny, un million et demi de tonnes). Le climat est continental avec un hiver doux et très peu d'humidité atmosphérique. La culture du sol est impossible sans irrigation artificielle.

Malgré ces différences géographiques, il y a beaucoup de points communs entre ces trois parties ; et tous ceux qui y séjournent, même s'ils ne sont pas indigènes, y prennent rapidement les habitudes caucasiennes, comme s'il y avait dans la nature même quelque force obscure qui façonne la mentalité des individus.

L'origine des peuplades de Caucasie est très lointaine. Les hautes vallées sont semées des ruines de forteresses et de villes du temps de la présence des Grecs et des Romains dans l'ancienne Colchide et l'Arménie. Les empereurs byzantins disputèrent ces provinces aux souverains de la Perse ; au Moyen Age, les Arabes les occupèrent et imposèrent l'islamisme ; elles passèrent ensuite aux mains des conquérants mongols et turcs et les Génois vinrent fonder des comptoirs sur les côtes de la mer Noire. Ces peuplades se composent d'autochtones et d'immigrés. Depuis longtemps les linguistes et les savants s'acharnaient à faire une classification des autochtones parlant des dialectes différents et nombreux, ce qui faisait dire aux anciens que le Caucase est le mont des langues (Strabon, Pline). Des philologues s'évertuaient à les différencier par l'étude des mœurs et les anthropologues par la mensuration anthropométrique ; mais toutes ces études n'ont pas abouti à des conclusions concordantes. Ainsi on assimilait les Ossetes aux Germains pour la préparation de la bière et pour l'origine des mots « ass » et « oss », qui rappellent le nom d'un fleuve dans l'Europe Centrale. Les Hevsoures, selon ces études, seraient des Francs à cause de leur cotte de mailles et de leur casque... L'anthropométrie n'a donné des résultats positifs que dans la classification des races, mais non des peuples et les études de Chantre n'ont pas abouti. On a émis encore l'hypothèse que toutes ces peuplades étaient des échantillons des peuples d'Europe restés là lors de leur passage d'Asie en Europe ; mais les récents travaux sont en contradiction formelle avec cette hypothèse. Quoi qu'il en soit, la partie centrale de la Transcaucasie était habitée par des Géorgiens, qui sont d'origine caucasienne proprement dite (d'après Zagoursky), mais se partagent en plusieurs peuplades : Les Kartaliniens (400.000), les Imeretiens (425.000) à l'est, les Mingréliens (213.000) à l'ouest, et une quantité d'autres petits groupes : les Khevsours (150.000), les Pschaves (1.000), les Touchines (6.000), les Gouriens (60.000), les Svones (14.000), les Abhaziens, les Ossetes (187.000), les Adjariens et les Lazes.

∾

Malgré quelques différences entre les idiomes et les mœurs, on peut classer dans un groupe unique : celui des Géorgiens, qui est le moins dispersé de tous les peuples du Caucase.

Ce peuple sympathique se distingue par sa beauté et sa grâce, par son caractère doux et souriant, hospitalier et sociable, mais vif et insouciant, ainsi qu'il convient au pays doux et charmant qu'ils habitent.

Les belles Géorgiennes, chantées par tous les poètes, ont été courtisées par les descendants de Napoléon (Prince Murat); elles sont très appréciées par les fournisseurs des harems asiatiques.

Il y a deux groupes principaux : les Géorgiens de l'est, les Kartaliniens et les Kahétiens. A l'ouest, les Mingréliens et les Imérétiens, souvent ennemis, s'entendent provisoirement quand il s'agit de l'unité nationale et de leur indépendance.

La religion chrétienne a été introduite chez eux vers les premiers siècles de l'ère du rite grec. Mais ils ont gardé une hiérarchie religieuse indépendante (autocéphale), avec leur chef suprême qui s'appelait le Catholicos. Les Adjariens et les Lazes sont des musulmans.

Le peuple, exclusivement agricole et très sédentaire, ne quittait presque pas le pays. Il formait l'Etat, sous la suprématie des Kartaliniens; la capitale était Tiflis. La nation vécut libre jusqu'à la fin du XVIIIe siècle et en demi-indépendance jusqu'à la moitié du XIXe.

Plus que ceux de l'ouest, Mingréliens et Imérétiens, les Géorgiens de l'est, avaient des rapports d'échanges avec les autres peuples. C'est pour cela que les premiers ont mieux conservé leurs qualités et leurs mœurs nationales. Tous les autres groupes étaient plutôt des montagnards et menaient une vie de nomades.

Le royaume de Géorgie touchait, au sud, à la population arménienne qui habitait le plateau dit arménien. C'est sur ce plateau que le peuple arménien est signalé au Ve siècle avant Jésus-Christ, sous le nom d'Arminaën et de pays Armina. La philologie comparée a établi que les Arméniens sont Indo-Européens par leur origine et leur langue. Ils doivent probablement appartenir à ce peuple phrygien qui passa de la Thrace en Asie-Mineure, environ vingt siècles avant l'ère chrétienne. Le christianisme, comme religion d'Etat, a été adopté vers le IIIe siècle, sous Tridate III. Ce christianisme démocratique dès premiers siècles, ayant comme chef suprême le Catholicos, élu moitié par les ouailles et moitié par le clergé, est resté le même, réfractaire à tout changement à travers les siècles; il est appelé Grégorien du nom de St-Grégoire, l'innovateur qui, le premier, l'a introduit dans le pays. Cette nation, l'une des plus anciennes qui existent, a son centre à Erivan, à proximité de laquelle se trouve Etchmiadzin, résidence du chef suprême de l'Eglise grégorienne, le Catholicos, et Alexandropol, tout près de l'ancienne capitale du royaume Ani, détruite par les barbares et dont les ruines indiquent actuellement la splendeur passée.

Vers le IVᵉ siècle, le royaume d'Arménie fut partagé entre les rois persans et grecs. Les Persans, après avoir conquis cette nation vers 430, la gouvernèrent avec l'aide des princes arméniens.

Sous la domination arabe, au VIIᵉ siècle, il se forma quatre royaumes arméniens :

1° les Bagratides (885-1079), ayant pour capitale Ani ;
2° les Artzrounis (908-1021), dont la capitale était Van ;
3° le royaume de Kars ;
4° le royaume de Lori.

Après avoir perdu leur indépendance, les Arméniens durent émigrer vers les pays chrétiens, pour éviter les persécutions. En Géorgie, ils trouvèrent un accueil bienveillant et ils vécurent côte-à-côte et longtemps en bonne intelligence avec les Géorgiens. Sous l'empire byzantin, leur rôle a été assez important : on les a vu occuper de hautes situations comme hommes d'Etat et comme généraux.

Agriculteurs dans leurs pays d'origine, ils sont nombreux comme artisans et commerçants dans tous les pays, même dans les plus éloignés.

Ils ont appris à ne compter que sur eux-mêmes. Ils sont individualistes, tenaces et laborieux. Ces qualités d'adaptation et d'assimilation, dues aux précédents historiques, sont très développées. S'ils ne présentent pas, en Caucasie, une population aussi compacte que les Géorgiens, grâce à l'émigration d'autrefois et à l'infiltration d'autres peuples conquérants ou nomades, par contre, dans leur pays natal, on peut dire que c'est la seule race qui se groupa autour de son Eglise nationale à travers les siècles et conserva intacts ses caractères particuliers. Les points où ils sont le plus nombreux sont : Erivan (506.000), Alexandropol (530.000), Elizavetopol (294.000), Tiflis (221.000), Bakou (85.000), Caucase occidental (210.000), Caucase du Nord (29.000).

La population de la Transcaucasie orientale ne présente pas

d'unité au point de vue des races, des peuples, ou des traditions historiques. Son unité se fait sur la religion : l'Islam.

Des Tartares d'Azerbeydjan, de race mongole, ont émigré de la province du nord de la Perse, dans ces steppes asiatiques qui conviennent à leur vie nomade, à l'instigation des anciens schahs de Perse, qui les envoyaient surveiller les populations chrétiennes du Caucase et notamment la Géorgie, qui se trouvait à ce moment sous leur domination (en 1480).

Ils suivaient, pour cette émigration, les côtes de la Caspienne, qui ont le même caractère que les steppes asiatiques de leur pays d'origine ; ils sont ainsi remontés jusqu'au Derbent, où ils se sont rencontrés avec les Koumiks, peuple turc venant du nord. Les Tartares sont nombreux dans le gouvernement d'Elizavetopol (550.000), à Bakou (609.000), à Erivan (373.000), à Tiflis (160.000) ; mais dans ce nombre il faut compter des Perses (Bakou : 35.000), des Iraniens, des Tates, qui sont aussi de la branche Iranienne (à Bakou : 55.000, à Elizavetopol : 120.000), des Talichines (76.000), parlant le « nouveau persan » lequel se mêle à quelques souvenirs de la langue Zend (Lenkoran).

Ils se mêlent, au nord, avec les peuples du Daghestan, qui habitent les chaînes du Caucase à l'est et qui s'appellent Lezghines. Un certain nombre d'entre eux sont descendus dans les plaines et ont occupé la Caucasie du côté de la Kahétie orientale et de l'Azerbeydjan (Zakatali).

Toute cette population mélangée s'occupait plutôt d'élevage et menait une vie nomade. D'après Plino, Javorsky (1883), les Tartares habitant près de Nouha, au nord du Caucase, sont laborieux, calmes, droits, obéissants ; mais plus on descend vers la Perse, plus ces mœurs disparaissent pour devenir celles d'hommes criminels, menteurs, voleurs et hypocrites.

Ces Tartares passent l'été en montagne (Eylag), l'hiver dans les steppes (Kichlag), le printemps et l'automne sur les hauteurs moyennes (Jasdag). Emigrant toujours, ils pillent les récoltes des habitants sédentaires. Dès l'enfance, ils considèrent la propriété d'autrui comme l'objet de leur proie. Ils offrent peu d'éléments pour la vie sédentaire et toutes les tentatives faites pour les fixer réussissent difficilement.

Au contraire, les Lezghines du Daghestan et du Caucase du nord, qui sont des autochtones, ont des mœurs belliqueuses et indépendantes, mais essentiellement démocratiques et sociables.

Ce peuple de montagnards (155.000) se partage entre de nombreuses tribus parlant chacune leur dialecte ; cependant, malgré la multitude de ces dialectes, on peut les ranger dans une seule famille au point de vue linguistique. La tribu la plus importante. et dont la langue est la plus répandue, est celle des Avaro-Andiens.

A ces peuples indigènes du Caucase sont mêlés d'autres peuples. Avant tout, ce sont : de race blanche, les Russes (235.000), les Polonais (30.000), les Allemands (50.000), les Moldaves (43.000), Kars (40.000), Elizavetopol (44.000). Leur langue se rapproche du nouveau persan, avec les particularités de la Sémitique.

Les Israélites montagnards, qui parlent le dialecte des Tates et des Géorgiens, habitent les provinces du Daghestan et de Terek (45.000) ; les Aïsores et les Chaldéens, Erivan et Tiflis (30.000). Nous donnons ces chiffres d'après Zagourski, qui s'en est servi dans ses tableaux comparatifs vers 1880.

Sur ce territoire relativement petit, nous avons donc vu des peuples nombreux. Il est intéressant de savoir comment ils vivaient, avant la conquête des tsars, à la fin du XVIII° siècle. Comme constitution politique, ces populations avaient la forme féodale du Moyen Age européen ; la famille était à la base du droit civil et criminel. L'état social présentait, par conséquent, un développement rudimentaire, puisque l'origine des rapports civils était non pas l'individu, mais la famille entière où l'aîné était le chef suprême (patriarcal). Ces formes féodales patriarcales dominaient dans tous les pays, avec quelques adaptations aux mœurs et traditions des peuples.

La Géorgie était une principauté dirigée par un roi, dont le pouvoir était illimité en principe. Mais, en réalité, d'après le Codex du roi Vahtang, ce pouvoir était réduit selon les circonstances, à tel point que parfois le roi ne l'était plus que de nom et que ses sujets ne lui laissaient aucune autorité ; il ne régnait et ne jugeait alors que selon leurs volontés.

En dehors d'un grand nombre de princes et de princesses royales, qui représentaient la haute société, il y avait en Géorgie, deux classes supérieures : les princes (tavadi) et les gentilshommes (aznaouri). L'origine des familles princières de la Géorgie est différente : les unes descendaient des plus anciens chefs féodaux (eristavi), du temps des premiers rois géorgiens ; les autres recevaient ce titre, avec des terres appartenant aux rois de Géorgie ou aux schahs de Perse, comme récompense des services rendus au roi ou au royaume ; d'autres encore recevaient ce titre comme grands propriétaires fonciers.

Toute famille princière possédait quelques villages, avait une troupe, des armes, deux ou trois forteresses pour défendre ses sujets contre l'invasion de l'ennemi.

En cas de guerre, chaque prince réunissait un certain nombre de soldats, les armait et venait avec sa troupe sous les ordres de son chef de district (sardar).

Tous les hauts postes n'étaient donnés qu'à des princes, qui les conservaient pour leurs descendants. En général, la fortune ne se divisait pas et l'aîné de la famille entretenait ses parents.

Le grand privilège juridique dont les princes jouissaient était qu'ils recevaient de fortes indemnités pour les crimes et délits commis contre eux. Ils avaient encore le droit d'avoir des vassaux qui leur donnaient la force et le prestige.

L'origine de ces vassaux était multiple. Il suffisait d'avoir un village avec une forteresse, un bon cheval, des armes, pour recevoir ce titre par les ordres du roi. Ils se divisaient en trois catégories : Les gentilshommes du roi étaient supérieurs aux autres, ensuite venaient ceux de l'église et enfin ceux des princes. Les premiers obéissaient directement au roi, servaient dans son armée comme les centurions (iouzbachi) ou les chefs des mille (minbachi), et dans le service civil comme moouravi.

Ils étaient les propriétaires de leurs terres et des paysans. Les autres gentilshommes obéissaient aux princes ou au pouvoir ecclésiastique, remplissaient le rôle de valets et jamais ils ne pouvaient entrer au service royal. C'étaient, en général, d'anciens paysans qui recevaient de leurs princes, comme signe de bienveillance, la propriété d'un village et des armes. Ils perdaient ces donations s'ils quittaient leurs maîtres. Selon les services rendus et leurs richesses, ils se subdivisaient en trois classes : supérieurs, moyens et inférieurs.

Entre ces gentilshommes inférieurs et les simples paysans, se trouvait la classe des serviteurs (msahouri), qui avaient des emplois de domestiques et de gardiens. Les simples paysans se divisaient en trois catégories : glehis libres, glehis serfs et monas. Les premiers n'appartenaient pas à la glèbe ; c'étaient des étrangers qui vivaient de leur travail, n'ayant pas d'abri. Les serfs étaient sédentaires et remplissaient de multiples charges. Les rapports entre les paysans et le propriétaire se réglaient non pas par les lois mais par les usages établis. La cohabitation durant des années créait des liens moraux dont les paysans achetés ne jouissaient pas. Ce sont eux qui s'appelaient « monas » et qui n'étaient que des esclaves sans aucun droit.

Le droit civil et le droit criminel étaient réglés par le Codex composé par le roi Vahtang.

La Géorgie se divisa alors en trois parties, à la suite du partage des trois fils du roi Alexandre, au XVIᵉ siècle ; mais ces trois principautés ont été gouvernées de la même manière et on y trouvait le même régime féodal et social. Ainsi la Kartalinie et la Géorgie orientale étaient beaucoup plus soumises à l'influence des États persano-turco-tartares que la Géorgie occidentale (Imérétie et Mingrélie).

Le même régime féodal et patriarcal, mais avec un pouvoir despotique, fanatique et intolérant, était établi chez les Tartares d'Elizavetopol, Derbent, Couba, Bakou, émigrés vers le seizième siècle. Ils étaient organisés sous la forme d'un Khanah, dont le chef s'appelait Khan et au-dessous duquel étaient les Becks soumis à son autorité. Au point de vue du droit civil, ils n'avaient pas de Codex et se guidaient selon les règlements du Coran. Mais parce qu'on peut tout trouver dans le Coran et tout expliquer à sa manière, les Khans étaient toujours arbitraires dans l'application de ces règles.

Les Arméniens, dispersés après la chute de leur indépendance, au Vᵉ siècle, et fuyant les persécutions, avaient émigré dans différentes directions. Cependant, ils avaient aussi conservé leurs domaines féodaux depuis leur chute politique et l'on trouvait des petites principautés à Karabah, à Lori, à Bortchala, où sont maintenant d'anciens couvents, des ruines, des grottes dans lesquelles ils se cachaient pour fuir la persécution musulmane. Les chefs de ces principautés s'appelaient « Meliks » et les gentilshommes « Agalars », tous vassaux du roi de Géorgie, du Khan de Perse, et des Becks de Turquie.

En général, tout territoire conquis en Perse ou en Turquie était partagé en provinces et confié à des gouvernements qui, moyennant un tribut annuel, percevaient à leur guise l'ensemble des revenus et constituaient une féodalité presque indépendante. Les gouverneurs à leur tour remettaient à leur entourage ou à leurs favoris l'administration de la province. Et c'est ainsi que s'est établi, peu à peu, le corps des employés musulmans. Nulle loi, nulle règle fixe ne déterminaient les rapports entre les gouverneurs et leurs délégués. Ceux-ci ne recevaient aucun traitement, mais retenaient une partie des revenus qu'ils avaient mission de percevoir et devenaient ainsi co-intéressés des gouverneurs et du pouvoir central. Ils touchaient leurs revenus en nature, par l'intermédiaire d'employés appelés « sarkiar », qui représentaient l'Etat, mais n'avaient aucun droit de propriété sur la terre et étaient investis de fonctions viagères ou héréditaires. Tous ces gouverneurs et délégués portaient le nom collectif de « Mulkadar », ceux qui ont le muelk (domaine).

Ils n'étaient pas en rapports directs avec le paysan, lequel payait, outre la contribution personnelle à l'Etat, encore les deux dixièmes de sa récolte ; une moitié allait aux fonctionnaires d'Etat et l'autre moitié était conférée par le schah aux Sardars d'origine musulmane ou aux Arméniens notables, en récompense de leurs services. Ce droit viager ou provisoire, appelé « tioul », ne pouvait être donné à aucun mulkadar.

Une autre partie de la récolte, également deux dixièmes, revenait aux chefs militaires et était conférée par un bérat ou sultan. Agalars et Meliks en surveillaient la rentrée. Ainsi, dans les provinces turques et persanes, le corps des privilégiés se composait de fonctionnaires héréditaires, ou temporaires ou à vie. Le corps des non-privilégiés comprenait la population urbaine (artisans et commerçants) et la population rurale (laboureurs et éleveurs de bétail).

Les paysans se divisaient en trois classes : Mulkadaristes ou beykistes, qui payaient l'impôt aux Mulkadars ; Tioulistes, qui payaient aux bénéficiaires du tioul ; rajatas, qui payaient directement à l'Etat.

En dehors de ces trois catégories, il y avait encore les radjbars (ouvriers), qui ne payaient ni impôts ni contributions, mais étaient obligés de labourer les terres de l'Etat et des Khans, lesquels leur fournissaient les semences et les outils agricoles et prélevaient de la moitié aux quatre cinquièmes du produit. En outre, les radjbars surveillaient les jardins des Khans et servaient de domestiques dans leur maison. C'étaient des espèces de serfs sans domicile fixe ni mobilier agricole. Dans la province d'Erivan, ils formaient des villages entiers sous la dépendance du Sardar.

Des remises d'impôts étaient accordées aux mollahs, seïdes et derviches, au clergé arménien et aux naïbs (baillis) des villages ; les personnes dans cette condition étaient appelées « maaf », c'est-à-dire pardonnées.

Ainsi, les paysans arméniens de Turquie et de Perse se trouvaient dans une situation juridique et économique assez proche du servage. Mais ils gardaient une large autonomie communale et le pouvoir central ne s'immisçait pas directement dans les affaires intérieures de la commune ou n'y intervenait que par l'intermédiaire des naïbs.

ᠠᠠ

Le territoire de chaque commune était partagé en un nombre de lots répartis suivant l'importance des groupes familiaux. Les chefs des grandes familles dirigeaient les affaires de la commune. Les lots n'étaient jamais définis, leur importance variait selon le nombre des personnes constituant un groupe familial, le nombre de la population, l'étendue du territoire communal. L'augmentation du nombre des familles avait pour conséquence une fragmentation correspondante des lots, ce qui présentait de graves inconvénients matériels et économiques. Aussi le droit coutumier introduisit une forme nouvelle d'exploitation de la terre, le système d'association entre les éléments épars de la commune, qui devaient correspondre par le nombre de leurs membres aux associations déjà établies. Ainsi les isolés et les petits groupes familiaux participaient à la récolte à titre de coopérateurs.

La commune était divisée en dizaines et centaines pour la répartition régulière des contributions et des prestations pour les chemins et routes traversant le territoire ; les divisions ne faisaient que représenter l'organisation libre de la commune, qui se renouvelait tous les ans au printemps ou au moment du partage de la terre.

Les dizaines se formaient par consentement mutuel des parents ou des personnes qui avaient les mêmes intérêts économiques. Les gens malhonnêtes et ceux qui trichaient à propos des eaux d'irrigation étaient exclus. A chaque dizaine correspondait d'abord une unité économique. Elle était encore une unité d'irrigation, elle était une unité imposable ; tous les impôts et contributions se répartissaient d'après le nombre des dizaines. Ainsi se trouvait atteint le but de la commune : répartition égale et uniforme qui correspondait à la quantité de terre et d'eau en usage. Enfin, la dizaine était une unité de police : quand le brigandage et le pillage apparaissaient dans une localité, les communes formaient des gardes de nuit et ce service était organisé par les dizaines.

A la tête de la dizaine était un dagbachi (dizenier), ayant certains droits et devoirs et choisi en général parmi les anciens du groupe. Il était avant tout l'Inspecteur et l'Arbitre. C'était lui qui conservait le cadastre de la dizaine et qui en défendait les droits et les intérêts ; il était l'agent le plus direct dans toutes les affaires qui exigeaient une décision prompte, un personnage nécessaire, adjoint naturel des naïbs.

*

Il est intéressant de mentionner la constitution primitive des sociétés autonomes des Kurdes qui se trouvaient au milieu des propriétés des Khans et des Becks sur le plateau arménien. Les Kurdes sont d'origine Iranienne, leur patrie est le Kourdistan, conquis par Tamerlan au XVI° siècle et partagé au XVII° entre la Perse et la Turquie. Ils sont plus de 100.000 en Arménie et se divisent en multitudes de tribus ethnographiques. Ils ont le sentiment de leur unité, par moment, sous l'influence des persécutions. Ils appartiennent aux trois sectes hostiles des sounnites, des chiites et des iézides. Au point de vue de leurs conceptions familiales et sociales, ils sont encore sous le régime patriarcal. Le père omnipotent est le seul propriétaire de la famille et, dans toutes les questions juridiques ou familiales, c'est à lui qu'on a recours.

La vengeance du sang est considérée comme un devoir sacré pour tous. Quand le Kurde tue son ennemi, il boit sans répugnance son sang et en humecte la manche de sa chemise pour donner la possibilité à ses parents de boire de l'eau teintée de ce sang.

Plusieurs centaines ou plusieurs milliers de ces familles, qui ont eu le même chef patriarcal réel ou fictif, forment l'achiret ou tribu, qui est plutôt une union familiale. A la tête de cet achiret, se trouve le chef héréditaire de la tribu qui, malgré le démocratisme kurde reniant les classes, se vante de ses ancêtres et de sa généalogie. Il est très estimé ; c'est lui qui conclut les alliances avec d'autres tribus et qui commande en cas de guerre.

Les Kurdes Iézides appartiennent certainement aux tribus kurdes, mais, grâce aux particularités de leur religion, ils ont constitué un peuple à part.

Leur religion présente un mélange singulier du christianisme, du sémitisme, de l'islamisme et du paganisme. Ils adorent un seul Dieu invisible, honorent ses apôtres : Adam, Moïse, Christ, Mahomed et, avant tout, Cheih Adé, le fondateur de leur religion. La terre, l'eau, l'air et surtout le feu sont des éléments sacrés. Le soleil est le reflet du rayon de Dieu. Leur éthique prescrit l'hommage au clergé, l'amour du prochain, l'aide mutuelle et l'aumône généreuse. Le vol, même chez les étrangers, est blâmé comme toute vengeance et toute condamnation à mort.

Tous les Iézides, quoique divisés en plusieurs tribus ayant chacun leur chef héréditaire, constituent un peuple uni ayant à la tête un chef religieux suprême, le cheih principal, qui a un collègue laïque : l'émir. La personne du cheih est sacrée et toute l'administration est imprégnée du caractère théologique.

Voici une autre particularité de la constitution des peuples du Caucase : On observe chez les tribus lezghines, habitant le Daghestan, mais qui, de longue date, descendaient dans la meilleure partie de la Kahétie (Zokatali), où ils se sont installés. une organisation politique qui est un mélange du patriarcat le plus archaïque et d'une constitution démocratique la mieux organisée.

Ce sont ces petites républiques minuscules, formant entre elles une union fédérative, qui constituent dans leur ensemble une force redoutable, avec laquelle comptaient non seulement les khans du Caucase, mais aussi les schahs de Perse. Ces fédérations, ces sociétés libres du Djara-Belakan, sont apparues vers le XVIIe siècle. L'égalité entre elles était le principe fondamental de leur organisation et s'il arrivait qu'elles s'unissent avec les villages géorgiens ou tartares, les chefs de la coalition devaient toujours être des lezghines. Leur communauté familiale (Tohoum) était basée sur le principe démocratique et endogamique ; plusieurs Tohoum formaient la commune villageoise choisissant son chef (Kevha), qui, avec les plus âgés et l'Iman du village, décidaient sur toutes les questions pendantes et à l'unanimité ; mais dans les cas de complications et de malentendus, le problème était résolu par le Seyme, composé des députés de chaque Tohoum.

Je regrette d'être obligé de limiter mon exposé sur cet admirable pays riche de sol et de sous-sol, d'une flore variée et luxuriante, de reliefs pittoresques et grandioses. Ce petit pays est habité par des populations très mélangées et très variées. Côte-à-côte vivent des races opposées, blanches et mongoles, de toutes religions, ayant leur unité particulière aux points de vue ethnique, politique et social, où, à côté d'un despotisme asiatique, on observe le communisme parfait, à côté de l'individualisme complet, le collectivisme absolu. Toutes ces conditions sociales se sont arrêtées au stade du développement préhistorique, tant pour les mœurs que pour les coutumes. C'est la plus pure application de l'idée développée si magistralement par mon ami Maxime Kovalevsky dans son ouvrage : *Les coutumes présentes ne sont que des lois antiques.*

Cet état d'immobilité, cette vie inconsciente mais intéressante, malgré la perfection des institutions, exclut toutes les qualités propres à la vie humaine et rappelle plutôt la vie des abeilles et des fourmis. Pour que la vie soit humaine, il faut que la conscience soit éveillée, il faut la recherche de l'idéal et le fonctionnement de l'esprit créateur. C'est alors que commence la vie historique, le développement de la civilisation dont les acquisitions créent la culture humaine. Pour conquérir le désir de l'idéal et l'esprit créateur, l'homme doit réfléchir, car, en dehors de la réflexion, la vie humaine ne se différencie guère de la vie des insectes ; c'est la vie animale et végétative. Si l'homme ou le peuple ne réfléchit pas, il garde un cerveau vierge de toute idée, ainsi qu'il en a été chez les préhistoriques ou chez les peuples en état de stagnation. La Chine ne nous offre-t-elle pas un exemple de cette stagnation, de cette civilisation pétrifiée ? Dans un pays civilisé, s'il n'y a pas cette impulsion qui pousse l'individu à cultiver sa conscience et la dignité humaine, à se perfectionner par le développement de l'esprit créateur, ce pays est arrêté dans son évolution.

Réfléchir, tel est le caractère distinctif de l'homme.

Mais la pensée humaine consciente est sous la dépendance de cet organe délicat qu'est le cerveau humain. Nous connaissons encore bien peu de sa physiologie, mais on devine sa fonction grâce aux sciences collatérales qui donnent déjà des précisions.

Voilà pourquoi il est important de savoir développer le cerveau de l'homme et d'un peuple encore jeune. Toute éducation, toute instruction doivent être basées sur le développement rationnel du cerveau : il faut apprendre à réfléchir et à créer si on ne veut pas que le cerveau s'arrête dans ses fonctions, qu'il ne soit pas blessé par des méthodes irrationnelles. Toute notre éducation scholastique et doctrinaire aboutit à arrêter la réflexion et l'esprit créateur produit des cerveaux désorganisés par les méthodes, ignorantes de la biologie humaine.

La Géorgie, dont l'existence remonte au commencement du christianisme, n'a concentré toute sa tension intellectuelle à travers des siècles que pour conserver son indépendance politique et sans autre but que de défendre, contre les invasions des barbares, son unité nationale et sa religion chrétienne. En dehors de ces efforts, les Géorgiens n'ont montré aucune aptitude, ni fait preuve de curiosité pour étudier dans les différents domaines de la civilisation humaine. L'avenir nous montrera si cette absence de curiosité intellectuelle dépendait des luttes incessantes avec les ennemis environnants ou de ses qualités nationales. Il y a un fait certain, c'est que, durant des siècles, ils ont poussé l'idée de l'indépendance nationale et de l'idéal politique à un haut degré.

L'Arménie a perdu son indépendance et, depuis cette époque, la conception d'Etat, l'esprit politique se sont émoussés jusqu'à la disparition complète, mais ont été conservés les traditions nationales et l'amour du pays natal. En revanche, l'idéal individuel, l'indépendance de chacun se sont développés progressivement. En même temps, on constate l'accroissement d'une curiosité intellectuelle qui n'est que le moyen rationnel du développement individuel. Et cette curiosité se manifeste dans tous les domaines de l'activité humaine. Depuis la chute de leur unité, on aperçoit les Arméniens partout dans l'univers et bravant tous les obstacles avec un noble courage pour se maintenir au niveau du milieu dans lequel ils vivent.

De là, le développement à un haut degré du don d'adaptation et d'assimilation. Quant à l'unité nationale, elle les a enthousiasmés par ses traditions lointaines, par l'ancienne gloire disparue. Ils ont sous ce rapport la mentalité du conservateur : ils sont admirateurs de leurs ancêtres ; tout cela, parce qu'ils rêvent de ressusciter les traditions anciennes.

Feront-ils preuve d'esprit politique ; auront-ils la conception de l'état moderne ? C'est l'avenir seul qui peut nous le dire. En tous cas, voilà dans quelles conditions se trouvait la Caucasie, que les tsars de l'empire russe sont venus conquérir à la fin du dix-huitième siècle. Les tsars rêvaient de jeter leur domination sur ce pays, qui devait ouvrir le passage de l'Asie, leur but de toujours, et déjà, depuis Pierre le Grand, ils ambitionnaient cette conquête.

CHAPITRE IV

La Conquête russe en Transcaucasie
au XIXᵉ siècle

Alexandre Iᵉʳ annexe la Géorgie ; Les princes Géorgiens à la Cour des tsars ; L'immigration arménienne.

Conquête de l'Imérétie et de la Mingrélie.

L'administration russe ; Le gouverneur Vorontzoff ; Tiflis, capitale de la Caucasie ; Formation du mouvement intellectuel.

Quand le roi de Perse Mahomed eut envahi la Géorgie et brûlé Tiflis, Catherine II intervint en Perse pour défendre le roi de Géorgie, Heraclius, qui se déclara le vassal de sa protectrice en signe de reconnaissance. Après les pourparlers, un traité de protectorat fut conclu en 1783 entre l'Empire du Nord comme suzerain, d'une part, et le roi de Kartalinie et de Kahétie, d'autre part, au nom de la Géorgie orientale comme vassale.

Ce traité a été rédigé par le comte Bezborodko. L'empire russe y témoigne de sa suprême bienveillance et assure que la même protection sera accordée aux provinces géorgiennes qui seront libérées de la Turquie dans les temps à venir.

Cette indépendance apparente ne dura pas longtemps : le 28 décembre 1800, le dernier roi des Grouzines et des Kartvels, Georges XII, mourut.

Les prétendants recoururent à la guerre civile pour occuper le trône vacant, et toute la Caucasie s'intéressa à cette lutte.

A ce moment, l'empereur Alexandre Iᵉʳ, dans un rescrit plein d'une haute générosité et ne cherchant que l'intérêt supérieur de l'humanité, annexa la Géorgie à l'empire russe et en confia l'administration au général Knorring et au prince Tsitsianoff. Cette date du 12 septembre 1801 marque dans l'histoire de la Caucasie.

Mais la Russie, ayant annexé cette province, devait la conserver.

Pour cela, il fallait surmonter des difficultés énormes. Une lutte incessante s'engagea pour dompter les résistances intérieures qui devaient durer jusqu'à la moitié du XIXᵉ siècle.

Dans les Etats géorgiens régnaient le désordre, la misère et le brigandage ; dans les régions voisines vivaient, au cœur de montagnes inaccessibles, les peuplades des Lezghines, des Tchethenes, des Tartares. Dans les plaines de l'Arménie, les Khans et les Becks féodaux musulmans se battaient entre eux et faisaient la guerre aux chrétiens. Dans le sud, campaient les Kurdes, pasteurs belliqueux, toujours disposés au pillage, et enfin dans la partie occidentale, les Tcherkesses embusqués derrière les rochers, y maintenant leur fière et sauvage liberté. Voilà dans quelles conditions la Russie trouva la Caucasie quand elle voulut la conquérir définitivement.

L'administration locale organisée par les conquérants dans le pays fut défectueuse : elle se compensait par un autre fait qui put créer un courant de sympathie pour la Russie : ce fut l'invitation faite aux princes de se rendre à la capitale russe et il se produisit un courant vers le nord que rien ne ralentit. Pour les Géorgiens qui passaient leur vie dans leurs domaines féodaux, la Russie, avec sa vie de luxe et de distraction fut une révélation.

Les chevaliers de l'Orient, gracieux et élégants dans leurs costumes nationaux, avec leur ardeur méridionale et leurs danses voluptueuses, eurent vite conquis les cœurs de la cour impériale et de la haute aristocratie russe : les princes royaux obtenaient des situations brillantes à la cour et à l'armée, les princes entraient à l'Ecole Impériale des Pages ; tout leur fut ouvert : les honneurs et les hauts postes.

Ils y venaient pour dépenser les revenus de leurs domaines féodaux et, quand ces revenus s'épuisaient, ils vendaient leurs biens ou les engageaient sans s'apercevoir qu'ils s'apauvrissaient graduellement.

Les Arméniens se mirent eux aussi à immigrer en masse vers la Russie, en créant des colonies nombreuses : cette immigration était déjà commencée depuis longtemps, bien avant Pierre le Grand. Mais alors, ils émigraient aussi en Europe, créant des colonies en Roumanie, en Pologne ou en Autriche, en Italie, en

France, en Angleterre, n'ayant d'autre but que le commerce et la recherche des professions libérales.

Bien vite, d'ailleurs, ils conquéraient de toutes parts des situations enviables dans tous les domaines de l'activité humaine.

En même temps, il se produisit un courant en sens inverse. Avec les conquêtes, les Arméniens envahissaient les provinces affranchies du joug tartar et les Tartares et Perses rentraient dans leurs pays respectifs.

~~

Le royaume d'Imérétie passa sous la domination russe en 1810, après la mort de son dernier roi.

La Mingrélie conserva plus longtemps une demi-indépendance, jusqu'à la disparition de son dernier roi, en 1853.

La soumission du pays se faisant très irrégulièrement, le khanat Gandja fut conquis en 1804 sous le nom d'Elizavetopol, le khanat de Bakou et de Derbent en 1806, le khanat Kouba en 1810. Après la mort du Khan Chekinsky et la fuite des Khans, les khanats d'Erivan, de Nahtchivan et de Talachine tombèrent entre les mains des tsars, en 1828, après le traité avec la Perse, et le Pachalik d'Ahaltzih en 1829, après le traité d'Andrinopol.

Le Pachalik Ahaltzih (les districts Ahaltzih et Ahalkalaki actuels) était peuplé par des Kurdes et des Arméniens catholiques et surtout par des Géorgiens. Ce territoire, qui, dès le XIe siècle, sous le nom de Haute-Kartalinie, faisait partie de la Géorgie, fut gouverné au XIVe siècle par les seigneurs « atabeks ». A la fin du même siècle, ces atabeks renversèrent le pouvoir géorgien et devinrent indépendants. Plus tard, ils furent les vassaux de la Turquie et, en 1825, le pays fut conquis définitivement par la Turquie sous le nom de Pachalik. Pendant ces deux siècles, les Turcs ont pu convertir à l'Islam un grand nombre de Géorgiens qui ont gardé quand même leur langue et leurs traditions. Avec la conquête russe, il se produisit une émigration des Turcs, des Kurdes et des Tartares et par, immigration, les Arméniens, qui sont devenus depuis la majorité de la population, prirent leur place.

Vers 1857, la Mingrélie et la Svanetie ont été définitivement conquises et, un peu plus tard (1859) le Daghestan, après une lutte acharnée du célèbre Imam des Lezghines, Chamil.

La Mingrélie fit partie de la Géorgie jusqu'au règne du roi

Alexandre de Géorgie ; elle est ensuite devenue indépendante, avec le régime politique féodal et patriarcal de la Géorgie. Jusqu'en 1774, la Mingrélie, l'Imérétie, la Gourie et l'Abhazie étaient vassales de la Turquie, à laquelle ces pays payaient l'impôt des adolescents et des adolescentes ; mais ensuite elles furent déclarées indépendantes (traité Koutchouk-Kaïnadjak) et le roi de Mingrélie, ne pouvant pas soumettre le roi d'Imérétie, se fit vassal de la Russie.

ᷖ

Dès l'annexion de la Géorgie, l'empereur Alexandre nomma un gouverneur, ainsi que dans les départements russes, et introduisit toutes les institutions juridiques criminelles et administratives qui étaient imposées à toute la Russie à cette époque, en envoyant un personnel bureaucratique russe pour administrer la Géorgie.

Il est évident que cette administration, en contradiction avec les coutumes et les lois de Vahtang, provoqua un mécontentement général, une indignation allant jusqu'à la révolte. Le gouverneur Tsitesrianoff, d'origine géorgienne, disait : « Tout est nouveau pour eux, tout est bizarre pour nous. » Une série de protestations collectives furent adressées par les populations, les princes royaux, les gentilshommes et d'autres représentants du royaume.

Les questions de toute nature : privilèges de classes, exploitation des paysans, violences faites aux coutumes et aux traditions, règlements de la propriété des terres, tout cela créa une animosité et une hostilité des plus aiguës envers les fonctionnaires russes qui, par leur cupidité, leurs concussions et leur vénalité, aggravaient la situation générale.

« Le sultan turc, le schah de Perse, le Daghestan nous faisaient la guerre, disaient les Géorgiens dans une des nombreuses pétitions, mais personne ne nous a enlevé nos droits ni nos privilèges. »

Pendant tout ce temps, on observa non seulement l'absence d'un plan général, mais on n'aperçut point le but de l'administration civile.

Tous les commandants en chef et gouverneurs agissaient dans l'arbitraire. Que poursuivaient-ils ? Etait-ce le bonheur et le bien des populations, comme disait dans son manifeste l'empereur Alexandre. ou était-ce les intérêts et les profits de l'empereur, comme disait le comte Koukrin, cherchant à faire de la Transcaucasie une des colonies les plus riches ? Ou bien encore était-ce la fusion de ce pays avec l'empire par l'introduction des tribunaux, des commissions, des lois, des formes et des règles d'administration russes, comme le supposait le gouverneur Paskewith ? Le pouvoir central de Petrograd n'a jamais posé ces questions et les gouverneurs du Caucase n'ont jamais pu la résoudre.

Comment gouverner ces populations qui considéraient toutes ces innovations comme une atteinte à leur existence, puisqu'on ne voulait pas prendre en considération leurs mœurs et les coutumes établies depuis des siècles ?

En 1847, la nomination du gouverneur Vorontzoff, doté de pouvoirs illimités et inspiré d'une politique sage et prévoyante, produisit l'apaisement des populations et provoqua la confiance.

Le prince Vorontzoff gouvernait ce pays avec le même dévouement que s'il se fût agi de sa propre patrie et le but principal de ses soucis fut de créer le bonheur et le bien-être des populations.

Il voulut collaborer avec les habitants dans tous les domaines qui devaient les intéresser, qu'ils fussent commerciaux, intellectuels ou économiques. Les populations ont deviné en lui leur bienfaiteur et elles n'ont pas cessé de lui exprimer leur reconnaissance. Le prince Vorontzoff définissait ce système d'administration de la façon suivante : « Si vous voulez que les peuples conquis vous soient dévoués, agissez de telle manière qu'ils soient toujours contents de vous. » Ennemi de toutes mesures coercitives, sans jamais brusquer les mœurs et les traditions locales, il trouvait toujours les solutions les plus rationnelles et correspondant le mieux aux désirs des indigènes.

Vorontzoff arriva à se concilier les populations demi-sauvages de l'empire. Ce système a donné des résultats si appréciables que les gouverneurs suivants l'ont appliqué avec le même succès : tel le prince Bariatinsky, dont le mérite principal a été d'introduire des règlements d'arpentage en territoire de Transcaucasie et la création d'un Tribunal d'arpentage. Ainsi le pouvoir du gouverneur devenait de plus en plus indépendant du pouvoir central et s'affranchissait définitivement lors de la nomination du grand-duc Michel comme Nomestnik, ou vice-empereur.

Dès le commencement de la conquête de la Caucasie, les gouverneurs qui se succédèrent divisèrent la Caucasie administrativement, suivant la conquête de chaque province, sans se soucier des conditions géographiques ni ethnographiques. Les frontières des départements étaient artificielles et arbitraires : ce qui compliquait les relations des populations et leurs rapports mutuels. Cette division irrationnelle créa entre les nationalités des conflits qui ne sont pas encore résolus.

~

A cette époque, la ville de Tiflis est devenue la capitale non pas de la Géorgie, mais de toute la Caucasie. Elle est devenue le centre administratif, judiciaire, militaire et intellectuel. La ville, en s'agrandissant, s'embellissait. Le gouvernement local construisit de grands édifices pour les institutions officielles, pour les établissements d'enseignement, des gymnases à enseignement classique, moderne, des écoles militaires, etc... Les journaux commençaient à paraître en russe, en géorgien et en arménien. La noblesse géorgienne formait l'aristocratie du pays, occupait les postes honorifiques, et jouait un rôle important dans l'entourage du Nomestnik. Les Arméniens accourus des provinces du sud prirent tout le gros commerce entre leurs mains. Ils achetaient des terres aux princes géorgiens qui se ruinaient à cause de leur grand train de vie. Ils construisaient des maisons. Ils ont accaparé presque toute l'industrie du pétrole de Bakou. En même temps, ils créaient des écoles à eux, s'instruisaient aussi dans les gymnases russes, et s'en allaient en Russie pour profiter de l'enseignement supérieur. Tiflis est devenu ainsi un centre d'Arméniens et la population augmenta si rapidement que le conseil municipal fut bientôt entre leurs mains. Toute l'élite intellectuelle se concentrait dans les grands centres en abandonnant leur pays.

La Caucasie tout entière se transformait : les communications avec la Russie étant devenues fréquentes, la vie intellectuelle se confondait avec celles des centres russes. Toute la littérature russe et étrangère, traduite en russe, inondait les librairies de Tiflis. Le chemin de fer reliait Batoum par Tiflis-Bakou, et de Bakou, par Derbent, Vladicaucase, Rostov-sur-Don. Erivan était lié à Tiflis, Kars et Julpha.

Il se formait une jeunesse intellectuelle qui suivait avec enthousiasme le mouvement révolutionnaire et social de la jeunesse universitaire russe. Pendant les vacances, ils revenaient en Caucasie et répandaient dans leur entourage les idées qu'ils avaient acquises en Russie. La langue russe était devenue courante, surtout à Tiflis.

Tout le monde rivalisait pour la connaître mieux. Les professions libérales, avocats, médecins, architectes, ingénieurs, se répandaient parmi les indigènes, surtout parmi les Arméniens.

Ainsi il faut reconnaître qu'après de longs tâtonnements et des maladresses, l'empire des tsars a introduit dans la Transcaucasie une civilisation nouvelle, un mouvement intellectuel dont la Russie était elle-même envahie.

CHAPITRE V

La Vie politique et révolutionnaire
en Transcaucasie

Les cercles d'études ; L'influence des révolutionnaires russes ; Grigor Artzrouni ; Abgar Ionissiani ; Le parti clérical.

La naissance du mouvement révolutionnaire arménien ; Portugalian ; Nazarbeck ; le parti dachnakiste ; Christophore Mikaélian ; Le Comité des exécutants ; La Fédération des révolutionnaires arméniens ; Le « Pro Armenia » de Paris ; Les Arméniens valent mieux que leurs représentants ; Les successeurs de Christophore Mikaélian ; L'incohérence de l'agitation révolutionnaire arménienne.

L'agitation géorgienne ; Les nationalistes géorgiens contre les Arméniens ; Jordana, Tzeretelli, Tcheidze et la social-démocratie.

L'action révolutionnaire tartare ; L'influence réactionnaire de la Turquie ; Le parti Moussafat et l'autonomie de l'Azerbeydjan.

La politique russe en Caucasie ; Russification à outrance ; Diviser pour régner ; Les massacres d'Arménie ; Les persécutions en Géorgie ; La politique d'apaisement de Vorontzoff-Dachkoff.

Dès que la vie intellectuelle dans la Caucasie se fut réveillée, avant la guerre russo-turque, elle se confondit, par ses aspirations politiques et sociales, avec le mouvement général de la Russie ; on put observer dans toutes les manifestations, soit libérales soit révolutionnaires, la participation des Arméniens et des Géorgiens ; mais ces cas furent plutôt isolés et rares.

Ce n'est que vers la fin de 1880 qu'il se forma un cercle de jeunes gens arméniens, grégoriens et russes des classes supérieure des gymnases, des lycées, de l'Ecole normale, où régnait la camaraderie la plus franche et la plus loyale et qui s'est consacré au perfectionnement de l'instruction littéraire, politique et sociale. Une femme russe et un Géorgien guidaient les jeunes gens dans cette étude. Tous les auteurs russes en vogue, littérateurs, économistes, ont été analysés, ainsi que toute la littérature historique et sociologique française, anglaise, etc... A côté de la lecture de Tchernichevsky, Pissareff, Dabrolioboff, Tourgueneff, Dostoïevsky, L. Tolstoï, on s'intéressait également à l'étude des économistes : John Stuart Mille, Spencer, etc...

En particulier, on s'attachait à l'étude approfondie de la Révolution française. Louis Blanc, Michelet étaient les auteurs les plus appréciés. Le groupe, ayant composé d'un commun accord ce programme d'études, se consacra à créer des cercles secondaires, auxquels chaque membre du cercle central faisait des conférences sur les sujets mis à l'étude.

Cette organisation des cercles d'études, qui comprenait des centaines de membres disciplinés, élèves des différentes écoles et même ouvriers, augmentait de nombre en se ramifiant.

Les membres fondateurs du cercle central fournissaient un travail intellectuel formidable.

Outre l'étude de ce programme théorique destiné à s'instruire et à instruire des camarades plus jeunes, ils décidaient de donner une aide matérielle au mouvement révolutionnaire russe.

Le matin et jusqu'à deux heures de l'après-midi, ils étaient à l'école. Le reste de la journée était consacré aux préparations des devoirs obligatoires et, le soir, commençaient les réunions des cercles d'études, qui duraient quelquefois jusqu'au matin ; et ainsi tous les jours, sans interruption.

Les parents étaient inquiets en voyant leurs enfants mener une existence aussi déréglée ; ce n'était pas une vie joyeuse, mais consacrée entièrement à l'étude et aux discussions scientifiques.

A ce moment arrivèrent des délégués du parti « Narodnaja Volia », venus pour faire des quêtes en faveur de leur Comité exécutif. Parce qu'on ne pouvait faire ouvertement ces quêtes, on organisait un concert au profit d'une classe de l'école.

Sur la somme ainsi recueillie, on distribuait à chaque élève la part lui revenant, en présence des représentants de l'école, et ensuite tous ces élèves rendaient l'argent au caissier, qui lui-même le remettait aux délégués du parti. Ces délégués étaient très bien reçus par cette petite organisation de la jeunesse caucasienne.

Le Comité exécutif du parti révolutionnaire leur envoyait des programmes, des proclamations, des brochures.

Tout cela marchait très bien ; mais un jour, se produisit un incident qui gâta tout. Par maladresse ou négligence, le Comité russe envoya une proclamation adressée aux Cosaques du Don, avec la recommandation de l'afficher à Tiflis. Cet incident produisit un effet déplorable et un froissement pénible chez tous les membres du cercle central. « Pour qui nous prend-on, disaient-ils, si on nous oblige à afficher ce qui n'a aucun rapport avec les intérêts du Caucase ? » A ce fait s'en ajoutèrent d'autres, et tout cet ensemble de malentendus poussa le Comité caucasien à décider de ne s'occuper désormais que des seules revendications locales. C'est alors que la question des nationalités fut envisagée comme moyen pratique de l'action politique.

Le Comité se divisa en trois groupes : arménien, géorgien et russe. Devant le groupe arménien se posa la question arménienne, qui prenait naissance et devenait d'actualité au lendemain de la signature du traité de Berlin. Après des discussions animées et contradictoires, le groupe décida de se consacrer entièrement à ses coreligionnaires en Turquie et de s'y rendre pour leur apporter un secours moral et matériel.

Mais la Turquie se présentait à ces jeunes gens comme un pays inconnu. Ils savaient, d'après l'histoire de l'affranchissement de la Grèce et d'autres nations, que la lutte de partisans, de guérilla, était tout indiquée pour leur action ; mais cela ne suffisait pas : il fallait connaître l'art militaire. Apprendre cet art en Russie, dans les conditions politiques où l'on se trouvait, fut jugé irréalisable.

On décida d'aller à Genève ou à Paris. Après discussion, Paris l'emporta comme Ville-Lumière, foyer de la Révolution française. Après le départ pour Paris de quelques fondateurs du Cercle caucasien, le mouvement se ralentit, du fait de la réaction inaugurée par l'avènement d'Alexandre III. Il devint extrêmement difficile de se réunir ouvertement et une direction intelligente faisant défaut, ces réunions se transformèrent en soirées dansantes.

∾∾∾

Cependant le mouvement intellectuel de la jeunesse caucasienne avait créé une évolution dans le pays. Quelques-uns de ses promoteurs purent dans la suite jouer un rôle politique. A cette époque, apparaît à Tiflis un nouveau courant libéral, légal et national, chez les Arméniens et chez les Géorgiens. A la tête de ce mouvement libéral arménien, se mit Grigor Artzrouni, homme intelligent et instruit, issu de la noblesse, qui reçut son instruction supérieure en Allemagne, comme tous ceux de sa génération. Dans son journal *Mchak* (*Travailleur*), il propageait des idées libérales et il a toujours polémiqué avec les conservateurs arméniens, comme Abgar Ionissiani, qui conseillait de se grouper autour de l'Eglise arménienne et de respecter toutes les anciennes traditions nationales.

Depuis la chute de l'indépendance de l'Arménie, la religion grégorienne jouait un rôle très important et apparaissait comme le centre de ralliement de tous les Arméniens. D'autant plus que ce christianisme des premiers âges, conservé à travers les siècles, était imprégné de principes démocratiques. Les catholicos jouaient un rôle politique et national. Ce sont eux qui entraient en pourparlers avec les tsars russes et qui concluaient les traités au nom de la nation arménienne. C'est également sous leur direction que les moines des couvents arméniens, autrefois, écrivaient des chroniques, imprimaient des livres, etc... ; mais avec les conquêtes russes et après différents bouleversements historiques, leurs pouvoirs intellectuels et moraux s'affaiblissaient. Beaucoup d'Arméniens émigrés devenaient catholiques ou protestants et même, à Venise, le couvent arménien catholique est célèbre par ses savants et par ses publications. D'autre part, la conquête russe et les idées nouvelles ont devancé les conceptions intellectuelles et nationales du clergé arménien. Encore en Turquie, il apparaissait des hommes éminents, tel le catholicos Hremian, dont la popularité comme patriote a été immense et que le peuple appelait : Haïrik (le Petit Père) ; mais en Russie ils ont cessé de jouer le rôle de dirigeants dans la vie intellectuelle ; leur niveau de culture s'abaissait peu à peu. Une petite minorité de jeunes gens, sortis des séminaires ou des écoles normales arméniennes, soutenaient cette tradition que le salut de la nation est dans la religion. Il y en avait un, entre autres, instituteur d'une ville du Caucase, qui, ayant pris part aux réunions du Cercle caucasien, est entré à l'Ecole des sciences politiques de Paris : il s'appelait Galoust Ter Mkrtichiantz. Sur le boulevard Saint-Michel ou à Gif, village de la vallée de Chevreuse, vers 1882, les discussions étaient chaudes et Galoust était un défenseur acharné de cette thèse que toute la jeunesse arménienne doit, pour la propagande patriotique, embrasser la carrière religieuse.

Paralysé des deux jambes, il se fit moine et entra au couvent d'Etchmiadzin. Il est mort tout dernièrement.

Mais se vouer au clergé par patriotisme c'était assez rare. La grande majorité y entrait pour s'en faire plutôt une profession que par foi chrétienne. La piété chrétienne, dans le clergé arménien, est très faible ; mais par tradition ce clergé veut jouer un rôle national et patriotique. En général, la question d'argent l'occupe beaucoup et les richards arméniens sont très appréciés par lui. Ainsi de ces deux archevêques qui furent envoyés par le catholicos en Europe, en arrivant dans une ville quelconque, leur première pensée était de faire visite à tous les fortunés pour avoir « para » (*argent en turc*) ; et le soir ils comptaient ce qu'ils avaient reçu.

M. Artzrouni savait tout cela ; il n'ignorait pas que le clergé a cessé d'être le conducteur du peuple, que beaucoup d'Arméniens ne sont plus grégoriens mais catholiques et protestants, et que, par conséquent, cette religion a cessé d'être le point de ralliement de la nation ; enfin, qu'au point de vue culture, le protestantisme est peut-être meilleur. C'est pourquoi il opposait à cette conception cléricale l'idée de la nation arménienne ; il préférait même la Russie à la Turquie, si la première n'opprimait pas l'esprit national. Les cléricaux, dont le représentant était Abgar Ionissiani, homme instruit et ayant du talent, considéraient Grigor Artzrouni comme Antéchrist et renégat ; et, pour ses conceptions russes, on l'accusait de trahison envers la nation arménienne. Autour de ces hommes se groupèrent longtemps les intellectuels arméniens. Dès que la conquête russe fut complète, toute la jeunesse a été attirée vers les centres universitaires de Russie.

La langue russe est devenue obligatoire. Les Arméniens, après avoir terminé leurs études aux gymnases (lycées) se perfectionnaient aux universités en adoptant, dans leur grande majorité, les professions libérales : ingénieur, médecin, avocat, etc... Un petit nombre embrassait l'art militaire. Ces étudiants formaient des associations corporatives, dont le but caché était de soutenir les revendications nationales et de venir en aide aux Arméniens turcs. A la tête de ces organisations corporatives, se trouvait, de 1885 à 1890, M. Khatissoff, homme intelligent et énergique, mais incohérent. C'est lui qui fut l'initiateur de la formation d'une bourgeoisie arménienne instruite avec des tendances nationales et dont le but était de secourir les Arméniens en Turquie. Après avoir terminé leurs études comme ingénieurs, Khatissoff et ses camarades se mirent à la tête d'affaires pétrolifères, à Bakou.

***

Quant au mouvement révolutionnaire arménien proprement dit, il prit tout d'abord naissance à l'étranger, principalement en

France. Il est vrai qu'entre 1880 et 1890, il se forma, à l'Université de Moscou, un petit groupe sous la direction d'une femme énergique, Tamara Adamian Nersesian, un des membres fondateurs du Cercle caucasien ; mais ce groupe n'eut pas une longue durée.

Après la guerre russo-turque, quelques Arméniens émigrèrent de Turquie. L'un d'eux, Minas Tcheras, traducteur au Congrès de Berlin (1878), publiait à Londres, et ensuite à Paris, en français, son journal *Arménie*. En outre, un instituteur de Van Portougalian, persécuté et émigré, publiait à Marseille le journal *Arménia*, en langue arménienne. Les étudiants arméniens à Paris se réunissaient périodiquement, mais l'accord ne régnait pas toujours entre les Arméniens d'origine russe et ceux d'origine turque. Cependant le réveil national, sous l'impulsion des événements, se manifesta dans ce milieu ; à la tête de ce mouvement apparut, à l'étonnement de tous ceux qui le connaissaient, un Arménien russe, Nazarbek, jeune poète prenant grand soin de sa chevelure et n'ayant qu'une instruction à peine élémentaire, mais cependant plein de bonne volonté.

Il s'installa à Genève et là, en 1887, sous l'influence des brochures de Plekhanoff, qui apparaissait à ce moment comme le chef de la social-démocratie russe, commença la publication, avec sa femme Mariam, de son journal *Hntchak* (*La Cloche*) dans lequel il développait des théories marxistes. Ce journal eut un grand succès dans les milieux arméniens de tous les pays. On n'attachait guère d'importance aux idées socialistes, mais on considérait le journal de Nazarbek comme le premier organe révolutionnaire arménien.

L'argent affluait de tous côtés ; la presse étrangère commençait à s'intéresser à ce nouveau mouvement et à ce jeune homme, qui fut pendant quelque temps l'apôtre des révolutionnaires. Les circonstances étaient des plus favorables à sa renommée, parce que les sentiments révolutionnaires, dans la jeunesse et dans la société arméniennes, commençaient à se manifester. Son apparition répondait donc à un besoin politique. En Europe, durant quelques années, il jouit d'une certaine popularité.

Les comités Hntchakistes firent alors leur apparition dans les colonies arméniennes d'Europe et d'Amérique. La démonstration révolutionnaire de Koum-Kapou (Constantinople) fut organisée par ces comités. C'était la première manifestation de ce genre : elle eut un grand retentissement en Europe.

Je serais incomplet si je ne rappelais pas le nom de Tchobanian, qui a le type d'un sémite byzantin. Ayant une culture littéraire superficielle, il émit la prétention de se faire nommer « président des intellectuels arméniens ». Très mobile au point de vue politique, *personna grata* auprès des marchands de diamants arméniens, il fut longtemps mêlé à la vie patriotique. A l'époque des grands massacres, en 1896, il prit part aux manifestations organisées en faveur des Arméniens par G. Clemenceau, Rochefort, Vandal, de Mun, Mgr Charmet, etc. ; il venait y réciter ses poésies.

m

Vers 1890, ce mouvement révolutionnaire prit une forme concrète en Transcaucasie, mais d'une façon tout à fait indépendante du mouvement Hntchakiste.

A ce moment, à Tiflis, se rencontrèrent des étudiants arméniens, venus de toutes les universités de Russie et d'Europe.

Parmi eux se trouvait un homme qui remplit un rôle important dans ce nouveau mouvement national, jusqu'à sa mort, en 1905. C'était Christophore Mikaélian, ancien jeune commis d'une boutique à Akouliss.

Ayant terminé ses études à l'Ecole normale, il enseigna pendant près de dix ans, comme instituteur dans sa ville natale où il jouissait d'une grande popularité. Pour sa propre satisfaction intellectuelle, sans acquérir des droits correspondants, il fit ses études complètes à l'Institut agronomique de Moscou. C'était un homme d'une intelligence pratique, politicien par nature, mais plein d'abnégation et de courage ; il n'était ni orateur, ni écrivain, mais était d'une extrême bonté : il tenait à sa popularité avant tout ; travailleur patient, mais privé de l'intelligence abstraite de l'idéologie, il était révolutionnaire à la manière russe et donnait ses préférences au parti russe Norodnaja Volia.

Sa femme, d'origine russe, appartenant à ce parti, était peut-être pour quelque chose dans ses sympathies révolutionnaires. Du reste, beaucoup d'Arméniens, malgré leur patriotisme, ont épousé des femmes russes révolutionnaires.

M. L..., un des fondateurs du Cercle caucasien en 1880, rentra en ce moment à Tiflis, après avoir terminé ses études médicales à Paris. Etant étranger, il n'avait pu être admis à l'Ecole polytechnique, pour y apprendre l'art militaire, comme il se proposait de le faire en arrivant à Paris.

Il se rencontra avec Christophore Mikaélian, venu de sa petite ville. Les deux amis avaient deux mentalités différentes. M. L..., qui était sous l'influence de la culture française, avait d'autres conceptions politiques ; mais ils se trouvèrent d'accord dans leurs aspirations nationales. Autant Christophore était l'homme de son milieu, qu'il dominait, autant M. L... se trouvait, après sa longue absence du pays, isolé et sans appui moral. Les deux hommes estimèrent que le moment était venu pour créer un mouvement national avec un programme minimum acceptable par le plus grand nombre. L'heure était opportune, puisque même dans le monde libéral arménien se dessinait un courant semblable.

G. Artzrouni avait une caisse pour cette action. G. Esof, bureaucrate russe haut placé à Pétrograd, promoteur du courant conservateur arménien, aidait clandestinement à l'envoi d'une bande de volontaires en Turquie sous la conduite de Koukounian.

Les deux amis comprirent qu'il fallait centraliser le mouvement, de même que les forces présentes. Il y avait un groupe d'étudiants, qui tenait avant tout à se rendre en Turquie et qui posait comme condition primordiale que pour être membre du parti, il fallait aller en Turquie ; on les appelait des « Exécutants ».

Il y avait aussi le parti Hntchak de Genève. Ces deux groupes, celui de Christophore et celui des Exécutants, formèrent d'abord un Comité central qui ouvrit des pourparlers avec des groupements différents pour créer une fédération des révolutionnaires arméniens (dachnakisoutioun). La tâche n'était pas facile et ces pourparlers traînèrent en longueur sans aboutir à un résultat pratique. Le comité de cette nouvelle fédération eut à accomplir un travail immense. Mais l'entente ne régnait pas toujours entre eux. Il y avait des conservateurs nationalistes à côté des révolutionnaires de nuance russe à tendances anarchiques : Christophore, avec beaucoup d'habileté, mettait tout le monde d'accord.

Le programme consistait à faire aux Kurdes et aux Turcs une guerre de partisans et à envoyer des bandes armées en Arménie turque (haïdouki). Il fallait trouver des volontaires, les armer et se procurer de l'argent pour tout cela.

La première tentative, après une longue préparation, fut un échec. Sous la conduite de Koukounian, une troupe de volontaires, au nombre de quelques dizaines, armés et équipés, partit avec pour toute provision un seul poulet !

Arrivés à la frontière, la faim se fit sentir ; mais on ne tarda pas à rencontrer d'autres obstacles. Les soldats russes, prévenus par les autorités, arrêtèrent les volontaires arméniens et les reconduisirent à leur point de départ, Alexandropol, où ils furent emprisonnés et jugés. Cet échec ne découragea pas le Comité et son activité n'en fut pas diminuée. Il envoya quand même des bandes, en petit nombre, et des propagandistes pour organiser des comités locaux, à Erzeroum, Van, etc... En même temps, on introduisait des fusils clandestinement achetés à Toul (Russie) et on les transportait, par le Caucase, jusqu'en Turquie, pour être distribués aux paysans arméniens, dont quelques-uns les revendaient aux Kurdes, par crainte de les conserver chez eux.

Mais le malheur était que ces propagandistes, recrutés parmi des jeunes gens non instruits et mal préparés, s'accusaient réciproquement d'espionnage.

En outre, ces bandes de volontaires, au lieu de s'arrêter à l'action défensive, pratiquaient la tactique offensive.

Du reste, au sein du Comité, il n'y avait pas accord à ce sujet et cette divergence des principes et de tactique a été la cause de la confusion dans le programme et dans l'action.

Christophore, par son influence et son charme personnel, créait une unité factice entre tous et éloignait ceux qui pouvaient amoindrir son autorité.

Une des grandes difficultés était la question d'argent. On faisait des quêtes parmi les gros bourgeois et les commerçants. Dans la suite, quand ces moyens furent épuisés, d'après les enseignements révolutionnaires russes que « la fin justifie les moyens », on eut recours au terrorisme. Un journal clandestin fut créé, *Le Drochak* (*L'Etendard*), dont les premiers numéros ont été imprimés et publiés à Tiflis, dans une maison privée (chez M. L...). Puis, à cause des difficultés de publication, le journal fut transporté à Genève, sous la direction de Christophore.

On observait déjà à ce moment de grands défauts dans l'organisation : absence d'un programme nettement défini, divergence des opinions politiques.

Le comité directeur du parti, qui eût dû exiger une discipline rigoureuse, était lui-même composé d'éléments disparates.

C'est dans ces conditions que la jeunesse studieuse, les intellectuels, les instituteurs, les paysans, tous animés de sentiments patriotiques, s'engageaient comme volontaires haïdouks et se soumettaient aux rigueurs de cette organisation militaire. Il est résulté de cette situation un abaissement du niveau intellectuel, puisque l'élite du pays se sacrifiant, seuls les médiocres restaient. Toutes les meilleures forces de la nation se jetaient dans cette guerre de partisans.

Il est sorti de cette sélection de volontaires, des éléments vraiment admirables par le courage et l'intelligence. On doit se rappeler Efrem, en Perse, Mourad, le général Andranik, qui, simple paysan haïdouk, fut un génie militaire.

Toutefois, ceux qui ne voulaient pas risquer leur vie, restaient à Tiflis ou à Genève et se groupaient autour du Comité Central ou de la rédaction du journal.

Au commencement, quand le groupe des « exécutants » exigeait que tout le monde allât en Turquie pour se battre, on lui objectait que le Comité directeur ne pouvait pas diriger l'action et remplir le rôle qui lui était assigné dans la zone de combat. La suite des événements a d'ailleurs montré que beaucoup cherchaient à se soustraire à leurs obligations, à ne se dévouer qu'à moitié et à profiter de la carrière révolutionnaire dans leur propre intérêt.

Les circonstances favorisaient ces ambitieux. Les membres du parti révolutionnnaire devenaient les dirigeants de toutes les sociétés de bienfaisance et de secours, à Tiflis et en province.

En outre, les membres des haïdouk, rentrés après leurs randonnées, exigeaient qu'on les nourrisse et les entretienne.

On ne se limitait pas à ces envois de bandes, on organisait des complots contre le sultan de Constantinople, ainsi que cela se produisit à la Banque Ottomane et Yldiz-Kiosk.

L'action envisagée par les révolutionnaires consistait à déclencher non seulement une offensive contre les Kurdes, près de la frontière russo-turque, mais également contre la Turquie ellemême.

Au congrès de Sofia, l'envahissement de l'Asie-Mineure du côté de la Perse avait été décidé, ainsi que du côté de la Transcaucasie. On décida la préparation d'attentats à Constantinople. Ce programme offensif de grande envergure échoua, naturellement, après avoir coûté la vie de nombreux hommes de haute valeur morale et englouti de grosses sommes d'argent.

Cependant les massacres continuaient d'une façon sporadique, ordonnés par le sultan rouge.

Quand M. L... organisa un Congrès international arménophile à Londres, il fit une démarche auprès de sir Mackenzie-Wallace, dans le but d'obtenir son adhésion; celui-ci tout en lui exprimant ses sympathies profondes pour la cause arménienne, lui déclara : « Ce Congrès vous amènera des massacres ». N'en voulant rien croire, M. L... n'arrêta pas l'organisation du Congrès. Mais il n'oublia jamais les paroles de sir Mackenzie-Wallace. La Turquie, en effet, s'irritait de toutes les manifestations arménophiles en Europe. Ne s'inclinant que devant la force, elle répondait à ces manifestations par des massacres quand elle sentait l'Europe impuissante pour agir, et pour appliquer le Traité de Berlin.

M. L... étant toujours partisan de la tactique défensive et rejetant absolument comme néfaste toute cette action offensive, s'éloigna provisoirement. Après avoir demandé par deux fois sans succès à aller en Arménie turque pour payer de sa propre personne, il se décida à retourner en Europe pour mener parallèlement la propagande diplomatique afin d'aboutir à la réalisation de l'article 62 du Traité de Berlin.

Arrivé à Paris, il retrouva ses anciens amis, et tout particulièrement M. Jaclard, à qui il exposa ses intentions. D'un commun accord, il fut décidé de s'adresser à Pierre Quillard pour diriger la publication d'un journal ayant pour but la défense de la cause arménienne, sous le titre *Pro Armenia*, dont Jean Longuet devait être le secrétaire; en outre, M. L... obtint l'adhésion, pour le comité de rédaction, de Georges Clemenceau, Anatole France, Jean Jaurès et Francis de Pressensé.

Pendant ce temps, les dachnakistes luttaient en Caucasie contre les Tartares et le gouvernement russe local, en même temps qu'en Turquie contre le sultan Abdul-Hamid et en Asie-Mineure contre les Kurdes. Ils se battaient ainsi sur deux fronts.

Le parti, composé de toutes les nuances d'opinions politiques, s'inclinait devant le Comité central élu par les Congrès, dont les membres étaient désignés d'avance par les dirigeants, et dont l'âme était Christophore. Pendant toute sa vie, celui-ci donna l'impulsion au mouvement; après sa mort, des hommes médiocres à tous les points de vue continuèrent son œuvre. A dire vrai, dans ce parti régnait une oligarchie où l'intérêt particulier du parti passait avant l'intérêt du peuple et de la nation.

Au congrès de Sofia, en 1905, M. L... insista pour qu'on donnât un nom politique à ce parti, se basant sur ce fait qu'en Europe, tout parti a un programme politique nettement défini. Mais cette voix resta sans écho; on voulait justement éviter des précisions de cette nature, pour ne pas écarter des membres utiles au point de vue pécuniaire ou pour leur influence.

A la première Douma, le parti envoya ses représentants et, à l'étonnement général, ils s'inscrivirent au groupe des socialistes révolutionnaires du parti Norodna ja Volia (parti national russe).

Les représentants arméniens de la Transcaucasie ou du sud de la Russie étaient des nullités au point de vue politique, ne possédant aucune des qualités requises dans ces assemblées. Les députés russes de toute nuance, dans leur grande majorité, s'en montrèrent très surpris.

— Ce sont là ces Arméniens fameux ! Où sont vos orateurs, vos intellectuels instruits et brillants ? demandaient-ils.

Il n'en manquait certes pas, exerçant des professions libérales. Mais, disséminés dans les différents centres de Russie et de Caucasie, ils étaient dans l'impossibilité de participer aux élections. Quant à ceux qui étaient restés dans le pays, ils se tenaient en dehors des partis.

C'est une grosse erreur, préjudiciable aux intérêts du peuple et de la nation arménienne, que de juger celle-ci d'après ses représentants en Russie ou en Europe, comme, par exemple, ceux de la délégation actuelle. Ils portent parfois en eux les survivances des voisins de leurs lieux de naissance : Tartares, Kurdes, Sémites byzantins ou Egyptiens levantins.

C'est ainsi qu'on rencontre des Arméniens parmi les mercantis orientaux. Et même leurs enfants, malgré leur instruction approfondie, et bien qu'ayant adopté, grâce à la souplesse morale de la jeunesse, toutes les idées larges et généreuses, retombent souvent, avec l'âge, dans les survivances héréditaires.

Il ne faut chercher de véritables Arméniens ni dans les villes maritimes, comme Constantinople ou Alexandrie, ni au voisinage des Tartares, à Choucha, par exemple, ou auprès des Kurdes, comme à Igdir, mais bien au centre du pays, lequel a échappé à l'influence de ces races et de ces peuplades, et où les Arméniens n'ont pas acquis, du fait de la promiscuité, le caractère dur, haineux, amoral, insinuant, ni les défauts des fripons vaniteux ou des financiers rusés.

Ainsi les véritables Slaves, se trouvant en dehors des communications, ne subirent pas l'influence du joug tartare ; de même le savant Hamy n'a trouvé des Fellahs véritables que dans les villages lointains de l'Egypte. Si l'on veut trouver de purs types arméniens, il faut les chercher dans les provinces de Mouche, Zeytoum, Van, Erzeroum, etc... De même en Transcaucasie et en Géorgie, où l'influence géorgienne n'a pas été néfaste au point de vue moral, mais plutôt bienfaisante, en raison du caractère sociable et ouvert des habitants, mis à part le penchant à la paresse propre à tous les méridionaux.

Dans le cours de ma vie, j'ai rencontré un assez grand nombre de ces Arméniens-types, et il m'a été donné d'étudier toutes les qualités inhérentes à leur nature.

Ils ont le crâne le plus souvent dolicocéphale, la chevelure soyeuse, de couleur brun foncé, allant quelquefois jusqu'au blond ; l'ovale est régulier, le front large ; les yeux sont grands et fendus en amande ; ils ont le nez charnu et fort, les lèvres épaisses, le menton volontaire et leur peau est blanche. Bien bâtis, fortement musclés, ils présentent des qualités psychologiques supérieures ; pleins de bonté et de douceur, ils sont sincères et probes, droits de caractère et doués d'une fidélité à toute épreuve. Malgré tant de siècles d'esclavage, ils sont braves et courageux jusqu'à l'héroïsme.

Curieux par nature, leur intellectualité supérieure les rend aptes à assimiler toutes les idées abstraites, scientifiques ou artistiques. Par une émulation naturelle, combinée avec la ténacité, ils atteignent aisément le but qu'ils se sont fixé.

Ayant cultivé la faculté d'adaptation et d'assimilation, ils supportent toutes les vicissitudes avec une facilité remarquable.

Je me souviens de l'un d'eux, Simon Zavarian, qui fut membre de ce sous-cercle caucasien dirigé par M. L... dont j'ai parlé. Possédant de hautes qualités morales, cet homme avait des aptitudes intellectuelles supérieures. Il a écrit un livre sur les régions agricoles d'Erivan, ouvrage qui fut très apprécié pour sa valeur scientifique. Il est mort de misère, ne voulant pas accepter d'argent national, bien qu'il se soit consacré entièrement et passionnément à la cause arménienne et à la science.

Un grand nombre de ces natures d'élite périrent ainsi : de faim, par le massacre ou en combattant. En reste-t-il encore ? Très certainement ; ils sont nombreux, mais disséminés dans le monde entier.

Je les ai vus, ces hommes d'action, ces savants et ces littérateurs. Chaoumian, par exemple, tué à Bakou comme bolchevik, au mois de mars 1918. Sa grande intelligence et sa haute moralité furent appréciées de tous, même par les représentants des partis hostiles.

A Tiflis, j'ai rencontré de ces natures élevées qui s'enthousiasmaient pour un idéal de vérité et de justice et qui désiraient faire le bonheur de l'humanité en appliquant leurs principes d'une façon désintéressée, même dans la vie privée.

Je ne serais pas complet si je ne disais un mot des femmes arméniennes, qui jouaient et jouent encore un grand rôle dans le mouvement politique et artistique.

Elles ne sont peut-être pas aussi belles et aussi gracieuses que les Géorgiennes, mais avec l'instruction, la culture et surtout l'intelligence, elles acquièrent vite toutes ces qualités féminines. Elles ont le sentiment du devoir maternel très développé ; pour défendre leur honneur, elles ont accompli maintes fois des actes héroïques.

Elles ont donné des artistes de talent, musiciennes et actrices, et se sont fait une réputation dans l'enseignement. Elles possèdent de hautes qualités intellectuelles et morales, et elles n'ont ni la vanité puérile, ni les sentiments amoraux, ni les défauts de mercantilisme répandus chez les hommes.

　　　　　　　　　　　　　　　\~\~\~

Ce parti dachnakiste, continue à jouer un rôle prédominant dans la vie du peuple arménien et dirige à son gré le sort de la nation, encore aujourd'hui.

Quelle a été sa politique ?

Jusqu'à maintenant, elle a toujours été incohérente. Christophore Mikaélian, qui avait tant d'influence, s'était entouré d'instituteurs provinciaux, a moitié cultivés. Ils dominaient par la terreur les grands bourgeois commerçants et les gens haut placés ; ils tenaient la petite bourgeoisie par le sentiment patriotique. La jeunesse intellectuelle, influencée par les courants russes, professait toutes sortes d'idées socialistes ou anarchistes ; mais d'une façon générale, ce parti représentait la petite bourgeoisie, classe dominante de la nation.

Le parti n'existe que grâce à cette première organisation, et, par tradition, continue la même politique.

Dès la constitution du parti, vers 1890, il fut décidé de publier, à Tiflis, un journal clandestin, *Drochak*, dont l'article-programme de M. L... fut adopté par le comité.

Cet article, à la première page, en écartant la lutte des classes comme le principe des revendications immédiates du parti, posait la question de l'affranchissement du peuple du joug turc, en s'adaptant, au point de vue des idées politico-sociales, aux programmes des partis démocratiques et avancés de l'Europe Occidentale .

Mais le metteur en pages, L. Sarkissian, représentant l'élément conservateur et nationaliste au comité, fit suivre l'article-programme, à la page suivante et sans interruption, d'un autre article-programme non adopté, de couleur nationaliste, donc de tendance contraire.

Ce fait est une illustration de la manière d'opérer du parti.

Chargé de la propagande en Europe, M. L... prit, comme base de son action diplomatique, l'article 62 du Traité de Berlin, en s'adressant à tous les partis politiques d'Europe et d'Amérique, pour avoir l'appui de leurs gouvernements respectifs.

Cette propagande, avec la publication du journal *Pro Armenia* n'a coûté que des sommes insignifiantes et le résultat a dépassé toutes les espérances. Tous les hommes politiques français de premier plan, dont la plupart sont devenus ministres, étaient acquis à la cause arménienne. De même en Angleterre, en Italie, en Belgique, en Danemark et aux Etats-Unis. M. L..., au Congrès de Sofia, en 1905, reçut à l'unanimité pleins pouvoirs pour continuer cette propagande. Mais les successeurs de Christophore, qui n'avaient pu obtenir au Congrès un nombre de voix suffisant pour être chargés de mission de propagande en Europe, jugèrent tout autrement. Se considérant comme les héritiers de leur patron, ils voulurent partager le monde entre eux.

La Turquie fut attribuée à Katchatour Maloumian (Aknouni), l'Europe à Mikaël Ionnissian (Varandian) et à Avetis Aharonian (Sission). Ce dernier vint à Paris au début de 1906, et, sans aucune entrevue ni consultation avec M. L..., qui, d'après les décisions du Congrès de Sofia, était membre effectif du Bureau occidental du parti, fit savoir par l'intermédiaire de Quillard, qui accepta cette mission, que lui seul était désigné par le bureau, pour la direction du journal *Pro Armenia*. M. L..., démissionna immédiatement et remit tous ses comptes en règle à P. Quillard, puis envoya ses rapports au Congrès.

Voulant se justifier auprès de nos amis de France qui lui reprochaient sa conduite en cette circonstance, Aharonian en rejeta toute la responsabilité sur son beau-frère, Mikaël Ionnissian, disant qu'il n'avait agi que sous l'influence de celui-ci.

Sans aucune protestation, M. L... avait cédé la place. Une simple pièce attestant son activité dans l'exercice de ses fonctions, ne lui fut jamais délivrée. Mais ses amis de France, lui adressèrent à ce moment des lettres élogieuses, qui furent rendues publiques.

A la mort de P. Quillard, M. Ionnissian (Varandian) proposa la direction du journal *Pro Armenia* à M. Victor Bérard, qui accepta. A cette époque le mouvement pro-arménien s'apaisa en Europe, jusqu'à devenir indifférent à l'opinion publique.

On observait la même incohérence et les mêmes contradictions dans la politique avec la Turquie; en Transcaucasie, au Parlement russe, dans la presse, dans la propagande en Europe, la même action sans suite et sans directive !

En ce qui concerne la politique en Turquie, qu'il me soit permis de mentionner quelques faits qui démontrent à l'évidence que cette contradiction amena la stérilité de l'action.

En 1903, le Prince Sabaeddine, avec Ismaël Kemal-Bey, organisa un congrès jeune-turc libéral et fédéraliste; il proposait un ordre du jour portant sur la décentralisation de la Turquie, le respect des traités internationaux et la création d'une fédération des allogènes. Tous les amis sincères de France (Clemenceau, Pressensé) affirmèrent que cet ordre du jour était acceptable.

Il fallait, au moins provisoirement montrer à l'Europe que les Arméniens n'étaient pas intransigeants. Mais les délégués arméniens, Aharonian et Tchobanian, discutèrent pendant vingt-quatre heures, épluchant chaque mot de cet ordre du jour, et finalement le rejetèrent. Les libéraux turcs se trouvèrent désarmés pour continuer la lutte contre le régime hamidien, se heurtant à l'opposition de centralistes comme Ahmed-Riza, chef des Jeunes-Turcs.

Avant la révolution jeune-turque, Ahmed-Riza organisa un congrès à Paris, où il fit accepter son programme centraliste, avec l'appui des délégués arméniens. Cette acceptation eut des conséquences fâcheuses pour le sort de la nation arménienne. La révolution jeune-turque triomphait avec l'appui des Arméniens. Et au même moment les représentants arméniens acceptaient le service militaire obligatoire.

Tandis que le sultan Abdul-Hamid exterminait par milliers les femmes et les enfants, les Jeunes-Turcs, en recrutant les Arméniens et en les faisant entrer dans les casernes turques, contribuaient à faire disparaître la fleur de la nation.

Du reste, cette fraternité des Jeunes-Turcs avec les Arméniens devait avoir des suites plus tragiques.

Il faut cependant reconnaître que, malgré ce régime abominable, les Turcs ne persécutaient pas les diverses confessions, et laissaient toute latitude pour le développement de l'esprit national des peuples soumis. Ainsi, à Constantinople, le mouvement national arménien avait son noyau, qui, en 1862, obtenait une sorte de constitution nationale.

Il est vrai aussi qu'au point de vue des idées politiques et morales les Arméniens Russes sont supérieurs aux Arméniens Turcs, qui subissent le contact immédiat du régime corrompu hamidien, et du byzantinisme traditionnel. C'est pour cela qu'il existe une différence énorme entre la jeunesse arménienne de Russie et celle de Turquie; la première suit l'idéologie des partis politiques révolutionnaires russes; l'autre est exclusivement nationaliste, chauvine et traditionnaliste, mais dont le plus grand nombre parle bien le français.

Par patriotisme, tout Arménien traditionnaliste considère comme un devoir, à son arrivée en France, d'aller en pèlerinage devant le tombeau du roi d'Arménie Lusignan, à Saint-Denis.

Les Jeunes-Turcs, amis du progrès, ont anéanti ces représentants de l'intelligence arménienne au Parlement encore plus cruellement que ne le fit Abdul-Hamid. Que d'intellectuels ont péri en 1915! Que de médecins, pharmaciens, étudiants (en tout cent soixante-huit) arméniens empoisonnés par le sérum anti-typhique qui, non chauffé, les menait à une mort certaine! Et ce pauvre Maloumian, le meilleur publiciste arménien, qui marchait à fond avec eux, périt victime de sa confiance pendant les massacres de 1915. C'est Ahmed-Riza qui a contribué, au moins moralement, à ces terribles massacres; il verse maintenant des larmes de crocodile en disant qu'il a protesté contre ces tueries. Lui, franc-maçon positiviste, ami des grands Français, cependant reçu solennellement par le sultan, connaissait bien la mentalité de ses amis Jeunes-Turcs; et s'il a été vraiment sincère, pourquoi n'est-il pas revenu plus tôt à Paris, dans son petit appartement de la rue Monge, qu'il habitait avant la révolution jeune-turque, pour publier à nouveau son journal *Mechvered*, mais cette fois pour dénoncer ses amis Jeunes-Turcs au monde civilisé ?

m

Après l'apaisement et la réconciliation avec le pouvoir russe, les Géorgiens devinrent en quelque sorte le soutien de ce pouvoir. La jeunesse, après avoir terminé ses études secondaires, embrassait principalement la carrière administrative ou militaire; peu de professions libérales, seulement quelques agronomes.

La vie nationale et politique fut tout d'abord, comme chez les Arméniens, libérale et légale. Alors apparut Ilia Tchavtchavadzé, qui fut le représentant le plus en vue du nationalisme géorgien, et rédacteur du journal *Droeba*. Ennemi acharné de la bourgeoisie arménienne, il fut celui des Arméniens en général. C'est lui qui créa une banque foncière pour sauvegarder les propriétés de la noblesse géorgienne féodale et dans le but d'en éviter l'accaparement par les capitalistes arméniens.

Ilia Tchavtchavadzé fut un des plus intelligents Géorgiens de son époque. Les Arméniens le plaisantaient, disant que son intelligence provenait de sa mère qui était Arménienne.

Son adversaire politique était Matchabeli, lequel avait des idées certainement plus libérales, mais était moins populaire.

Lors de l'élection du directeur de la Banque foncière, où se concentrait toute la vie nationale, les deux partis en présence mesurèrent leurs forces respectives.

Les Géorgiens, n'ayant pas d'ennemis immédiats dans leur entourage, n'avaient pas à lutter pour sauvegarder leur unité. Le parti qui s'opposait nettement aux Arméniens s'appelait « nationaliste »; il avait pour chef Tchavtchavadzé. Les membres de ce parti prétendaient que les Arméniens qui, par les achats, leur enlevaient leurs terres, non seulement dépossédaient ainsi les grands propriétaires féodaux, mais faisaient aussi disparaître le territoire national des Géorgiens faisant s'effriter la population géorgienne.

Les capitaux arméniens et ceux de l'étranger représentaient un facteur puissant de la mésintelligence avec la noblesse agrarienne géorgienne et turco-tartare, et en même temps nuisait au développement de la petite bourgeoisie, qui commençait à se constituer.

Voilà la cause profonde du conflit arméno-géorgien. Les nationalistes géorgiens croyaient que l'apparition de cette bourgeoisie arménienne était un malheur national et leur mécontentement se basait sur ce raisonnement : les Arméniens sont des éléments étrangers qui ont accaparé notre capital. Ils se sont emparés de toutes les richesses de notre pays ; toutes les constructions luxueuses leur appartiennent.

Mais ces nobles Géorgiens qui vendaient leurs terres ne devenaient pas des capitalistes ; ils ne faisaient rien pour rendre ce capital productif ; ils le dépensaient et bientôt, n'étaient plus ni propriétaires, ni capitalistes, ni aristocrates agrariens, ni grands bourgeois.

Les nationalistes géorgiens prétendaient que les Arméniens faisaient ces achats, non pas individuellement, mais d'après un plan conçu d'avance pour accaparer la Géorgie et faire immigrer des grandes masses arméniennes sur ce territoire. Ainsi, les Arméniens empêchaient la réalisation de l'affranchissement géorgien.

Les nationalistes fédéralistes, de leur côté, s'en prenaient à leurs compatriotes sociaux-démocrates et les dénonçaient comme traîtres à la nation. Par conséquent, les fédéralistes représentaient les intérêts étroits de la noblesse géorgienne en état de dissolution.

ɯɯ

A ce parti a été opposé, surtout au commencement de son développement, le parti social-démocrate géorgien. En face de nationalistes représentants de la nation géorgienne, s'est dressée la social-démocratie, qui depuis longtemps jouait le rôle d'avant-garde dans toute la Transcaucasie, en proclamant bien haut les principes de solidarité et de fraternité des peuples ; le succès de cette démocratie géorgienne, au commencement de son existence, s'explique par les conditions économiques et sociales des paysans géorgiens dans la situation de servitude, et qui ne possédaient que très peu de terre, ou même pas du tout ; en outre, une nombreuse noblesse, avec ses privilèges, a créé l'état révolutionnaire et a fait naître l'esprit de révolte chez ses vassaux. C'était plutôt le

socialisme contre l'oppression de l'aristocratie agraire qui dominait, et c'est surtout en Gourie, où le manque de terre a été si
sensible, que le socialisme a trouvé son meilleur terrain d'action.

Il a abouti à des résultats assez positifs. Déjà en 1890, apparaît le journal social-démocrate *Kvalie*, sous la direction de N. Jor-
danis, et, en 1905, la propagande a été si fructueuse que les
populations ont crié : « A bas la monarchie ! » La jeunesse géorgienne possédait toutes les conditions favorables pour s'instruire
et produire une sélection intellectuelle, et, à la Douma, des représentants de la social-démocratie se sont fait remarquer, comme
Tzereteli, Tcheidze, par leur noblesse de parole et par leur attitude chevaleresque. Ils furent à un moment les héros du jour,
et ils ont suscité la sympathie, non seulement à la Douma, mais
aussi à Pétrograd et dans toute la Russie.

La démocratie géorgienne a été par conséquent puissante et
influente comme concentration des grandes masses compactes. Après
le vote de la loi agraire, cette masse a obtenu la terre ; les paysans
sont devenus des petits propriétaires agraires, et la révolution s'est
alors effectuée chez eux.

Il en est résulté que l'autorité incontestable du fondateur et du
chef de la social-démocratie, N. Jordania, a baissé graduellement.
Précédemment, cette démocratie menait une lutte acharnée, dans
la presse, contre les fédéralistes et défendait les capitalistes arméniens comme étant plus désirables que les propriétaires fonciers,
qui ne présentent aucune valeur productive, pressurent le paysan,
et mènent une existence parasitaire. Après le vote de la loi agraire, N. Jordania subit un échec, et son concurrent, Tchenkeli, fut
victorieux parce qu'il représentait le nationalisme de la petite
bourgeoisie. En d'autres termes, la noblesse géorgienne représentait l'agriculture des temps primitifs du féodalisme, tandis que
la bourgeoisie arménienne représentait, au contraire, les systèmes
modernes de la production et de l'industrie. Les tendances social-
démocrates devaient être le mot d'ordre chez les Arméniens, chez
qui la classe bourgeoise et industrielle prédominait ; mais ils adhé-
rèrent au parti agraire, tandis que les Géorgiens, les agriculteurs
surtout, s'alliaient au parti social-démocrate.

D'autre part, tous les conflits qui surgirent entre les Géorgiens
et les Arméniens, s'expliquent par la différence extrême de leur
culture économique. — En Géorgie, c'est l'aristocratie agraire qui
prédomine et qui veut jouer le rôle prépondérant, tandis que chez

les Arméniens apparaît la classe capitaliste bourgeoise qui joue le rôle dirigeant dans la vie économique du pays.

Chez les agrariens, l'idée de l'autonomie de la Géorgie, de ce fait, prit corps ; les représentants de la social-démocratie, comme Jordania, Tsereteli, se trouvaient alors dans cette alternative : ou renier le passé et s'associer à ce courant nationaliste, ou bien soutenir fermement leur programme.

La première solution a été plus séduisante et ils ont évolué à droite, en affirmant la nécessité temporaire de conclure un pacte germano-turc provisoire. Quoi qu'il en soit, le nationalisme séparatiste de la noblesse géorgienne sortit victorieux de l'épreuve. Ce fait explique les persécutions qu'eurent à subir des minorités nationales et des Arméniens. L'attitude de ces chefs socialistes envers les Arméniens paraît inconcevable après leur passé glorieux. Nous voulons croire cependant que ce n'était qu'une défaillance momentanée.

C'est le chef fondateur du parti social-démocrate géorgien qui exposa lui-même, au Conseil de Transcaucasie, son projet d'une Confédération des peuples du Caucase, avec Tiflis comme capitale.

Pour la Géorgie, il proposait comme capitale la ville de Koutaïs ; pour les Tartares, Elizavetopol, et, pour les Arméniens, Erivan ou Alexandropol.

Quoique actuellement son auteur soit le premier à ne pas l'accepter, je considère que ce projet est rationnel et qu'il est susceptible de créer un avenir stable et satisfaisant pour tous les peuples du Caucase.

✳

Chez les Tartares, pendant longtemps, la vie intellectuelle n'exista pas. Quelques jeunes gens des familles aisées faisaient leurs études secondaires, quelquefois seulement à moitié, et ensuite ils rentraient chez eux. Au point de vue politique, ils étaient le soutien sûr du régime tsariste. Au point de vue national, le mouvement venait de l'extérieur, principalement de la Turquie.

Voulant effacer l'article 62 du Traité de Berlin, le sultant Abdul-Hamid pensait que le meilleur moyen pour faire disparaître les Arméniens serait de les entourer de tous côtés par les musulmans fanatiques. Il envoyait des émissaires dans les régions tartares de la Caucasie pour propager le panislamisme. A cette organisation appartenaient des richards et des Khans, ainsi que quelques intellectuels musulmans. Elle avait à sa disposition des capitaux et des armes. Par l'intermédiaire de ces émissaires, dont le centre était Bakou, arrivaient les fonds, les ordres et les directives.

D'après les panislamistes, la Transcaucasie, qui était autrefois sous la domination des sultans, leur appartient de droit et doit, tôt ou tard, retomber sous leur domination. Pour atteindre ce but, disent les panislamistes, il faut tout d'abord affaiblir l'élément chrétien. Pour y arriver il faut commencer l'attaque des Arméniens avec le consentement du gouvernement russe. Les documents secrets saisis lors des événements de Bakou démontrent qu'on nourrissait à Constantinople le projet de pénétrer en Transcaucasie en profitant des difficultés qui pouvaient se produire en Russie. Ce projet prévoyait cette entrée du côté de Bajazet, par Nachtchivan et Karabach; on s'emparait de Bakou et on s'installait à Daghestan, où se trouve la population musulmane.

L'état-major russe savait tout cela; mais au nom de la politique du moment, un pacte fut conclu entre les deux ennemis d'hier; cette alliance fut l'objet d'encouragements parfois officiels et les partisans du panislamisme eurent le droit de déclarer dans les journaux que la sympathie mutuelle était le résultat d'une *commune origine* des deux races, unies toutes deux par un idéal commun qui les liait indissolublement.

Chez les Tartares, à côté du courant panislamique venu du dehors, s'est organisé un parti politique ayant Bakou comme centre : le parti national démocratique, qui s'appela Moussafat (Egalité) et qui d'abord travailla clandestinement. Il fusionna plus tard avec le parti des fédéralistes turcs, dont l'organe officiel était *Atchiz Soz*. Ce parti, ayant des ramifications partout et même dans la Caucasie orientale, se mêla à toutes les manifestations de la vie politique des musulmans.

Son action peut être comparée à celle du parti arménien « Drochak ». Son rôle, son influence étaient si prépondérants que, dans les élections, soit municipales, soit des partis politiques, il remportait la victoire, même en luttant contre des socialistes.

Il poursuivait un but politique nettement défini : la réalisation de l'autonomie de l'Azerbeydjan. Ce parti musulman était connu à ce moment sous le nom de groupe des Becks et des Khans, et ses représentants les plus actifs étaient des intellectuels tartares.

Ces Tartares musulmans, principalement d'origine féodale, et, par conséquent, ayant la mentalité des agrariens, avait des sympathies pour ceux-ci.

Le fractionnement de l'élite tartare en plusieurs partis n'existait pas avant la révolution, en dehors de groupes sans importance. Ces fractionnements ne portant pas le caractère de classe, ne présentaient aucune importance et, dans les questions graves, tous les courants politiques marchaient si solidairement et si liés que tous les partis d'autres nationalités considéraient les musulmans comme une unité. Ainsi, alors qu'un Géorgien, un Arménien ou un Russe ne pouvaient participer à une organisation caucasienne sans appartenir à un parti politique connu, les musulmans étaient libérés de ces conditions.

Quand la politique de russification et de nivellement inaugurée par Alexandre III battit son plein, toutes les oppressions tombèrent sur les Arméniens, dont l'activité économique et intellectuelle avait pris une extension formidable. A Tiflis, presque tout le commerce était entre leurs mains ; par l'acquisition de domaines et par la construction de bâtiments, ils étaient devenus maîtres de la ville, et le conseil municipal avait passé sous leur direction. A Bakou, l'industrie du pétrole était dans les mains des Arméniens. En province, les terres, les fermes étaient achetées par eux à la noblesse géorgienne, qui menait une vie joyeuse et non productive, dépensant l'argent sans en gagner. Bref, la grosse bourgeoisie commerciale arménienne commençait à dominer partout.

Les gouverneurs du Caucase appliquèrent, tantôt avec violence, tantôt de façon sournoise, la méthode de russification : exils, déportations, emprisonnements, tracasseries de la censure et méfaits de la police, tout a été mis en œuvre pour abattre les Arméniens et étouffer leurs aspirations nationales si légitimes. Le gouvernement russe, appliquant ce mot d'ordre classique « *Divide ut impera* », excitait les populations les unes contre les autres, les Géorgiens et les Tartares surtout contre les Arméniens. La police était recrutée parmi les musulmans, les gouverneurs parmi les Géorgiens (Nakachidzé).

Déjà en 1887, la police excitait des Tartares, à Erivan. En 1903, une tentative analogue avait échoué à Bakou avec les ouvriers russes, et à Choucha les Cosaques refusèrent de s'associer aux Tartares.

L'idée des massacres des Arméniens à Bakou, en 1905, a été suggérée, avec l'approbation de la censure, par le groupe panislamiste de Bakou. A ces massacres qui ont eu leur répercussion à Nahtchivan, Erivan, Zanguezour, etc..., les Arméniens opposèrent une résistance héroïque et acharnée. Les bandes arméniennes qui s'étaient entraînées par la préparation pour la lutte en Arménie turque, montrèrent ici, peut-être pour la première fois, leur utilité effective.

Ainsi cette politique de russification inaugurée par le gouverneur Galitzine, qui fut nommé après l'ivrogne Doundoukof-Korsakoff, en collaboration avec le rédacteur du journal *Kavkas*, M. Velitchko, dura jusqu'à la nomination de Vorontzoff-Dachkoff.

Elle a commencé d'abord par la fermeture des écoles arméniennes, malgré les privilèges accordés à l'Eglise arménienne par Nicolas 1er, en 1836. Sous prétexte que les écoles doivent passer à l'Etat russe avec le programme russe, la fermeture en a été ordonnée en 1885 et 1897. La confiscation des biens de ces écoles était consécutive à leur fermeture. En 1900, Galitzine fermait les bibliothèques et la Société arménienne d'édition, à Tiflis, ouverte en 1880, avec l'approbation du grand-duc Michel. En même temps, on appliquait toutes sortes de répressions et des persécutions, soit par l'aggravation des conditions de la censure, soit par l'intervention de complots échafaudés par des fonctionnaires vénaux et dégradés. Enfin, en 1903, avec l'approbation de Nicolas II, Galitzine décida de confisquer les biens de l'Eglise. Malgré la promesse formelle de l'ukase de Nicolas 1er de reconnaître la propriété inaliénable de l'Eglise, le Saint-Synode russe déclarait que le devoir stricte de l'Eglise orthodoxe est de chercher à s'annexer l'Eglise arménienne. Cette nouvelle mit toutes les populations arméniennes dans un état violent de fureur et de révolte, notamment à Alexandropol, à Erivan, à Ahalkalaki, à Kars, à Elizavetopol, à Tiflis, à Bakou, etc... Cette opposition des Arméniens fut mal vue en haut lieu. La nouvelle se répandit qu'on allait massacrer les Arméniens; et effectivement les massacres par les Tartares durèrent quatre jours à Bakou, en présence de la police russe, spectatrice indifférente. Quand la jeunesse arménienne armée repoussa ces attaques, et quand elle eut le dessus, le gouverneur, prince Nakachidzé, Géorgien d'origine, qui avait laissé accomplir ces massacres, invita les Arméniens à faire une procession de paix à Bakou.

Le président du Conseil, Stolypine, voyant que la population arménienne commençait à présenter un danger d'Etat sous la direction du parti dachnakiste, ordonna, vers 1909, des arrestations en masse. On emprisonna plus de cinq cents intellectuels en une seule nuit. Les plus habiles échappèrent et purent gagner l'étranger en versant une forte somme payée par les riches Arméniens. Ces sommes ne furent d'ailleurs jamais remboursées.

Au procès, la plupart nièrent leur participation au mouvement. Le Dr Ogandjanian fut un de ceux qui, au contraire, reconnurent courageusement y avoir participé.

De grands avocats russes plaidèrent leur cause. Il y eut des condamnations à la prison et des exils en Sibérie. A propos de ce procès, je dois mentionner que le rôle du général Louis Napoléon fut très correct. Les avocats des accusés arméniens m'avaient prié de m'assurer le témoignage du prince Louis qui se trouvait à Paris. Ayant appris qu'il était lié d'amitié avec M. Frédéric Masson, j'obtins de M. Ernest Lavisse un mot d'introduction. J'allai chez lui avec Victor Bérard. Il répondit qu'il était complètement acquis à la cause arménienne, et que sa déposition serait en faveur des accusés.

Le prince Louis Napoléon était, à l'époque des massacres d'Arméniens, en 1905, gouverneur d'Erivan, où il avait été envoyé pour pacifier le pays. On lui avait recommandé de ménager les Musulmans, mais lorsque le général Alikhanoff, musulman d'origine, arriva pour rétablir l'ordre, il se déclara si ouvertement du côté des organisateurs des massacres que·le prince dut lui retirer sa mission.

⁓⁓⁓

Ainsi que nous l'avons déjà dit, la noblesse était pleine de haine contre les Arméniens, qui, disait-elle, la dévalisaient et envahissaient la Géorgie. Au fond, pour les Géorgiens nationalistes, l'autonomie restait toujours le but à atteindre. Craignant l'envahissement des Arméniens, ils excitaient les Russes contre eux et les dénonçaient au gouverneur, aux gouvernants et à leur ami Vélitchko. Cependant les Géorgiens n'ont pas échappé non plus à cette russification. Il est vrai que bien peu de choses les séparaient des Russes. Leur Eglise orthodoxe ne se différenciait que par son indépendance, et le gouvernement russe l'annula par la nomination de l'exarque, qui devait remplacer le catholicos.

Déjà en 1887, au séminaire géorgien de Tiflis, où la langue et la litterature géorgienne etaient obligatoires, les ecclésiastiques russes, comme Tcheudetsky, interdisaient la langue maternelle et persécutaient les élèves. L'un d'eux, insulté par son recteur, le tua, et après cet assassinat, l'exarque Pavel prononça l'excommunication de l'Église géorgienne. Toutes les classes de la population furent indignées et le marechal de la noblesse, Dimitri Kipiani, personnalité très estimée de ses compatriotes, lui écrivit : « L'honneur de votre robe exige que vous quittiez immediatement le pays que vous méprisez ». Mais à la place de l'exarque, ce fut Kipiani qui partit exile à Stavropol, où il mourut assassiné. Au moment de son enterrement, à Tiflis, la police voulant interdire le passage du cortège par le centre de la ville, la noblesse georgienne degaina.

En 1896, on suspendit le journal *Ibéria*, parce qu'il avait publié une étude historique de l'ancienne indépendance de la Georgie.

En 1901, pendant la célébration du centenaire de la réunion de la Géorgie à la Russie, le peuple refusa de prendre part aux fêtes. En manière de protestation, seule la noblesse georgienne y assistait.

Pourtant on se montrait moins sévère pour les Géorgiens que pour les Arméniens. — « L'Arménien est l'ennemi, disait-on, tandis que le Géorgien est un ami qui tombe parfois dans l'erreur. » Mais les plus favorisés étaient certainement les Tartares ; ils étaient exemptés du service militaire obligatoire et les khans jouissaient de toutes les faveurs du gouvernement. Etant le plus sûr soutien de la réaction et du trône, ils étaient toujours prêts à remplir la plus vile besogne.

Telle a été la vie politique, nationale et révolutionnaire de la Transcaucasie.

Avec la nomination du vice-roi, Varontzoff-Dachkoff, qui suivit les traditions de la politique de son parent Varontzoff, on alla vers l'apaisement et les Arméniens commencèrent alors à respirer librement. Une sorte de réconciliation se fit avec le gouvernement russe. Quand la grande guerre a commencé, les populations l'ont acceptée avec enthousiasme. surtout les Arméniens, qui ont cru que la délivrance de leurs coreligionnaires turcs allait enfin arriver. Quelle illusion !

Ils ont fourni des soldats sur tous les fronts ; leur nombre a dé-

passé deux cent mille hommes. Dans toutes les colonies arméniennes, des hommes robustes se sont enrôlés et peut-être doit-on
à ces troupes arméniennes, à ces généraux et officiers arméniens
que l'armée russe ait pu faire des avances très sensibles en Asie-
Mineure et obligé les Turcs à se replier de plus en plus.

Mais en 1917, la révolution russe arriva avec toutes ses conséquences. Il faut reconnaître que le bolchevisme n'a pas eu, là-
bas, de prises solides, et, que, comme nous le verrons, c'est surtout parmi les soldats russes qu'il s'est manifesté.

CHAPITRE VI

Les Répercussions de la Révolution russe en Transcaucasie

Les débuts de la révolution ; Le Haut Comité Spécial ; Le Comité exécutif de Tiflis ; Le Conseil des armées du Caucase ; L'opposition au bolchevisme ; Le Commissariat de Transcaucasie ; L'influence bolcheviste sur l'armée.

L'agitation musulmane ; Les massacres de Chamhor ; Le Seyme de Transcaucasie ; La paix turco-caucasienne ; Les intérêts arméniens sont sacrifiés ; Les massacres de Bakou en mars 1918 ; Les Arméniens contre la paix de Brest-Litovsk.

La dissolution du Seyme ; Déclaration de l'indépendance géorgienne ; Fondation de la république d'Azerbeydjan ; L'Arménie indépendante ; Les Massacres de Bakou en septembre 1918.

Quand la nouvelle de la chute de l'autocratie arriva, au mois de mars 1917, tous les représentants du pouvoir de l'empire russe quittèrent la ville de Tiflis. Le gouverneur, grand-duc Nicolas, ainsi que tous les hauts dignitaires, abondonnèrent le pays en se dirigeant vers le nord de la Russie. La Caucasie est restée sans pouvoir et sans direction. Les représentants de la société n'étaient pas suffisamment organisés et trop peu préparés pour assumer la responsabilité du gouvernement local.

La révolution est arrivée d'une façon si brusque et si inattendue que la société s'est trouvée prise au dépourvu pour se mettre à la tête du pouvoir.

Cependant, la machine administrative travailla quelque temps encore automatiquement et la vie normale ne fut pas troublée. L'ordre régnait à Tiflis et dans les provinces du Caucase et aucun attentat ne fut commis.

Par la décision du gouvernement central provisoire de Pétrograd, il se constitua pour la Transcaucasie un Haut Comité Spécial composé des cinq membres de la Douma : un Russe (président), un Arménien, deux Géorgiens et un Tartare, Comité qui, ayant les pouvoirs suprêmes représentait le gouvernement provisoire dans la Caucasie. Ce comité fut accueilli très favorablement par toutes les nationalités et par tous les partis politiques ; mais il se montra bientôt impuissant pour se substituer au pouvoir de l'ancien régime, aussi bien par son inexpérience que par l'impossibilité où il se trouvait de remplacer l'ancienne administration, à la tutelle de laquelle les population indigènes étaient habituées depuis longtemps. Des signes d'anarchie ne tardèrent pas à se manifester. Cette absence de direction se faisait surtout sentir dans le Caucase oriental, où il y avait très peu d'intellectuels parmi les montagnards musulmans.

D'autre part, les organisations révolutionnaires, — les mêmes qu'en Russie après la révolution, — se développaient rapidement et, de leur propre autorité, commençaient à se mêler au travail de ce Comité suprême. Elles faisaient une forte pression pour influencer les décisions prises par ce nouveau gouvernement local. Cette influence, qui devenait prépondérante, contribuait à la création des pouvoirs multiples et, par cela, affaiblissait le mécanisme de la direction de l'Etat. Ces organisations révolutionnaires, au premier stade de la révolution, se formaient d'après le principe des distinctions de classes.

Le Comité exécutif de la ville de Tiflis, formé après la révolution et composé des représentants de toutes les organisations et de toutes les classes sociales, céda bientôt sa place au Conseil des représentants ouvriers de Tiflis, composé d'éléments plus homogènes, plus disciplinés et, par conséquent, ayant plus de force réelle.

La classe ouvrière suivit les soldats. Après leur congrès, le pays tout entier se rangea sous le couvert des organisations professionnelles. Le Conseil des armées du Caucase, qui se forma après ce congrès, était sous l'influence des socialistes révolutionnaires et, dès le commencement de ses travaux, sous la domination directe de ce parti.

Ce conseil des soldats russes du pays posa comme son but principal l'éducation politique de l'armée et l'organisation de la défense de ses intérêts professionnels, limitant ainsi les pouvoirs du général en chef, qu'elle ne laissait en somme maître que dans la conduite de la guerre. Le conseil des soldats devint en réalité le pouvoir suprême de l'armée tout entière. Quant à la classe des paysans, elle s'est organisée ensuite, après le congrès de tous les paysans, qui se tint dans une atmosphère d'orage. Ce congrès avait ceci de particulier que, pour la première fois, la jeunesse intellectuelle musulmane apparaissait comme une force organisée, force qui du reste a joué dans la suite un grand rôle.

Les partis socialistes considéraient les différents partis musulmans comme n'en formant qu'un seul. Une exception était faite pour un petit parti placé sous l'influence des social-démocrates mencheviks et qui s'appelait « Goummet ». Ce parti se tenait à part et partageait, à tous les points de vue, le programme des social-démocrates de tout le Caucase, jusqu'à la dissolution de l'Etat de Transcaucasie. Ce parti, seul parmi les musulmans, était celui qui sans équivoque exprimait l'orientation caucasienne et ne se trouvait pas sous l'hypnose turque. Pour ces motifs, toutes les décisions du congrès des paysans passèrent à la majorité des social-démocrates géorgiens et tartares. A ce congrès, tous les conseils d'ouvriers et de soldats ont pu fusionner en un centre unique, sous l'influence prédominante des social-démocrates. Sans se mêler au domaine législatif, s'en rapportant au Comité spécial de Transcaucasie, il s'est chargé de la surveillance de l'intégrité des conquêtes révolutionnaires et de l'examen des questions dans le sens de l'intérêt panrusse. Il avait cependant une influence incontestable dans toutes les élections gouvernementales, ainsi que dans le domaine des intérêts des paysans, presque tous Géorgiens, — des ouvriers et des soldats.

La marche de Korniloff vers Pétrograd, au commencement de l'automne 1917, fit la démonstration de la force de ces conseils caucasiens. Un jour, la nouvelle arriva que le centre commun des conseils d'ouvriers et de soldats de Transcaucasie avait nommé un comité révolutionnaire, disposant de pouvoirs extraordinaires, afin de prendre les mesures nécessaires contre toutes entreprises de ce genre, et que, sous ce prétexte, le comité révolutionnaire avait pris la direction des affaires du pays, sauf dans le Caucase du Nord, qui avait refusé de reconnaître son autorité. Dès ce moment, le comité spécial du gouvernement provisoire de Pétrograd représentant la Transcaucasie, avait cessé d'exister en fait. Après la révolution des bolcheviks, le centre commun de toutes les organisations du pays écarta définitivement le comité et, à sa place, constitua un pouvoir gouvernemental supérieur pour la Transcaucasie et devint indépendant de Pétrograd.

Tous les partis adhérents, sauf un petit groupement provincial, étaient d'accord pour ne pas reconnaître le régime bolchevik. Réunis en une séance solennelle, les représentants de toutes ces organisations décidèrent la non-reconnaissance du gouvernement bolchevik et fondèrent un nouveau pouvoir suprême.

Le Commissariat de Transcaucasie, qui devait être l'expression de toutes les tendances politiques et nationales, était constitué de trois Géorgiens (deux social-démocrates, un fédéraliste), trois Arméniens (deux dachnakistes, un social-démocrate), deux Russes (S.R.) et quatre Musulmans.

Par la nomination de ce Commissariat indépendant pour le pays tout entier, on évita la création d'un représentant pour les affaires extérieures, afin de faire comprendre que la Caucasie ne se séparait pas de la Russie. Dès lors, toute son activité fut consacrée à empêcher les bolcheviks de s'emparer du pouvoir. En raison de son inexpérience dans les affaires d'Etat, ce commissariat n'obtint pas de résultats au point de vue du travail constructif. En général, le bolchevisme n'eut aucun succès dans les populations transcaucasiennes. Le mot d'ordre : « Tout est au pouvoir des soviets », n'a pas été populaire, parce que ce pouvoir était déjà entre les mains de ces soi-disant soviets. Les élections pour la Constituante ont montré que les masses géorgiennes marchent avec les social-démocrates, les Arméniens sont avec les dachnakistes et les Tartares avec le parti moussafat.

Mais l'influence démoralisante des bolcheviks a touché l'armée du Caucase, qui, comptant plusieurs centaines de milliers de baïonnettes, présenta un réel danger pour l'indépendance du pouvoir de Transcaucasie. Le bolchevisme des soldats n'avait pas un caractère idéologique, mais se résumait par ce désir : « Rentrer chez soi ! ». Jusqu'au mois d'octobre, avant la révolution bolcheviste, les soldats répétaient encore qu'ils en avaient assez de faire la guerre ; et une des meilleures divisions, la 39e, avait été envoyée dans la Caucasie du Nord parce qu'elle menaçait de quitter le front.

⚬

Dès les premiers jours de l'armistice conclu par le Commissariat de Transcaucasie sur le front caucasien, les armées s'en allèrent en masse et avec précipitation. Les fournitures militaires, le matériel, évalués à plusieurs milliards, furent abandonnés sans aucun regret; les positions sur des montagnes presque inaccessibles, conquises au prix d'efforts surhumains, furent désertées, non pas sous la pression de l'ennemi, mais grâce à la propagande bolchevique, qui trouva chez les soldats fatigués un milieu favorable. Ces faits donnèrent aux Turcs l'espoir de prendre leur revanche et poussèrent les Perses à se rapprocher des Turcs. Les agitateurs turcs insinuaient chez les soldats que la Caucasie se séparait de la Russie et qu'il ne fallait plus la défendre. Les soldats, s'appuyant sur cet argument, entraient en pourparlers avec les Turcs pour leur vendre des batteries d'artillerie! Quelques troupes arméniennes, qui réoccupaient les positions abandonnées afin de défendre leur pays contre l'invasion turque, étaient considérées par les soldats avec méfiance et s'entendaient qualifier de « défenseurs de la bourgeoisie ». Grâce à l'énergie du Conseil d'armée, et aussi du Commissariat de Transcaucasie, cette évacuation des armées put être régularisée et retardée pendant quelques mois.

Les dernières troupes partirent au mois de février 1918; c'étaient des cosaques. Ce sont eux et les troupes arméniennes qui montrèrent le plus de discipline. Tout le territoire immense conquis en Arménie, les forteresses de Kars, Ardagnan, Alexandropol, furent alors abandonnées, sauf par quelques troupes arméniennes et des officiers russes. Le retour des soldats se faisait, au commencement, plus ou moins régulièrement; mais dès le mois de Janvier 1918, les obstacles surgirent. De nombreux agents turcs se répandirent dans les villages musulmans, faisant de la propagande panislamique, conseillant aux habitants de se livrer à des actions anarchiques pour préparer le terrain à l'invasion turque dans la Caucasie. Bien organisés et bien conduits, ils ont pu entraîner les Tartares d'Elizavetopol, qui sympathisaient avec les Turcs. Toute cette province d'Elizavetopol s'armait fébrilement. Dès l'été 1917, il y eut des escarmouches multiples entre les musulmans et les soldats russes et arméniens. Les pillages, les attaques, les violences se répétèrent dans tout le gouvernement l'Elizavetopol.

Au début, cela ne revêtait pas un caractère national, mais il existait toujours une méfiance et des réserves contre les Arméniens. Dans le district de Nouha, la population arménienne eut à subir une situation intolérable, due aux attaques en masse des Tartares ; et des émigrants russes de ces provinces quittèrent le pays pour la Caucasie du Nord. Les attaques continuelles des paysans musulmans se produisaient sans cesse contre les militaires russes, contre les chemins de fer, contre les dépôts d'armes. Grâce à l'intervention de « l'intelligence » musulmane, toutes ces violences n'eurent pas encore un caractère d'extrême gravité. Mais dès janvier 1918, les attaques prirent une forme violente contre les soldats russes. Le prétexte était l'envoi d'un train blindé par le conseil militaire de toutes les nationalités, pour confisquer les armes de soldats russes dans le but d'armer la division géorgienne. Après le refus des soldats de se désarmer, le commandant du train s'adressa à la population et au régiment musulman pour l'aider ; l'une et l'autre se jetèrent sur les soldats pour les désarmer. Le même fait se produisit à la station Chamhor, près d'Elizavetopol, où plus de mille soldats russes furent tués.

Le massacre de Chamhor fut le signal d'autres attaques semblables, dirigées par une main expérimentée et forte. Ces répétitions multiples d'attaques de soldats russes ont donné aux Tartares d'Elizavetopol d'immenses stoks d'armes, des mitrailleuses, des canons. Pour éviter les émeutes des paysans musulmans, à propos de la question agraire, les agrariens lancèrent ces derniers dans la lutte contre les soldats russes et les échelons arméniens. Les chemins de fer de Tiflis-Bakou devinrent à ce moment impraticables sur tout leur parcours. Les passagers étaient pillés, violentés, les stations saccagées. Les biens étaient volés. Les Arméniens étaient tous tués sur place. La participation des soldats et des officiers turcs de même que l'intervention des troupes dirigées par les intellectuels musulmans, indiquaient clairement sous quelle direction agissaient ces masses. Le Commissariat de Transcaucasie, occupé entièrement de la défense de Tiflis contre les échelons russes qui passaient, réclamant des choses extravagantes et menaçant d'accaparer le pouvoir, réagissait mollement contre ces attaques musulmanes à Elizavetopol. D'autant plus que ces attaques détournaient l'attention de l'armée russe de Tiflis, donnant ainsi au Commissariat la possibilité de conserver la direction des affaires.

Mais les menaces des soldats de se livrer à des répressions si le Commissariat ne prenait pas des mesures pour les défendre l'obligèrent à se charger du rôle d'arbitre et d'ouvrir des pourparlers avec les représentants tartares d'Elizavetopol, pour faire cesser ces attaques. Quoique les événements de Chamhor aient servi aux bolcheviks comme moyen d'exciter les soldats contre le Commissariat, ces mêmes événements ont produit une impression tellement décourageante sur les soldats, que ces derniers se sont bornés à agir sur le Commissariat, seulement par des menaces et en s'abstenant de toute intervention active contre lui, concentrant toute leur attention sur les attaques tartares. De cette manière, Tiflis a évité les excès des soldats et la prise du pouvoir par les bolcheviks.

A cette époque, vers le commencement de l'année 1918, on observe l'affermissement du pouvoir des conseils nationaux, qui ont pris naissance en automne 1917, au début de la révolution russe. La Caucasie a suffisamment démontré sa maturité politique en s'abstenant d'envoyer des ultimatums au gouvernement provisoire. Progressivement, les tendances nationales s'élargissaient en se basant sur le principe de l'autodisposition des nations. Ainsi les nationalités géorgiennes ont accaparé, à l'automne 1917, l'hôtel de l'Exarque de Tiflis, déclarant l'autocéphalie de l'Eglise géorgienne; mais ils n'ont pu créer un mouvement assez fort, pour déclencher une révolution nationale. Ces tendances nationales se sont manifestées avant tout chez les Géorgiens, qui possédaient toutes les conditions nécessaires pour les développer et les réaliser.

Si, grâce à la révolution russe, chez les voisins ayant obtenu la possibilité de terminer l'édification de leur structure nationale, on pouvait être satisfait à ce propos, chez les Arméniens, une grande discrétion pour exprimer ces sentiments était indispensable, après les massacres de 1915, qui avaient emporté les trois quarts de la population de l'Arménie. Avec l'enthousiasme de la déclaration de la guerre en 1914, où l'on espérait que le moment de l'affranchissement était arrivé, des milliers de volontaires, venant de tous les coins de la terre et même de l'Amérique, constituèrent des troupes qui sont entrées dans les armées caucasiennes avec leurs héros nationaux; en même temps, près de deux cent mille Arméniens faisaient partie des armées sur les fronts russe et occidental.

Ils ont payé aussi très chèrement leur entrain et leur concours, quand ils se sont révolté contre les Turcs. Avant 1915, dans l'attente des troupes russes, plus de huit cent mille hommes, femmes et enfants furent les victimes des massacres des Turcs. Ceux qui le purent s'enfuirent au Caucase, d'autres furent envoyés dans les camps de concentration ou en Mésopotamie. Néanmoins, l'enthousiasme russe après la révolution les encouragea, réveillant à nouveau leurs espoirs pour l'affranchissement de leur patrie.

Après la formation du Conseil de tous les partis politiques géorgiens, la nécessité pour les Arméniens de créer un organe national se fit sentir. Le bureau national, créé encore sous le gouvernement de Vorontzoff, avait pour but de concentrer les forces du peuple arménien, d'organiser des troupes volontaires qui devaient prendre une part active dans la guerre contre les Turcs. Grâce aux changements des conditions politiques, ce bureau a cessé d'exister dès le début de la révolution. Pour ce motif, le Congrès arménien était obligé d'élire un nouvel organisme suprême. L'Assemblée nationale et le Conseil national ont été appelés à jouer ce rôle. Les Arméniens de la Caucasie, affaiblis par les nombreux sacrifices en hommes et en moyens matériels consentis pour soutenir les volontaires (ils firent aussi beaucoup pour l'entretien des émigrants), se sont trouvés, après le Congrès, devant une nouvelle menace qui exigeait une forte tension de tous leurs efforts. La question du ravitaillement prit un caractère très grave dans les gouvernements d'Elizavetopol et d'Erivan; puis l'anarchie dans le pays et les attaques des bandes tartares contre les populations arméniennes sans défense devenaient de plus en plus audacieuses. Ainsi, au mois de Décembre 1917, une extermination en masse eut lieu dans les onze villages du district Nouha et des attaques isolées étaient signalées partout.

D'autre part, après le départ des armées russes, le front étant découvert, l'invasion des Turcs menaçait les Arméniens, avec toutes ses terribles conséquences. Il n'y avait pas d'espoir de reconstituer ce front pancaucasien, puisque les musulmans du Caucase sympathisaient ouvertement avec les Turcs; quant aux Géorgiens, à la demande du Conseil national arménien au Conseil géorgien au sujet de la position qu'ils pensaient prendre pour défendre le front, ils firent répondre par le président Tchenkeli, que les Géorgiens ne pouvaient donner un seul soldat, puisque les troupes géorgiennes ne voulaient pas se battre. Dans la suite, on apprit que les Géorgiens conclurent vers ce moment une entente avec les Allemands et signèrent un traité par lequel la Géorgie se mettait sous le protectorat allemand. La même entente devait se réaliser avec la Turquie, au mois de janvier 1918; mais les Géorgiens ne purent se mettre d'accord sur certains points. Cependant, le Conseil arménien ne pouvait accepter de bonne grâce l'occupation turque, et il prépara activement la défense du front, que personne ne voulait défendre.

Cet effort intense pour assurer l'existence du peuple a été une des causes qui ont empêché les Arméniens de prendre une part active dans les organisations politiques du pays formées après la révolution. Ce furent les Géorgiens qui jouèrent le rôle prépondérant. Voilà pourquoi la proposition faite à l'organisme central de la Caucasie, pour prendre des mesures contre l'invasion des Turcs dans le gouvernement d'Erivan, n'a pas eu plus de succès.

Cependant les Turcs se proposaient d'exterminer les populations et de s'emparer des points stratégiques. Les Tartares créaient des difficultés pour la mobilisation en Arménie. Cette prépondérance des Géorgiens explique aussi l'échec des Arméniens lors de la proposition du remaniement des divisions administratives de la Transcaucasie; c'était pour eux une question vitale, puisque les limites établies ralentissaient le développement normal de leur vie politique et économique.

L'épanouissement de la puissance et de l'influence des Conseils nationaux, qui ne s'est produit qu'à la fin de 1917, est en rapport direct avec l'organisation des armées après le départ des troupes russes.

Toutes ces troupes, formées de ce qui restait des cadres arméniens sous l'ancien régime, avaient besoin de l'inspiration nationale qui devait créer l'enthousiasme nécessaire pour se battre contre l'ennemi traditionnel.

D'autre part, la division de l'armée par nationalités l'a rapprochée des Conseils nationaux correspondants, dont le pouvoir fut augmenté au détriment du gouvernement central de Transcaucasie, — lequel était le gouvernement commun, — ainsi qu'au détriment du général en chef.

La formation des armées nationales a donné un prétexte aux Tartares pour demander également au gouvernement révolutionnaire l'organisation de leurs troupes, ce qui a été accordé, plutôt par principe que par nécessité.

Le nouveau régiment tartare a été le noyau de cette division qu'on a dénommée « sauvage »; mais cette formation allait lentement, à cause de l'absence des instructeurs et à cause de l'absence du désir des habitants d'entrer dans les troupes régulières. La force des événements fit que le pouvoir gouvernemental passa du Commissariat général aux Conseils nationaux, lesquels devinrent pour ainsi dire autonomes, sous la dépendance amoindrie du pouvoir central du Commissariat de la Transcaucasie.

Quand on apprit que les bolcheviks ne permettraient pas la Constituante en Russie, tous les membres élus pour y siéger décidèrent de convoquer le « Seyme » de Transcaucasie, sous les mêmes conditions électorales et les mêmes proportions entre les différents éléments politiques.

Les membres de ce Seyme se décomposaient comme suit : trente-trois Arméniens, vingt-huit Géorgiens, quarante-quatre musulmans, trois Russes et trois représentants d'autres nationalités.

Avec ce Seyme, il se produisit un changement d'opinions sur le rôle des organisations révolutionnaires et sur les inconvénients de plusieurs pouvoirs. Le rôle des Conseils nationaux allait s'effacer et disparaître avec la naissance de trois républiques. Après la convocation du Seyme, le centre politique fut transporté dans cette assemblée, ou plutôt dans ses fractions politiques. Toutes les plus importantes questions se décidaient d'après la volonté des deux fractions social-démocrate et musulmane, qui s'entendaient pour voter ensemble.

Dans la constitution de ce Seyme, il y avait un défaut qui fut la cause que le travail devint stérile. C'est que tous les hommes compétents et les travailleurs ayant un sens pratique en étaient exclus.

La première et la principale préoccupation de ce Seyme fut la discussion des propositions de paix avec la Turquie. Le Commissariat de Transcaucasie, qui avait conclu l'armistice et entamé les discussions pour le rétablissement de la paix, confia au Seyme, qui échoua également, — le soin de mener les pourparlers à bonne fin.

Après la révolution des bolcheviks et leur conclusion de la paix de Brest-Litovsk le gouvernement de Transcaucasie s'est trouvé dans une situation difficile. L'armée russe en dissolution d'un côté, l'avance des troupes turques de l'autre côté, l'accroissement de l'anarchie dans le pays et le réveil national de différents peuples de Caucasie créèrent des conditions favorables à l'opposition des Turcs, encouragés par leurs coreligionnaires caucasiens.

D'autre part, la délégation du colonel Haritonoff, qui était allée en Perse pour consulter les alliés, apporta comme réponse

qu'il était impossible de compter sur leur concours, sauf au point
de vue financier.

Pour ces raisons, quand, le 17 novembre 1917, le général en
chef des armées turques, Vehib Pacha, adressa au général en
chef des armées du Caucase, Prejevelsky, la proposition de conclure l'armistice entre la Russie et les empires centraux, ce dernier y donna son consentement, étant donné l'état d'esprit sur
tous les fronts russes.

L'action militaire a cessé le 17 décembre 1917 et, à Erzinghan, furent conclues les conditions d'armistice, d'après lesquelles les contractants se promettaient de ne pas dépasser leurs
lignes stratégiques jusqu'à la conclusion de la paix définitive,
avec cette mention que les Turcs n'avaient pas le droit d'opérer
des changements dans les groupements des armées. Cela fut fait
pour que les Turcs n'envoient pas les armées devenues libres contre
les Anglais. Le traité de Brest-Litovsk n'ayant pas été reconnu,
parce que traité bolchevik, par la Transcaucasie, il fut décidé de
se guider sur le traité d'Erzinghan.

vvv

Dans une nouvelle lettre, Vehib Pacha demandait, au nom du
commandant en chef Enver Pacha, de quelle manière il serait
possible de rétablir des rapports réguliers avec le gouvernement
du Caucase, dans le but d'établir des relations pacifiques entre
les deux pays traitants. Il promettait en même temps d'envoyer à
Tiflis, à cet effet, une délégation spéciale. Un peu plus tard,
le 15 janvier 1918, Vehib Pacha communiquait que les délégués
des empires centraux réunis à Brest-Litovsk étaient prêts à faire
tous leurs efforts pour reconnaître l'indépendance du gouvernement
de Transcaucasie, qui pouvait compter sur le succès s'il envoyait
ses délégués à Brest. Le Commissariat, solidairement avec les
représentants du centre du pays et des Conseils nationaux, répondit qu'ils voulaient être d'accord, sur la question de la paix, avec
l'opinion et avec d'autres unités autonomes de la Russie, elles
aussi intéressées dans ces questions ; ils ne pouvaient, par conséquent, donner leur réponse définitive que dans trois semaines,
tout en reconnaissant le principe de la conclusion de la paix. Cette
réponse a été inspirée par l'influence de différents milieux et notamment des Arméniens, qui pensaient que, pendant ce laps de
temps, le bolchevisme s'affaiblirait et qu'on pourrait créer un nouveau front de résistance. Par la même décision, le Commissariat

fixait la conférence pour le 1ᵉʳ février, avec la participation de l'Ukraine et de l'Union de la Russie Sud-Est, également intéressées à la conclusion de la paix.

Pour différentes raisons, ces deux formations politiques n'ont pas envoyé de délégués. A la demande de l'Union Sud-Est, pour la création du lien mutuel, le Commissariat, sous l'influence des social-démocrates, faisait attendre sa réponse. Au mois de février, la situation était telle que tout retard pour la conclusion de la paix amenait de graves conséquences. Il ne restait plus de soldats russes ; les soldats géorgiens n'allaient pas sur le front ; les musulmans empêchaient de toute manière l'envoi sur les positions des échelons arméniens ; la mobilisation, acceptée enfin par le Commissariat, mais trop tard, fit que, sur le front, il n'y avait que peu de troupes arméniennes et qu'en outre, ces dernières avaient derrière elles des éléments hostiles. Dans ces conditions, quelques représentants des Alliés, présents à Tiflis, conseillèrent de conclure la paix. Après l'échange d'avis entre toutes les organisations politiques, le Commissariat communiqua au général Vehib Pacha son consentement pour la paix, en le priant d'indiquer le lieu et la date choisis pour rencontrer ses délégués. Il laissait au Seyme le pouvoir de déterminer les conditions de cette paix. Quand le Commissariat apprit l'envoi des délégués de Constantinople, il choisit comme lieu de la rencontre Trapezound, qui était point neutre. Le 18 février, à l'unanimité, on décida d'élire, pour ces pourparlers de paix, une délégation spéciale composée de deux Arméniens, cinq Musulmans, quatre Géorgiens, sous la présidence de Tchenkeli, Géorgien.

Les principaux points du traité de paix élaborés par le Seyme étaient les suivants : rétablissement des frontières de 1914, constitution autonome de l'Arménie jusque dans les limites de l'Etat turc, ainsi que d'autres dispositions concernant les nationalités de l'Anatolie orientale. Cette nombreuse délégation s'explique par l'exigence formelle des musulmans d'envoyer aussi des représentants de toutes les nuances, afin que chacune puisse assumer sa responsabilité. Les Géorgiens ont suivi leur exemple. Les délégués musulmans, en outre, se firent accompagner par de nombreux conseillers, tous hommes influents. Ils essayèrent de convaincre les Arméniens de l'utilité de leur nombreuse délégation, afin d'inflencer leurs coreligionnaires en vue d'obtenir pour les Arméniens l'autonomie demandée.

Le départ de la délégation fut retardé par le télégramme du secrétaire de la délégation bolchevique, Karahan, qui annonça que, d'après le traité de Brest-Litovsk, Batoum, Kars et Ardaghan passaient à la Turquie. Mais la délégation du Seyme demanda les explications aux Turcs, au sujet de cette décision. Enfin les deux délégations arrivèrent le 25 février à la première conférence de Trapezound. Il. fut établi que les conditions primordiales pour continuer les pourparlers étaient la reconnaissance de l'indépendance de la Caucasie et sa séparation de la Russie, la reconnaissance de toutes les stipulations du traité de Brest, enfin que les pourparlers de Trapezound n'avaient d'autre but que la préparation des bases économiques et commerciales restées en suspens pendant les pourparlers de Brest-Litovsk,

Mais les pourparlers traînaient, du fait que les Arméniens s'opposaient à la déclaration de l'indépendance de la Caucasie, dont le but était de les isoler de la Russie et des Alliés. D'autre part, ils ne pouvaient consentir à renoncer à Kars, comme les Géorgiens à Batoum. Parmi ces délégations, on observait continuellement une lutte sourde entre les différents représentants nationaux et l'on ne pouvait arriver à réaliser une opinion unanime. Les musulmans se sentaient au milieu des leurs ; les Géorgiens espéraient conserver pour eux Batoum, grâce à la bienveillance des Turcs, qui voulaient bien faire des concessions, mais aux dépens des Arméniens. Ces derniers se trouvaient dans des conditions pénibles : en face de la situation de plus en plus désespérée du front, les Arméniens délégués recevaient des Turcs cette suggestion que le sort de leurs compatriotes restés en Turquie, au nombre de quatre cent mille, dépendait entièrement de la souplesse des Arméniens caucasiens.

Ils insistèrent à plusieurs reprises sur ce fait que, dans la Caucasie, il n'y avait que les Arméniens qui désiraient faire la guerre contre eux et, que si les représentants de l'Arménie renonçaient à la ville de Kars, la paix pourrait être signée immédiatement.

Tout cela créait pour les Arméniens une atmosphère déprimante. Ils savaient d'autre part qu'ils ne pourraient pas compter sur le secours des Alliés.

Cependant, ils retardaient le moment de faire les concessions demandées, ayant toujours l'espoir qu'un changement favorable se produirait sur le front des Alliés. Constatant l'impossibilité d'aboutir à un accord, le Seyme, à la fin du mois de mars et à la majorité des voix, concéda au président Tchenkeli des pouvoirs extraordiaires et conféra aux autres membres de la délégation la qualité de conseillers.

Grâce à ces pouvoirs, Tchenkeli céda aux Turcs sur tous les points : Batoum restait à la Transcaucasie et la délégation turque interrompit alors les conférences, donnat comme prétexte qu'elle devait correspondre avec son gouvernement.

A ce moment, les affaires de la Transcaucasie se compliquaient de plus en plus. Grâce à l'impossibilité de la défense de la ville, Erzeroum, puis d'autres points stratégiques furent pris. A la suite de ces événements, les troupes arméniennes durent quitter Sarakamich et se dirigèrent vers Kars.

Ainsi, malgré les pourparlers de paix, en outre des incursions des bandes kurdes, les armées régulières turques ne cessaient d'avancer, et la délégation transcaucasienne était mise dans l'obligation de fermer les yeux. En même temps, la population musulmane entreprit ouvertement des agressions en masse, sous la conduite d'officiers turcs. Les Adjariens occupèrent les routes de la province de Batoum. Dans le district d'Ahaltzih apparurent de nombreuses troupes, également sous la conduite d'officiers turcs.

Du côté de Kars, les Kurdes et les Tartares, après de grandes opérations militaires, prirent Ardagan et massacrèrent trois mille Arméniens. Après l'occupation de ces régions par les musulmans, le commandement se prépara à attaquer Kars avec les troupes régulières turques. Le chemin de fer Kars-Tiflis était l'objet de pillages organisés et continuels; les masses musulmanes enlevèrent soixante mitrailleuses, envoyées pour les Arméniens à Alexandropol. Les émeutiers déclaraient qu'ils consentaient à les rendre, mais à la condition que les hommes influents du gouvernement musulman donnent l'ordre de le faire. Enfin, à Bakou, se produisit une bataille sanglante entre les bolcheviks et les musulmans.

L'irritation dans la population, après le massacre des soldats russes le long du chemin de fer Tiflis-Bakou, la sympathie non déguisée des musulmans pour les Turcs, l'interdiction de l'usage du chemin de fer aux soldats arméniens rentrant du front créèrent une atmosphère d'hostilité contre les Musulmans et préparèrent un terrain favorable pour le bolchevisme.

Lorsque la cavalerie tartare arriva à Bakou et enleva par la force leurs armes aux soldats russes à Lenkoran, le Comité exécutif des soldats exigea le désarmement de ces cavaliers. Pour éviter une effusion de sang, le Conseil national arménien offrit au Comité russe bolchevik la même quantité d'armes enlevée, afin que les Musulmans puissent garder leur armement, et s'entendit en même temps avec le parti musulman, pour le désarmement de ces cavaliers.

Mais, par suite de l'intransigeance de la population musulmane, l'entente ne put se faire; il se produisit des escarmouches entre eux et les bolcheviks. Le Conseil arménien se déclara neutre et les troupes arméniennes furent consignées dans les casernes. Toutefois, une partie des Arméniens fut entraînée dans la lutte, qui se termina par la victoire des bolcheviks; trois mille Musulmans, et douze cents Arméniens et Russes périrent. D'après des témoignages émanant de personnes qui ne se mêlèrent pas à ces événements, les Arméniens prudents et raisonnables avaient pris toutes mesures utiles pour éviter une rencontre entre nationaux. Quand des Arméniens tuaient des compatriotes, c'était pour les punir de leur participation aux tueries tartares.

Voici le rapport du chef du diocèse arménien de Bakou, de l'archevêque Bagrat, sur le conflit de Bakou :

A Son Excellence le Chef de la mission
des Etats-Unis, à Bakou,

Excellence,

Selon votre désir, j'ai l'honneur de vous exposer d'une façon succincte la vérité sur les événements du mois de mars, auxquels les Musulmans donnent une interprétation qui n'est nullement l'expression de la vérité.

Se conformant aux habitudes germano-turques, qui recommandent de nier des faits bien établis et d'accuser toujours et dans tous les cas son adversaire, un grand nombre d'agents turcs s'efforcent, par la parole et par l'écrit, de provoquer dans l'opinion publique une attitude hostile aux Arméniens, en se basant sur les événements de mars.

Tous les efforts dans cette voie sont vains; ils ne peuvent être couronnés de succès, car il est très difficile d'effacer et de dénaturer les causes et le caractère essentiel de ces événements. Au mois de mars, il est reconnu qu'il y eut à Bakou une lutte armée pour la prise du pouvoir, entre les bolcheviks et le Conseil national musulman. Les Arméniens, comme conglomérat national, n'avaient aucune prétention au sujet de ce pouvoir, puisqu'il est composé, à Bakou, d'une minorité infime des leurs. Le seul désir des Arméniens était de protéger leur existence et de sauver leurs biens. Il faut dire qu'avant ces événements la plupart des Musulmans du pays contribuaient de toutes les façons aux visées politiques de la Turquie pour conquérir la Caucasie et d'autres provinces musulmanes de la Caucasie orientale.

Le parti du mouvement panislamique et panturque, dans des articles nombreux et des résolutions politiques, soutenait au début, par tous les moyens, les rapports hostiles des bolcheviks contre les puissances alliées, ainsi que leur mouvement anarchiste pour détruire l'Etat russe et provoquer la dispersion de l'armée russe. Quand l'anarchie et la ruine complètes eurent détruit le mécanisme de l'Etat russe et démoralisé l'armée, les moussafatistes, d'après le plan turc, changèrent leur tactique et se mirent à aider activement la Turquie contre toute direction russe en Transcaucasie et aussi contre les bolcheviks. Au moment où les armées ottomanes opéraient sur le front caucasien, les agents turcs et le parti moussafat travaillaient en arrière pour créer des conditions favorables à l'invasion turque. Dans ce but, ils détruisaient les rails du chemin de fer, attaquaient les garnisons militaires, auxquelles ils enlevaient leurs armes pour les distribuer aux Musulmans. Ces faits se produisirent au mois de février 1918 et quinze mille fusils, soixante-dix mitrailleuses, plus de vingt canons ont été ainsi capturés. Au même moment, ils arrêtèrent le trafic du chemin de fer sur Bakou-Elizavetopol, et empêchèrent ainsi les Arméniens de se diriger vers le front caucasien ou de rentrer chez eux. Les voyageurs arméniens étaient expulsés des wagons et massacrés. Après quelques succès dans les combats contre les troupes russes, ils devenaient de plus en plus audacieux et, ayant occupé le gouvernement d'Elizavetopol et celui de Bakou, ils se décidèrent à prendre la ville même de Bakou.

C'est pour la possession de Bakou que se sont produits les événements du mois de mars, entre le Conseil national musulman, dirigé par le parti moussafat et le pouvoir bolchevik de la ville.

Le prétexte du conflit résidait dans l'exigence du pouvoir soviétique de Bakou, qui voulait le désarmement de la division musulmane dite « Sauvage »! laquelle division avait fusillé les soldats des soviets sur le bateau « Evelina ». On ne donna pas satisfaction à cet ultimatum, et dans les différents quartiers de la ville, eurent lieu des conflits sanglants entre les troupes soviétiques, auxquelles s'associèrent les marins de la flotte de la Caspienne, les soldats du parc d'aviation, une partie des soldats arméniens, les forces armées du Conseil national musulman, où se trouvaient des officiers turcs et allemands, et aussi les askers (soldats turcs) évadés de captivité de l'île Tcherguène.

Le combat dura deux jours et se termina par la défaite des forces armées musulmanes, qui s'enfuirent et quittèrent la ville. Avec eux partirent les membres du Conseil, les notabilités turcomènes et une partie de la population. D'après les chiffres de Conseil, trois cents Russes et Arméniens, ainsi que sept cents Musulmans périrent dans cette bataille.

Ce conflit, en effet, avait pris une forme violente dans les différentes parties de la ville. Des incendies éclatèrent qui détruisirent plusieurs maisons arméniennes, le bâtiment musulman Izmailié, où se trouvait l'état-major musulman, et une partie du bazar.

La participation des soldats arméniens a été provoquée exclusivement par la conduite des Musulmans qui, ainsi que nous l'avons mentionné d'autre part, ont fermé les routes et férocement massacré les voyageurs arméniens. Les soldats arméniens des différents fronts, qui étaient groupés à Bakou sans abri et affamés, furent irrités contre le parti moussafat et la division « Sauvage »; c'est pour ce motif qu'ils s'associèrent aux bolcheviks. Tous les efforts des Arméniens de Bakou pour les retirer de la guerre civile n'eurent pas de succès. Le Conseil national arménien annonça officiellement sa neutralité absolue, ce qui provoqua l'ultimatum du pouvoir soviétique, ordonnant la dispersion des troupes arméniennes et la dissolution du Conseil national. Dans une série d'articles, le Soviet accusait le Conseil de trahir les intérêts de la Russie révolutionnaire. Pendant les conflits de mars, la population arménienne, vers le moment de la fin de la bataille, donna l'hospitalité, dans le quartier arménien, à vingt mille Musulmans; dix mille s'étaient retirés dans les établissements publics et sept mille dans des appartements privés. Tous ces Musulmans, après l'accalmie, ont été remis au Consul de Perse, qui a exprimé publiquement et officiellement des remerciements aux Arméniens, pour avoir ainsi sauvé la vie à de nombreux Musulmans.

Le chef le plus influent et le plus considérable des Tartares, l'indigène Gadji Zeinal Abdine Taguieff, qui fut sauvé par les Arméniens, déclara, dans une dépêche officielle, que les événements de mars n'avaient pas un caractère nationaliste turco-arménien.

Après avoir eu connaissance des événements de Bakou, les délégués musulmans insistèrent pour que la ville fût occupée immédiatement par les Turcs; mais ces derniers ne se décidèrent pas à le faire à ce moment.

Les conditions des délibérations de la délégation transcaucasienne devenaient de plus en plus dures et en même temps l'audace des Turcs, lesquels étaient très bien renseignés, grandissait sur tout ce qui pouvait avoir une répercussion sur les résolutions de la délégation.

Les Tartares prisonniers furent gardés par les soldats arméniens, qui ne permettaient pas aux bolcheviks d'insulter les Musulmans. D'après le témoignage du riche Taghief, les Arméniens, pendant ces jours de massacres, ont caché vingt mille Tartares et les ont ainsi sauvés de la mort. Cependant l'ultimatum du gouvernement turc fut envoyé deux fois en quarante-huit heures, pour que le gouvernement de la Transcaucasie fasse des propositions définitives. Le président Tchenkeli, avant l'expiration du délai, répondit que la délégation acceptait le traité de Brest comme base des pourparlers.

Avec l'arrivée du général en chef russe à la conférence des délégations, coïncide l'effort des Turcs pour séparer les délégués géorgiens et arméniens, avec intention de favoriser les désirs des Géorgiens. Malgré l'insistance des milieux influents de Tiflis pour garder Batoum, le président Tchenkeli, voyant que toute opposition était vouée à l'échec, en consentit l'abandon après promesse des Turcs d'offrir des conditions avantageuses aux Géorgiens.

Le 31 mai, le président de la délégation turque, Roouh Bey, fit savoir que le gouvernement ottoman, après avoir appris la reconnaissance du traité de Brest, croyait nécessaire que la Transcaucasie se déclarât indépendante ; mais, le même jour, le désaccord se manifesta avec la délégation au sujet de Batoum et de Kars, que les Turcs voulaient tout simplement annexer. Le gouvernement de Transcaucasie donna l'ordre de quitter Trapezounde, et les deux délégations s'entendirent pour que leur départ ne fût pas une rupture, mais une simple interruption de la conférence. La nuit même de leur départ, Batoum fut pris par un petit nombre de soldats turcs qui emprisonnèrent toutes les troupes géorgiennes qui s'y trouvaient.

Le délégué musulman Gadjinsky, ministre du gouvernement de Transcaucasie, déclara, au départ de sa délégation, qu'il attendait les délégués des montagnards de la Caucasie du Nord pour se rencontrer avec la délégation turque au sujet de la Confédération de la Caucasie du Nord avec la Transcaucasie. Le président Tchenkeli laissa à Trapezounde, pour la défense des intérêts géorgiens et pour rencontrer Enver Pacha, qui devait arriver le lendemain, le représentant géorgien Vachapeli ; celui-ci appartenait au groupe des Géorgiens qui avait conclu, en 1914, le traité avec la Turquie pour la séparation de la Géorgie et de la Russie.

Cet accord avait été caché aux Arméniens. Ils l'ont appris par le secrétaire de la délégation turque, qui leur proposait de faire la même chose ; mais ils repoussèrent cette proposition.

Après le retour de la délégation, il y eut une séance tumultueuse au Seyme, où la question de confiance au cabinet fut posée au sujet de la non-acceptation du traité de Brest. Les Arméniens, avec les social-démocrates géorgiens, eurent la majorité pour prolonger la guerre et rédigèrent une proclamation aux peuples.

Les délégués musulmans déclarèrent alors qu'ils n'enverraient pas de force armée contre la Turquie, en raison de considérations religieuses.

᠊᠊᠊

Après cette résolution, les milieux géorgiens hésitèrent à accepter la guerre, vue d'ailleurs sans enthousiasme par les masses. Les explications de Tchenkeli firent accepter le traité de Brest et la déclaration de l'indépendance de la Transcaucasie; il fut expliqué que cette résolution permettait des rapports diplomatiques avec les empires centraux et qu'on pouvait obtenir leur protectorat.

Pour discuter cette question, les partis arméniens convoquèrent le Congrès national à Alexandropol, ainsi que le commandant d'armée de la Transcaucasie, Lebedinsky, et le commandant du corps d'armée arménien, Nazarbegoff. En présence de la faiblesse des troupes arméniennes, le Congrès décida de permettre au gouvernement des pourparlers avec les Turcs, à la condition de garder la ville de Kars. En outre, la majorité se prononça pour la continuation de la défense active de Kars, en acceptant l'évacuation de la forteresse dans le cas d'une grande pression turque, mais avec la condition absolue et en ayant toute garantie que les Turcs ne dépasseraient pas les limites que le traité de Brest avait tracées.

En présence de la résolution des Géorgiens d'accepter les conditions turques et en raison de l'attitude menaçante des Musulmans, qui, en cas de refus, déclaraient qu'ils donneraient leur démission de membres du gouvernement et qu'ils proclameraient l'indépendance du territoire de l'Azerbeydjan, les Arméniens ne votèrent pas contre la résolution des social-démocrates géorgiens, lesquels soutenaient que l'orientation vers la Russie avait au fond un caractère réactionnaire. Ils prétendaient que la meilleure solution consistait dans la proclamation immédiate de l'indépendance politique et la création de la République fédérative de la Transcaucasie indépendante. La démission du cabinet fut acceptée et le Seyme décida de continuer les pourparlers pour la conclusion de la paix. Le Conseil national arménien, croyant néanmoins que sa séparation d'avec la Russie pouvait être encore plus dangereuse que la division de la Transcaucasie, résolut de repousser l'indépendance de la Transcaucasie. Après la formation du gouvernement, le Seyme confia à Tchenkeli le soin de faire connaître aux puissances l'indépendance transcaucasienne.

Pendant ce temps, Tchenkeli, en sa qualité de président du gouvernement, d'accord avec le ministre Guerguadzé et son aide Adichelidzé, et sans consulter ses collègues arméniens, télégraphia à Vehib Pacha sa décision de rendre Kars à la Turquie, ordonna au général Nazarbesoff de ne pas résister aux armées turques et d'accepter leurs conditions.

Les Turcs bloquèrent tout d'abord Kars; ils entrèrent ensuite précipitamment dans la forteresse, d'où sortirent les troupes arméniennes. Cette conduite de Tchenkeli souleva une protestation véhémente parmi les délégués arméniens et ceux-ci refusèrent d'entrer dans le cabinet si Tchenkeli ne démissionnait pas; enfin il fut entendu que le général Adichelidzé serait révoqué et qu'un Arménien serait nommé ministre adjoint des affaires étrangères.

m

Le 14 avril, Vehib Pacha annonçait que la Turquie reconnaissait l'indépendance et envoyait de Constantinople une nouvelle délégation avec les délégués de la Caucasie du Nord, qui s'étaient aussi déclarés indépendants.

Le 5 mai, toutes les délégations se rencontrèrent à Batoum. Batoum fut rempli des représentants des différents territoires musulmans, animés du désir de procéder à l'occupation de la Caucasie. Maintenant les Turcs, repoussant le traité de Brest, proposaient un projet de traité de paix et d'amitié qui leur rendait toute la Caucasie aux points de vue stratégique, politique et économique, et les autorisait à l'occupation de toutes les provinces arméniennes. Ce projet fut repoussé par la délégation, qui proposa comme base des pourparlers le traité de Brest. Pendant ces pourparlers préliminaires, les Turcs s'installaient solidement en Caucasie et envoyaient un officier turc auprès du général Nazarbek, avec mission de le surveiller.

Le 13 mai, le président de la délégation turque, Halil Bey, déclara verbalement à la délégation caucasienne qu'il était nécessaire d'envoyer des troupes en Perse pour contrecarrer le mouvement des troupes anglaises et occuper le Joulfa. Pour ce projet, il demanda l'utilisation des chemins de fer. Avant de répondre à cette demande, la délégation caucasienne, selon le traité de Brest, demanda à régulariser la question des frontières.

Halil Bey communiqua aux délégués, à deux heures de la nuit du 14 mai, qu'il attendait la réponse le matin du 15 mai ; mais sans attendre cette réponse, les turcs envoyèrent de nouveau un ultimatum avec l'ordre de céder immédiatement la forteresse d'Alexandropol, toutes les munitions et les biens. Cet ordre, écrit illisiblement, fit perdre du temps et le gouverneur de la forteresse, ayant demandé les ordres de son chef, ne put recevoir de réponse avant sept heures du matin. Ainsi, selon l'ultimatum il dut accepter la bataille avec les Turcs. Après avoir repoussé les forces arméniennes, les Turcs se dirigèrent sur Karaklis, où s'était engagée une bataille acharnée, livrée par sept mille Arméniens contre quinze mille Turcs. Après quatre jours de combat, les Arméniens, n'ayant plus de cartouches, durent céder.

Après Karaklis, les Turcs occupèrent Bortchala, Choulovery et se dirigèrent vers le gouvernement d'Erivan, d'où ils furent repoussés. Plus tard, on sut que l'occupation de la ville d'Alexandropol avait été résolue d'après les instructions de l'état-major allemand.

Au sujet du traité de Brest, il se manifesta des divergences de vues entre la Turquie et l'Allemagne : cette dernière acceptait le traité. Elle s'était chargée d'être non seulement l'intermédiaire entre la Transcaucasie et la Russie, mais aussi son représentant, Fonlossof, devait intervenir aux côtés de la Turquie pour accélérer les pourparlers.

Les armées turques s'approchaient de Tiflis, privée de toutes défenses et de toutes forces militaires disciplinées. La panique se répandit dans la ville. Toute la population fuyait par la route de Vladikovkaz avec les émigrés arméniens. Les Turcs voulaient proposer comme ultimatum l'acceptation de leur projet de traité d'amitié, en aggravant encore les conditions précédentes. La situation de la Transcaucasie devenait critique.

Cependant les milieux dirigeants géorgiens avaient déjà conclu, au mois de novembre 1917, au moment du Congrès géorgien, un traité qui mettait la Géorgie, au cas où elle obtiendrait son indépendance, sous le protectorat de l'Allemagne. Le président de la délégation allemande, Fonlossof, crut que le moment était arrivé pour créer cette indépendance géorgienne.

Pour éviter d'accepter l'ultimatum turc, le Conseil national géorgien décida de déclarer immédiatement l'indépendance de la

Géorgie. MM. Tchenkeli et Jordania, président du Conseil National, s'entendirent avec Fonlossof pour la signature de ce traité avec l'Allemagne. Le 15 mai 1918, Fonlossof annonça son départ, afin d'avoir de nouvelles instructions de son gouvernement à ce sujet ; et, à la séance du Seyme, le président de la fraction social-démocrate, Tzereteli, faisait ressortir, qu'en présence de la trahison des Musulmans envers l'Etat de Transcaucasie, et devant l'absence d'unité et de volonté des peuples de la Caucasie au sujet de la paix et de la guerre, il était nécessaire que la création de l'Etat indépendant de Géorgie fût réalisée.

Sur la proposition de Tzereteli, on adopta une résolution qui indiquait que, dans la question de la paix et de la guerre, de graves dissentiments avaient surgi entre les peuples créateurs de la République indépendante, et que la formation d'un seul gouvernement, ayant toute l'autorité nécessaire pour défendre l'indépendance de la Transcaucasie était impossible. Le Seyme fut dissous. Il avait duré trente-quatre jours. Immédiatement après ce Seyme, dans le même palais, une déclaration solennelle de l'indépendance géorgienne fut proclamée au milieu de l'enthousiasme général ; on promulgua un manifeste disant qu'avec le départ des armées russes, la Russie avait cessé d'exécuter les obligations dont elle s'était chargée pour la défense de la Géorgie et que, pour ces motifs, cette dernière se considérait, à l'avenir, libre de ses actes.

Le gouvernement turc, prévenu de cette dissolution de la Transcaucasie, envoya à la Géorgie un ultimatum lui ordonnant d'accepter son projet de traité d'amitié avec des conditions encore plus dures ; malgré les protestations de Tchenkeli, déclarant que cet ultimatum ne pouvait être adressé seulement à la Géorgie, puisqu'elle était devenue indépendante, le président Halil Bey n'accepta pas ces considérations et déclara que ce traité concernait également les gouvernements nationaux caucasiens.

Tchenkeli partit pour Poti, pour y assister à la Conférence nationale géorgienne. La délégation allemande à laquelle s'était joint Fonlossof, était présente. Une série de traités politiques et économiques furent conclus, à cette conférence, entre la Géorgie et l'Allemagne, entre autres la remise de tous les chemins de fer du Caucase aux mains des Allemands. Cependant Halil Bey insistait toujours sur son ultimatum et exigeait son exécution immédiate. Les Allemands conseillèrent l'acceptation au nom de la Géorgie et, en même temps, la délégation allemande arriva à Tiflis, où elle se consacra à la défense des droits politiques de la Géorgie.

A la demande du gouvernement géorgien, les armées allemandes devaient rester un mois dans le pays; elles furent saluées chaleureusement par le gouvernement géorgien et par la population. Avec l'appui des Allemands, la Géorgie fit des acquisitions territoriales aux dépens des Arméniens.

La déclaration de l'indépendance de la Géorgie se préparait déjà dès l'été 1917, lorsque la majorité du parti social-démocrate déclina le principe de la lutte de classe, consentit ensuite à faire partie du bureau de tous les partis géorgiens (nationalistes, fédéralistes), devint le plus influent chez les Géorgiens comme parti politique et eut la direction du Congrès national, au mois de novembre 1917, à Tiflis. A ce Congrès, il fut décidé d'exiger de la Constituante une autonomie complète; mais, au même moment, un traité fut conclu avec l'Allemagne pour le protectorat qu'elle devait lui garantir. Au commencement de la grande guerre, l'union se fit entre la Géorgie et les Turcs, afin que ces derniers puissent aider les Géorgiens à s'affranchir de la Russie. Au mois de février 1918, avant la séparation entre la Transcaucasie et la Russie, le Conseil national géorgien conclut un traité d'allure internationale avec l'Abhasie, en qualité de gouvernement géorgien.

Par conséquent, la déclaration de l'indépendance géorgienne paraît être le résultat d'une série ininterrompue de faits qui ont été conçus de façon à servir les buts des Géorgiens. La Géorgie a acquis des défenseurs puissants, a obtenu de l'Etat russe une immense fortune, qui dépasse deux milliards de francs, et un appareil administratif tout prêt à fonctionner, dont tous les fils se concentrent à Tiflis, ville qui fut pendant plus d'un siècle le centre administratif et stratégique, ainsi que le centre de culture de toute la Caucasie. En se préparant depuis longtemps pour cette indépendance, les Géorgiens ont pu introduire leurs hommes dans tous les établissements et, au moment de cette déclaration, la grande majorité des grands postes administratifs se trouvèrent entre leurs mains, car, sous le régime tzariste, les Géorgiens étaient en majorité des fonctionnaires.

Sur ce sujet, plusieurs mois avant la séparation de la Géorgie, en février 1918, le chef de la mission anglaise, Park, attira l'attention des dirigeants dans une conversation officielle, sur l'inconvénient de confier tous les hauts postes à des Géorgiens.

Quelques mois après cette déclaration de la Géorgie, les Tartares communiquèrent eux aussi aux puissances la déclaration de leur indépendance, sous le nom de République de l'Azerbeydjan, donnant comme raison que la Transcaucasie se fragmentait du fait de l'éloignement de la Géorgie.

᠕᠕᠕

Par rapport aux exigences présentées par les Turcs dans leur ultimatum, le Conseil national arménien envoya à Batoum une délégation pour engager des pourparlers. Sous l'influence de considérations encore mal définies, la Turquie conçut l'idée de permettre la formation de l'Arménie indépendante dans les limites du Caucase ; cependant, la délégation allemande prévenait d'une façon formelle les Arméniens que les Turcs étaient décidés à les exterminer entièrement.

Mais la Turquie mit à cette indépendance de telles conditions que le peuple arménien vit plutôt, dans cette combinaison, son plus grand malheur ; étant abandonnés, à ce moment critique, par les Géorgiens, les Arméniens furent attaqués traîtreusement par les bandes tartares alliées aux Turcs, lesquels occupaient toutes les voies de communications. D'autre part, les Arméniens reçurent pour la seconde fois, du colonel Park, l'affirmation que les Alliés ne pourraient les secourir et qu'il serait plus sage, pour sauver l'Arménie de trouver un terrain d'entente avec les Turcs. Les délégués arméniens à Batoum, ayant pris tout cela en considération, décidèrent d'accepter l'ultimatum et de signer le traité de « paix et d'amitié », le 30 mai 1918. Selon ce traité, la Turquie gardait pour elle toutes les provinces d'Arménie, sauf une bande de territoire au sud-est, au bout de ses provinces. Les Turcs consentaient à renoncer aux droits « d'établissement de l'ordre » et, en général, à ne pas se mêler aux affaires intérieures de l'Arménie.

Ce traité ne fut pas ratifié par l'Arménie.

Les délégués l'ont accepté pour ne pas abandonner ce petit territoire sans direction politique, qui n'entre pas dans les limites de la Turquie, ni dans celles de la Géorgie, ni dans celles de l'Azerbeydjan, qui est séparé du monde entier et est destiné à être exterminé. D'autre part, pour obtenir la possibilité de défendre ses droits auprès des puissances, le peuple arménien devait acquérir une individualité internationale.

Pour ce motif, le Conseil national fut dans l'obligation de déclarer l'Arménie indépendante. Le territoire qui formait la république arménienne mesurait neuf mille kilomètres carrés, était montagneux et stérile (Novo-Bajazet); les districts d'Erivan, d'Etchmiadzin et d'Alexandropol avaient une population de deux cent trente mille Arméniens, quatre-vingt mille Musulmans (dont cinq mille Kurdes), cinq mille Iésides et six mille habitants d'autres nationalités. La population arménienne de cette république était composée d'un neuvième de tous les Arméniens de la Caucasie. Il faut ajouter que ce territoire, privé de ravitaillement, abritait un grand nombre d'émigrés.

Bientôt après la conférence de Batoum, les Allemands annoncèrent officiellement une nouvelle conférence à Constantinople, à la demande de la Géorgie, qui désirait corriger le traité de Batoum.

L'objet principal de ces travaux était de statuer sur le sort de la Géorgie; l'Allemagne s'y intéressait au point de vue de son influence politique et économique, mais les délégués, réunis du 20 juin jusqu'au mois de novembre, n'ouvrirent pas la conférence.

Par un traité supplémentaire avec la Russie, l'Allemagne s'obligeait à refuser l'occupation de Bakou par la Turquie; et la Russie reprit à son tour l'engagement de reconnaître l'indépendance de la Géorgie.

Les délégués arméniens menaient des pourparlers au sujet de l'agrandissement de leur territoire et pour le retour de leurs émigrés; mais ils ne purent obtenir de résultats positifs.

A ce moment, dans le Caucase, au mois de juin 1918, les Turcs attaquèrent à l'improviste dans la direction d'Etchmiadzin, avec l'intention de s'avancer vers la ville d'Erivan; mais ils furent repoussés après un combat acharné.

Bientôt après, Enver Pacha voulut donner l'ordre d'occuper l'Arménie, prenant pour prétexte que les bandes arméniennes avaient attaqué les Turcs sur la route Djoulfa-Alexandropol; mais l'incident fut réglé par l'intervention de l'Allemagne, qui crut de son devoir de soutenir l'indépendance arménienne.

Après la chute d'Alexandropol, le chef Andranik, à la tête de ses troupes, se dirigea vers la Perse, toujours en combattant, pour s'unir avec les Anglais; mais ne trouvant pas la possibilité de les atteindre, il traversa le Nahtchivan et les montagnes pour arriver à Karabah, où il se fortifia. Il déclara dans sa proclamation qu'il déposerait les armes quand les puissances d'Europe garantiraient la vie à ses troupes et aux émigrés.

La province de Karabah se déclara provisoirement indépendante. Les Tartares exigèrent la reconnaissance de leur pouvoir dans ce pays, mais renoncèrent provisoirement à le conquérir; ils dirigèrent toutes leurs forces vers Batoum et, chemin faisant, ils pillèrent les villes de Nouha, d'Arech, de Guoktchaï, et massacrèrent des dizaines de mille d'habitants. Ceux qui s'enfuirent dans la direction du territoire de la Géorgie furent arrêtés par des soldats géorgiens, et la plupart abandonnés sans défense périrent victimes des Tartares.

Les délégués du gouvernement arménien ne purent pénétrer à Bakou pour régler le conflit entre les troupes arméniennes et les Turco-Tartares. Les Tartares, sous différents prétextes, voulaient prendre Bakou.

A Bakou, au mois d'août, sous la pression des troupes assiégées, se produisit un changement de pouvoir pour remplacer les bolcheviks, qui voulait demander du secours aux Anglais.

Les réguliers turcs entrèrent à Bakou par petits paquets, et non seulement n'empêchèrent pas le pillage ni le massacre des Arméniens, mais s'y associèrent. Ces massacres furent d'une cruauté extrême; il y eut vingt mille victimes; les femmes furent torturées et violées et les enfants furent tous tués.

Voici, à ce propos, le rapport du chef du diocèse arménien, l'archevêque Bagrat, au commandant des armées alliées:

Excellence,

En souhaitant, à l'entrée dans la ville, la bienvenue aux troupes alliées, ayant à leur tête les représentants d'Angleterre, d'Amérique et de France, je considère qu'il est de mon devoir de le faire comme représentant religieux de la population arménienne du diocèse de Bakou. Au nom de mes ouailles, au nom des tués avec férocité, des torturés, des femmes violentées, des affamés, de toutes les victimes innocentes des crimes ignobles commis, je vous prie de vous rendre compte des souffrances incroyables supportées. A la prise de la ville par les troupes turques et azerbeydjannes, jour fatal pour les Arméniens de Bakou, 2/15 septembre, une délégation pacifique, avec drapeau blanc en tête, fut envoyée à la rencontre des Turcs; la population croyait et espérait que les troupes régulières de la Turquie et

de la république d'Azerbeydjan ne permettraient pas des excès et
rétabliraient la vie normale dans la ville. En effet, la délégation,
dont faisaient partie les consuls de Danemark et de Perse, reçut les
assurances officielles du commandant de l'armée, Murcel Pacha, que
la sécurité des habitants pacifiques serait garantie et que leurs biens
seraient respectés. Cependant, dans l'après-midi du dimanche qui
suivit l'arrivée de bandes organisées et de troupes armées, des massacres en masse commencèrent et ce fut le pillage complet pendant
trois journées. On massacrait, on tuait, sans aucune distinction, tous
les Arméniens, hommes, femmes, vieillards, enfants, infirmes, malades, même les nouveau-nés. Le but évident était l'extermination
de toute la population arménienne.

D'après les renseignements sûrs autres que ceux des autorités
locales, vingt-cinq automobiles de quatre tonnes chacune durent,
pendant quatre jours, sans interruption, le jour et la nuit, enlever
les cadavres sans arriver à terminer ce travail. La plus grande partie des cadavres fut brûlée près des casernes de Salian, dans le but
d'anéantir les traces des massacres en masse. D'après des calculs
approximatifs, on pense que le nombre des Arméniens tués s'élève
à vingt-cinq mille. Des mesures sont prises pour établir le nombre
exact des victimes.

En même temps que ces massacres monstrueux, les troupes, se-
condées par les Musulmans du pays, s'employaient sans arrêt, d'une
façon systématique et comme d'après un plan tracé d'avance, au
pillage monstrueux des biens des habitants pacifiques. On enlevait,
on arrachait à tous la monnaie, les objets d'or et d'argent, tous les
bijoux On emportait de grandes quantités de marchandises prove-
nant de la manufacture, les meubles, les vêtements garnissant les
appartements; on pillait les dépôts, les magasins appartenant aux
Arméniens, le plus souvent sans même faire de distinction entre eux
et les étrangers.

Toutes les églises, les établissements de bienfaisance nationaux
furent pillés entièrement et ils furent souillés d'une façon igno-
minieuse. Les pillards et les massacreurs déclaraient ouvertement
que la ville avait été laissée à leur entière disposition pendant
trois jours.

Les massacres en masse se faisaient avec une cruauté sauvage
indescriptible.

Les bourreaux, sous les yeux des Arméniens affolés, aiguisaient
leurs couteaux; et, possédés d'un sadisme monstrueux ils énumé-
raient et décrivaient à ces malheureux toutes les tortures qu'ils
allaient leur faire subir.

A Balahani, à l'hôpital du Conseil des pétroliers de Bakou, ils
ont massacré tous les malades, tout le personnel et trois médecins
arméniens; les plus gravement malades furent traînés dehors par
les pieds.

Dans l'asile des immigrants arméniens, ils enlevèrent les enfants
et les jetèrent par les fenêtres, du quatrième étage.

Cette cruauté atteignit un tel paroxysme que les Musulmans

indigènes achetaient aux askers (soldats turcs) les prisonniers arméniens, pour les faire souffrir cruellement.

Les jeunes femmes et les garçons étaient violés en présence des
parents et des maris. Ce fut un cauchemar épouvantable : pendant
trois jours, l'armée régulière ottomane, les troupes d'Azerbeydjan,
la population civile musulmane se livrèrent au pillage et au viol.
Mais les massacres et les tueries furent principalement l'œuvre des
troupes azerbeydjannes et des Musulmans indigènes.

Après ces jours d'épouvante, les Arméniens échappés au massacre croyaient que les armées turques, arrivées en ville avec le
gouvernement d'Azerbeydjan, feraient cesser ces excès sanglants;
ils espéraient d'autant plus que, dès les premiers jours de la prise
de la ville, le chef de l'Armée ottomane et le Président du Conseil
de la République locale avaient déclaré officiellement que tous les
citoyens habitant l'Azerbeydjan, sans distinction de nationalité et
sans distinction de confessions, seraient considérés sur le même pied
d'égalité et que leur vie, leurs droits, leurs biens seraient sauve-
gardés. Mais ces promesses solennelles, ainsi que les communiqués
et les articles des journaux concernant les Arméniens, n'étaient
qu'une manœuvre diplomatique pour cacher la vérité au monde extérieur. En réalité, après ces crimes en masse, commença une campagne systématique et énergique du Gouvernement de la République d'Azerbeydjan, campagne conçue d'avance et qu'on ne peut
appeler que la politique de la vengeance sanglante, la politique
d'extermination, d'épuisement et de ruine économique complète.
Jusqu'à l'arrivée des Armées alliées en ville, les survivants de cette
population arménienne furent mis hors la loi et se trouvèrent dans
la situation des esclaves n'ayant aucun droit, comme au temps
de la barbarie.

Pour illustrer cette attitude du Gouvernement, il suffit de mentionner les faits suivants : Jusqu'au dernier moment, sans arrêt et
sans interruption, on effectuait l'arrestation en masse des Arméniens
dans les rues, dans les maisons. Les prisons, les casernes, les cir-
ques étaient pleins de milliers d'Arméniens contre lequels on n'arti-
culait aucune accusation ; et à ces prisonniers on ne donnait ni pain,
ni nourriture, malgré leurs demandes réitérées. Les représentants
du pouvoir déclarèrent : « Qu'ils meurent tous de faim ! ». Le
ministre Bebout Kahn Djewanshir, ayant visité personnellement la
prison Baïloff, le 29 octobre, dit ouvertement aux prisonniers qu'ils
étaient tous arrêtés sans qu'on ait à se préoccuper s'ils avaient ou
non des torts, et qu'il ne serait statué sur leur sort que lorsqu'il
connaîtrait à quel point ils avaient participé aux événements du
mois de mars et aux autres, c'est-à-dire à la défense du front. La
plupart des arrêtés, sous prétexte de les conduire en prison, ont été
emmenés on ne sait où et ont disparu sans laisser de traces. Ainsi
sont disparus : le président du Conseil D. Aroutinof, les ingénieurs
Amirof, G. Babaeff, K. Kalantarof, Dr Zakarian, O. Aïdiniantz,
Bachirian et beaucoup d'autres. A la suite des changements des conditions de la guerre mondiale, et en vue de l'occupation de la ville

par les troupes alliées, le Gouvernement libéra progressivement les arrêtés. Cependant, le jour d'arrivée de ces troupes il y en avait encore beaucoup qui restaient dans les prisons, parce que le Gouvernement, durant deux mois, n'avait pas eu le temps de se renseigner sur leur innocence.

Les Arméniens militaires encore emprisonnés se trouvaient dans des conditions pénibles d'arbitraire et sans défense, bien que les prisonniers militaires d'autres nationalités fussent libérés. Les militaires arméniens ont été mélangés avec les milliers d'emprisonnés civils, arrêtés partout, dans la rue et dans les maisons, et entretenus comme esclaves dans des conditions effroyables : on les a affamés, torturés et tués sans pitié; ces excès s'effectuaient avec une cruauté sauvage.

Beaucoup d'entre eux, dépouillés de leurs vêtements et de leurs chaussures par les soldats turcs, étaient obligés de se vêtir de sacs malpropres pour couvrir leur nudité et, dans cet état, pieds nus, allaient aux travaux forcés. On les mettait en rang sous les bastonnades et les tortures, on les forçait de répéter en chœur qu'ils étaient des chiens. On les attelait à des chariots surchargés et les askers les poussaient, le fouet à la main, devant les yeux des citadins. On les traitait plus durement que du bétail. Beaucoup de prisonniers malades et affamés étaient enfermés dans les cabinets d'aisance On les obligeait à en faire le nettoyage et à extraire les excréments avec leurs mains. Tous les commissariats de police étaient des lieux de bastonnade et de torture. On offrait ouvertement aux soldats turcs des garçons pour les violer. Les vieillards étaient obligés de chanter et de danser sous les coups de fouet et de bâton. A heure fixe, on réunissait tous les détenus et chacun à son tour était battu jusqu'à épuisement complet. On mettait leur tête dans des trous et sur leur corps s'asseyaient les soldats turcs. Par les bastonnades et les tortures, on forçait les innocents à avouer des crimes imaginaires. Les Arméniens intellectuels qui ont vu et subi tout cela, racontaient que les souffrances physiques étaient plus aisées à supporter que les souffrances morales qu'ils éprouvaient en entendant les cris et les plaintes des victimes.

Beaucoup de prisonniers et de détenus moururent de la faim et des tortures endurées. La plupart des survivants ressemblaient à des cadavres, d'autres, meurtris physiquement et moralement, avaient perdu tout aspect humain et étaient devenus idiots. Avant l'arrivée des troupes alliées, tous les prisonniers plus ou moins sains, près d'un millier, furent emmenés dans la direction d'Elizavetopol, malgré des protestations énergiques auprès du président du Conseil, F. Khan Hoïsky et du chef de l'armée, Murcel Pacha. Le Gouvernement renvoya les émigrés arméniens de Chemaha à leur domicile, en leur garantissant formellement toute sécurité et un traitement humain, sous le prétexte du rétablissement de leur propriété agricole. En réalité, cette sécurité et ce traitement promis se sont vite transformés en pillage et en extermination. Les femmes ont été violées et, au lieu du rétablissement de leur propriété, le Gouvernement a confisqué entièrement la récolte des raisins. Toute leur fortune, soit deux cent mille hectolitres de vin, a été vendue par le Ministère de l'Agriculture ; l'annonce de cette vente a été faite dans le journal *Kaspy* (n° 37), sous la signature du ministre Soulhanoff.

Parallèlement à toutes ces arrestations, eurent lieu des perquisitions dans les habitations, selon l'ordre du Gouvernement ; les fonctionnaires profitaient de toutes ces occasions pour piller au nom des « réquisitions ».

Des habitations abandonnées, dont les propriétaires avaient été tués ou se cachaient, ou étaient seulement absents, on enlevait ouvertement, le jour et la nuit, devant tout le monde, des cargaisons entières. On prenait tout ce qu'il y avait dans l'habitation. Le pillage s'effecua pendant deux mois sans arrêt, jusqu'à l'arrivée des Alliés. Tous les dépôts, les magasins furent pillés ; les boutiques arméniennes furent occupés par les marchands musulmans, qui vendaient les marchandises volées, cela non seulement en face de l'indifférence du pouvoir, mais même avec son consentement tacite.

A Elizavetopol, une partie de ces biens pillés se vendait aux enchères, officiellement ; et ces ventes étaient annoncées dans les journaux locaux, au nom du Gouvernement.

La valeur de tous ces objets, des biens, de l'argent extorqué, des bijoux est difficile à préciser ; mais, d'après les évaluations des hommes compétents, elle peut atteindre plus d'un milliard de roubles, d'après le cours de ce temps.

Relativement à l'industrie du pétrole de la ville de Bakou, où les Arméniens, employés et ouvriers, sont en grand nombre (plus de quinze mille personnes), le Gouvernement a adopté une politique spéciale, ayant pour but de les écarter complètement de cette industrie.

Un règlement officiel du Gouvernement prescrivait que tous les travailleurs des entreprises de pétrole qui ne se seraient pas présentés le 8 octobre seraient congédiés ; ce règlement visait les Arméniens, qui devaient se cacher en raison des persécutions. D'ailleurs, tous les agents gouvernementaux déclaraient que pas un Arménien ne serait admis dans les usines. Ceux qui avaient l'audace d'aller à Balanani ou ailleurs, pour travailler, étaient arrêtés par les Musulmans indigènes, lesquels les éconduisaient avec des menaces et souvent les tuaient.

Tous ces faits présentent une image très exacte de ces massacres et de ces pillages monstrueux, qui étaient, d'après des preuves évidentes, préméditées et exécutées avec un sang-froid inouï.

Les dirigeants turco-azerbeydjans affirmaient et affirment encore que ce régime de terreur fut la vengeance des événements de mars et de la résistance de la ville.

Cette explication caractéristique ne découvre pas la cause fondamentale et principale de ces événements.

Les émeutes sanglantes du mois de mars, qui se sont produites entre le pouvoir bolchevik et le Conseil national musulman, n'ont rien de commun avec les terreurs du mois de septembre. Au mois de mars, il s'agissait de la lutte pour le pouvoir dans la ville même, lutte qui a dégénéré en pillage. Dans cette lutte furent tués environ deux mille Musulmans et près de douze cents Russes et Arméniens. La participation des soldats arméniens a été provoquée par la trahison des Musulmans qui fermèrent toutes les routes aux Arméniens et les menacèrent. Ces soldats, groupés forcément à Bakou, sans abri, affamés et excités contre la conduite criminelle du parti Moussafat, se sont joints aux bolcheviks pour lutter contre la division « Sauvage ».

Mais les Musulmans indigènes ne peuvent pas nier que la partie instruite, intelligenté de la population arménienne de Bakou, au plus fort moment de la lutte, ait sauvé, caché, abrité, hospitalisé chez elle, à ses risques et périls, au moins vingt mille Musulmans.

D'ailleurs, avant les événements de mars, la partie consciente des Musulmans indigènes, guidée par les agents turcs, coopérait systématiquement et énergiquement aux buts politiques de la Turquie pour lui conquérir la Caucasie ; et c'est pourquoi les Arméniens, suivant une politique contraire, solidaires des Alliés, s'attirèrent cette vengeance sauvage et devinrent, en Turquie comme en Caucasie, les victimes du fanatisme barbare. Tous ces événements ont servi de prétexte pour voiler la vérité et dissimuler la cause fondamentale de l'hostilité et de l'animosité turco-arménienne. Les horreurs de Bakou sont un des épisodes de la guerre mondiale, un des actes de la tragédie qui règne depuis des siècles chez le peuple arménien chrétien...

CHAPITRE VII

Les Nouvelles Républiques de Transcaucasie

La population géorgienne ; La ruine de la noblesse féodale ; Le différend arméno-géorgien ; Les social-démocrates contre les nationalistes ; La question de Batoum.

Les Turco-Tartares ; La noblesse conservatrice ; Les capitalistes de Bakou ; Musulmans et bolcheviks.

Les Arméniens ; Chez eux, la bourgeoisie est classe dominante ; L'Internationalisation du transit transcaucasien.

Nous venons de voir que la Géorgie, trouvant le moment favorable pour la réalisation de ses ambitions historiques, a proclamé son indépendance en instituant le régime de la République.

Par cet acte solennel, elle s'est affranchie définitivement de la domination russe, sous quelque forme que ce soit, et nous verrons dans la suite qu'à aucun prix elle ne veut, une fois sortie de ses griffes, retomber sous le joug de la Russie, contre-révolutionnaire ou révolutionnaire. Elle luttera de toutes ses forces contre le rétablissement des droits suzerains de la Russie. En acceptant le protectorat allemand ou de tout autre pays occidental, elle veut reconquérir son hégémonie en Transcaucasie comme nation chrétienne, avec ses frontières anciennes, et prendre comme autrefois les Arméniens sous son bienveillant protectorat. Elle arrêterait ceux-ci dans leurs tentatives envahissantes en Géorgie et limiterait leurs appétits de l'autonomie nationale. En restant dans des termes amicaux avec l'Azerbeydjan, *alter ego* de la Turquie, elle verrait dans ces conditions son avenir assuré et son idéal réalisé.

D'autre part, du fait de la victoire des Alliés, la Turquie a vu échouer ses aspirations conquérantes en Transcaucasie, et elle a remis ses projets à un moment plus opportun.

Toutefois elle a poussé ses coreligionnaires à se déclarer indépendants pour former la République d'Azerbeydjan, et cela dans le but de garder un pied dans ce pays afin de réaliser sa conquête, soit par la pénétration pacifique, soit par une action militaire.

Il restait, dans ce jeu diplomatique, les Arméniens, épuisés par la guerre, par les privations, par les massacres, isolés comme dans une île, séparés du monde qui pouvait venir à leur secours.

Ils se sont trouvés également dans l'obligation d'instituer la République.

Mais après la proclamation de ces trois républiques, des divergences ayant surgi au sujet de la délimitation des frontières, les sentiments guerriers se réveillèrent. Les Géorgiens voulaient rétablir leurs anciennes frontières historiques ; les Tartares prétendaient s'emparer des territoires habités par leurs coreligionnaires, voulant ainsi créer une communication directe avec leur mère-patrie.

Les Arméniens, mécontents du petit territoire qui leur avait été attribué, songeaient à l'agrandir dans ses conditions ethnographiques et géographiques naturelles, bien qu'ils n'eussent ni droit historiques, ni la force pour imposer leur revendication.

Pour mieux faire comprendre l'origine de ces conflits, je dirai quelques mots sur l'état politique et social de ces trois Républiques.

m

La Géorgie se présentait, après l'armistice de la Transcaucasie, de la manière suivante :

Sur un territoire de 210.000 kilomètres carrés, on comptait, d'après les statistiques de 1897, une population de 7 millions d'âmes, dont 2 millions 650.000 Musulmans, 1.825.000 Arméniens, et 1.750.000 Géorgiens, y compris 150.000 géorgiens musulmans, et 900.000 d'autres nationalités.

Autrefois, avant la conquête russe, les Arméniens et les Géorgiens vivaient en bons termes, et même les Arméniens de Gouri et de Souram s'étaient assimilés aux Géorgiens ; mais, depuis, ces rapports amicaux sont devenus nettement hostiles.

La cause principale réside dans les conditions sociales et économiques. Nulle part, en Asie et en Europe, la noblesse féodale n'était aussi nombreuse qu'en Géorgie (5,26 0/0), tandis qu'elle n'était chez les Tartares que de 2,61 0/0, et chez les Arméniens seulement de 0,83 0/0, ce qui donne un total de 170.267 nobles

en Transcaucasie. Les Géorgiens en comptent 70.972 (41,33 0/0),
les Tartares 46.996 (27,50 0/0) et les Arméniens 9.318 (5,46
pour cent).

La noblesse géorgienne était donc huit fois plus nombreuse
que la noblesse arménienne. Aussi le nombre de fonctionnaires
est-il trois fois plus nombreux : 13.860 Géorgiens et 4.660 Arméniens. Les proportions sont inverses si on compare les rapports
suivants de la bourgeoisie, d'après Ichhanian :

	CIVILS	COMMERÇANTS	BOURGEOIS
Arméniens	6.468 (0,57 %)	2.283 (0,53 %)	123.213 (11,02 %)
Géorgiens	2.749 (0,20 %)	1.001 (0,17 %)	47.768 (3,54 %)

La noblesse géorgienne est huit fois plus nombreuse, et la
bourgeoisie arménienne l'est trois fois. Quant aux paysans, on
compte 878.186 (78,54 0/0) Arméniens et 1.180.276 (87,40 0/0)
Géorgiens.

Mais, malgré le nombre, la masse passive des paysans n'a
aucune influence décisive, ni active sur la marche de la vie nationale et politique.

Chez les Géorgiens domine le féodalisme moyenageux, qui
donne toute l'impulsion à la vie sociale et nationale, comme, chez
les Arméniens, la bourgeoisie avec les représentants du clergé
national. La première est basée sur la technique primitive et pa-
triarcale, la seconde sur la technique de l'industrie moderne. Dans
cette classe de gentilshommes, apparaît parmi les plus pauvres
un mouvement vers le prolétariat, alors que les riches représentants
de l'aristocratie agraire prétendent avoir le rôle dominant dans
la vie politique et nationale chez les Géorgiens.

Cette aristocratie, à cause des forces primitives de culture et
à cause de l'exigence de la vie, passe par une crise agraire ;
cette crise mène vers la faillite, et le seul salut, c'est de trouver
des ressources dans une banque foncière, ou chez un capitaliste.
Le noble se transforme en simple rentier, tandis que le capitaliste devient de plus en plus propriétaire.

Si ce noble engageait l'argent reçu dans une entreprise industrielle, il pourrait, lui aussi, devenir capitaliste ; mais malheureusement il dépense, il dilapide son capital. Ainsi le nouveau prolétariat géorgien se disperse, la noblesse se ruine, et tous deux
disparaissent, comme classe, comme influence.

La bourgeoisie arménienne, par ses entreprises industrielles et financières, monte vers la classe des capitalistes, et, avec les capitaux étrangers qui affluent en Caucasie, elle opprime la petite bourgeoisie ainsi que les prolétaires bourgeois géorgiens. Alors il se produit ce fait indéniable que la couche supérieure de la noblesse tombe, et que la couche inférieure ne peut pas faire de concurrence.

Les représentants de l'opinion publique géorgienne, voyant cette dissolution de la classe dominante de la noblesse féodale comme un malheur national, déclarent la guerre à tous les facteurs du développement de l'industrie et du capital.

Tout ce mécontentement tombe sur les Arméniens et sur leurs capitalistes qui, d'après eux, ont accaparé toutes les richesses du pays; et, ainsi que je l'ai déjà signalé, il s'est formé depuis longtemps un courant antiarménien, comme il existe dans d'autres pays un courant antisémite.

Les nationalistes géorgiens proposent même que toutes les sommes attribuées aux projets universitaires de développement intellectuel ou artistique soient consacrées aux intérêts immédiats de la noblesse géorgienne. D'autre part, cette participation du capital arménien à la richesse de la Géorgie provoque chez les Géorgiens la crainte que les Arméniens accaparent toute la Géorgie comme territoire, et ne laissent rien aux Géorgiens eux-mêmes. Persuadés que les Arméniens empêchent la réalisation de leurs revendications nationales, ils prêchent la mort de la ploutocratie arménienne. Si on leur dit que rien ne sera changé, que le capital étranger viendra et emportera les produits dans son pays, tandis que l'Arménien l'y laissera et développera le pays, ils répondent : « Nous préférons quand même un étranger à un Arménien, parce que notre autonomie nationale pourrait être réalisée avec les étrangers, mais pas avec les Arméniens ».

Voilà les causes fondamentales de l'animosité contre les Arméniens de ce parti de la noblesse, de ce parti fédéraliste ou, comme on l'appelle encore, national-démocrate.

A côté de ces considérations économiques, il y a aussi d'autres causes politiques. La Géorgie n'a jamais abandonné son idéal d'autonomie et l'espoir de son indépendance nationale, en reprenant tout le territoire qu'elle occupait autrefois quand elle était le seul royaume chrétien en Caucasie. Maintenant ces provinces

sont occupées par les Arméniens ; par conséquent il faut les réoc-
cuper. Avec cette idée fixe de reprendre son ancienne situation
politique et son hégémonie en Caucasie, le parti national-démocrate est prêt à faire toutes les alliances possibles pour arriver
au but.

La social-démocratie était un élément important pour mettre
sur une voie rationnelle ces revendications conservatrices et irréalisables ; mais elle n'a pu jouer ce rôle salutaire. Comme nous
l'avons vu, elle est entrée dans la coalition des partis politiques
géorgiens, où elle s'est trouvée en minorité. A la suite du décret
agraire dans le Seyme de Transcaucasie, le 7 mars 1918, décret
qui mettait à la disposition des paysans la terre des grands propriétaires, son existence politique n'avait plus de raison d'être.

La Révolution agraire a été faite, les paysans sont devenus
des propriétaires. La social-démocratie ne pouvait représenter le
parti des prolétaires, puisque le prolétariat industriel n'existe pas
en Géorgie. Il faut reconnaître que les social-démocrates ont lutté
contre le nationalisme de la noblesse géorgienne et qu'autrefois
ils prenaient la défense des capitalistes arméniens plutôt que celle
des étrangers ou des propriétaires fonciers géorgiens, qui ne présentent aucune valeur productive et qui exploitent le paysan pour
assurer leur existence de parasites. Quand les paysans sont devenus des petits bourgeois, les social-démocrates ont cessé d'être
des social-démocrates. Ils ont été vaincus par le nationalisme de
la petite bourgeoisie, dont le représentant était non Noï Jordania,
mais Tchenkeli, auquel Jordania disait un jour : « Etes-vous le
membre d'un parti politique ou appartenez-vous à une bande
d'aventuriers ? »

Les social-démocrates étaient contre l'indépendance de la Géorgie jusqu'au vote reçu des provinces géorgiennes ; 90 0/0 de leur
parti ont approuvé cette indépendance. Il restait à Jordania,
Tzereteli et autres : ou à se débarrasser de leur programme
pour se mettre à la tête du mouvement séparatiste, ou à ne pas
trahir leurs idées. Ils ont préféré la première solution, qui leur
a paru plus séduisante.

L'attitude prise par le gouvernement social-démocrate à l'en-
contre des Arméniens, lorsque l'Arménie a été enfermée dans
la province d'Erivan et entourée par des troupes turques, fut vraiment regrettable.

Ils ont accaparé tout le trésor que l'Etat russe avait laissé, près de deux milliards, et n'ont donné que vingt millions à l'Arménie. Ils se sont emparés de tous les chemins de fer et ont déclaré la guerre douanière à leurs voisins. A ce moment, être Arménien était considéré comme un crime. Les mêmes violences, les offenses, les arrestations, les expulsions se pratiquaient comme elles s'étaient pratiquées à Bakou. Ils remplacèrent leurs amis politiques d'autrefois, par leurs nouveaux alliés politiques, le moussafat d'Azerbeydjan, le parti des idéologues panislamistes et pantouraniens.

Dans le camp de Nourri Pacha, au moment des massacres de Bakou, se trouvait le général géorgien Maghaloff, lequel a été félicité par la presse officielle d'Adzerbeydjan pour sa conduite exemplaire ; et ce même général Maghaloff devint le chef de la Délégation officielle du gouvernement géorgien, chargée de conclure la Convention commerciale à Bakou.

En mai 1918, quatre-vingt mille Arméniens d'Ahalkalaki, fuyant les persécutions turques, furent arrêtés par les troupes géorgiennes, qui les empêchèrent de pénétrer sur le territoire géorgien. Restant sans abri dans les montagnes et supportant des privations de toutes sortes, trente mille des leurs périrent de misère et de la famine.

Bientôt après, quinze mille Arméniens, femmes et enfants, de Noukha et de Chemakha, fuyant les massacres, arrivèrent au village Lagodekhi, en Kahétie. Les troupes géorgiennes les chassèrent dans la direction des bandes turques, qui les anéantirent.

Je sais très bien qu'en Orient il faut être prudent et contrôler l'authenticité des faits. Mais ceux que je rapporte sont trop précis pour qu'il soit permis d'en douter.

⁓

Les dirigeants de la Géorgie poursuivaient la réalisation de leur rêve, qui, contre leur attente, se rapprochait plus vite qu'ils ne croyaient, puisque les événements favorables se précipitaient. Ils disaient que le moment était venu de créer la grande Géorgie, celle qui existait avant la conquête russe et même avant l'occupation turque, au XVIIIᵉ siècle ; et ils se pressaient de profiter du moment propice pour rétablir l'intégrité du territoire. Alexandre Iᵉʳ ne leur avait-il pas assuré par traité tout le territoire du royaume de Géorgie ? C'était donc le moment, estimaient-ils, de rentrer dans les limites tracées par ce traité. D'autant plus que les Arméniens, à cette époque, n'ayant aucune indépendance, étaient plutôt sous leur protectorat ; ils les défendaient alors contre les invasions turques et maintenant ils voulaient, disaient-ils, leur assurer la même protection contre les musulmans ; mais pour tenir ses promesses il fallait d'abord que la Géorgie reprenne toutes ses anciennes provinces.

Voici, à titre documentaire, la convention passée entre l'empereur Alexandre Ier et le roi Eracleus, de Kartalenie et de Kahétie, au sujet du protectorat de ces possessions et la reconnaissance de pouvoir suprême des empereurs russes sur les rois susnommés.

Ce traité est l'œuvre du comte Bezborodko (D. XXII, 1783).

Article 2. — Sa Majesté, accédant au désir exprimé par Son Excellence, promet et donne l'assurance, par sa parole impériale, pour lui-même et ses successeurs, que la bienveillance et la protection de la Russie ne seront jamais aliénables. Sa Majesté donne à Son Excellence le Roi Eracleu Teymourazovitch sa garantie impériale pour la sauvegarde de l'intégrité de ses possessions actuelles, avec promesse d'étendre cette garantie sur telles possessions qui, avec le temps et les circonstances, pourront être acquises et ratifiées d'une façon définitive.

Au point de vue juridique et historique, ce paragraphe n'a plus aucune valeur. Ce traité a été conclu avec le roi de Kartalinie, tandis que le gouvernement actuel représente la Mingrélie (la Géorgie Ouest), qui est tout à fait différente, ainsi que nous l'avons vu dans les chapitres précédents. D'autre part, ce traité a été conclu entre le suzerain et son vassal, ce qui lui enlève toute valeur internationale. Mais qu'importe ! Tous les moyens sont bons pour réaliser la grande Géorgie. Est-ce que le traité conclu par le comité pour la libération de la Géorgie, en 1914, avec la Turquie, et dont nous avons déjà parlé, — ne stipule pas que celle-ci doit reconnaître le droit incontestable des Géorgiens sur le territoire *réel historique ?* Mais un traité conclu par un comité n'est pas obligatoire pour un gouvernement et pour les autres nations.

Si ces considérations n'ont pas de valeur, il est évident que les nationalistes géorgiens étaient conséquents avec leurs tendances pour raisonner de cette manière. N'avons-nous pas eu, après l'armistice, dans l'Europe centrale, des discussions territoriales qui avaient les mêmes fondements historiques ?

Comment les Arméniens pouvaient-ils prétendre posséder ces territoires, puisqu'ils ne leur appartenaient pas ? Voilà le raisonnement et la mentalité des nationalistes, des impérialistes. D'autant plus qu'ils se sentaient forts de l'appui que l'Allemagne donnait à la Géorgie. Il existe un autre point de vue, rationnel et juste et qui a été admis par les deux parties contractantes, arménienne et géorgienne ; le territoire de la Caucasie, après la chute de la Russie, sera partagé selon le principe ethnique. Ce principe a été adopté à la Conférence du parti révolutionnaire des socialistes fédéralistes géorgiens et reconnu par tous les partis et les Arméniens. Le principe a été également adopté au Conseil préparatif pour la Constituante, à Pétrograd, l'été de 1917, sous la présidence de M. Avaloff, dont les tendances sont nationalistes-fédéralistes, ainsi que par le Comité spécial de Transcaucasie, sous la présidence de Jordania, ensuite par une grande Conférence, le 15 août 1917, sous la présidence de Tchenkeli, et confirmé par les déclarations verbales des dirigeants géorgiens, au mois de juin 1918. Par conséquent cette question du principe ethnique et non administratif a été maintes fois discutée.

J'ai déjà signalé que la décision administrative des gouverneurs russes a été arbitraire et ne correspond nullement aux conditions orographiques ou ethnographiques ; par conséquent, les anciennes frontières ne pouvaient servir comme indication des nouvelles. Ainsi la bureaucratie russe a mélangé les provinces arméniennes limitrophes avec l'Azerbeydjan et la Géorgie.

Ainsi les provinces orientales de Karabah étaient ajoutées aux districts musulmans d'Elizavetopol et les districts arméniens Bortchala et Ahalkalaki étaient inclus dans le gouvernement de Tiflis. A l'ouest du gouvernement d'Erivan, dans la province de Kars, il y avait les deux districts arméniens de Kars et de Kaghizman ; il n'y en avait qu'un seul à Erivan, qui contenait un quart de la population arménienne. Dans ces districts discutés, la population est en majorité arménienne, comme dans le district Ahalkalaki Boftchala et dans la partie méridionale du district Karach, où il y a deux cent soixante mille Arméniens, sept mille Géorgiens et trente mille ressortissants d'autres nationalités. Si on en juge d'après cette division arbitraire, il n'y a presque pas de majorité avec une population compacte arménienne ; au contraire, si on ne prend pas cette division en considération, cette majorité est visible.

***

Les Géorgiens pensaient que les conditions favorables pour leurs extensions territoriales se produiraient plus tôt, car ils escomptaient l'appui des Allemands avant l'armistice, ne supposant pas que les Alliés allaient gagner la guerre. Ils voulurent profiter de cette situation. La politique qui les guidait consistait dans la création de l'ancienne grande Géorgie avec l'Azerbeydjan et l'alliance turque ; sous le protectorat allemand, les nationalistes-démocrates ont relevé la tête ; les autres partis, le cœur serré, ont suivi comme, dans des circonstances contraires, ce seront sans doute les social-démocrates qui se lèveront et les autres qui les suivront pour arriver au but final ; parce que tout le monde tombe d'accord quand il s'agit de l'indépendance de la Géorgie.

Voilà la véritable origine du conflit arméno-géorgien, qui allait dégénérer en conflagration et qui me rappelle ces petites guerres qui amusent le public dans les opéras bouffes.

Il faut bien constater qu'entre Géorgiens il n'y a pas d'unité en ce moment, ni nationale, ni politique. Ils sont très divisés, mais, pour leur indépendance, ils se retrouvent unis. Ils savent que le moment est venu pour la réalisation de leur souveraineté nationale et ils se font des concessions mutuelles dans l'intérêt de cet idéal.

En réalité, ils ne présentent pas une masse compacte uniforme, mais un conglomérat de partis opposés, lié par l'origine commune et les tendances nationales.

Deux grands groupes se dessinent chez eux. Les Géorgiens d'Est, les Kataliniens et les Kahétiens, dont les rois représentaient la Géorgie autrefois (600.000), et les Géorgiens d'Ouest, des Imérétiens, Mingréliens Gouriens et Souanes (700.000). Ensuite viennent : Adjariens (250.000), Arméniens (580.000), Ossets (80.000), Adhaziens (70.000), Tartares (60.000) actuellement, et les Russes (150.000 nombre approximatif).

Les Géorgiens orientaux et occidentaux s'entendent devant les questions internationales ; les Adjariens, qui habitent la province de Batoum, se montrent opposés à la Géorgie et à ses revendications. Avec les sympathies des Adjariens, la possession de Batoum pourrait être assurée à la Géorgie ; c'est pour ce motif que le gouvernement géorgien emploie tous les moyens pour faire une propagande active au milieu d'eux. Cependant, malgré tous ses efforts et l'énergie des agents géorgiens, le seul résultat de cette agitation a consisté dans l'envoi à Tiflis de la délégation adjarienne, qui a donné l'assurance de la loyauté de son peuple. Cette délégation ne paraissait pas être l'expression des tendances de tout le peuple adjarien; elle représentait plutôt les intérêts d'une partie des propriétaires adjariens. Leurs véritables dispositions peuvent être jugées par ce fait que leurs troupes volontaires constituaient le principal contingent des armées turques qui ont combattu contre les Géorgiens en 1918. Les autres, d'origine non géorgienne, comme les Abhaziens et les Ossets, sont trop peu nombreux pour pouvoir résister aux exigences des Géorgiens; l'Abhazie, malgré des protestations perpétuelles et de sourdes colères, a été incluse dans le domaine géorgien, comme une unité autonome. Les Ossets, qui habitent le district de Gori, lequel présente la partie naturelle et inséparable de l'Ossetie des montagnes, furent soumis par les armes après de vaines tentatives de résistance. Quant aux rapports avec les Russes, ils ne sont d'aucun intérêt pour les Géorgiens, puisque les Russes, quoique étant en nombre considérable, sont diminués et continuent à diminuer. Dans leur majorité, ils ne sont liés avec le Caucase ni par leur origine, ni par les propriétés foncières. La diminution de leur nombre a été favorisée par le décret du gouvernement de Tiflis, tendant à décongestionner la ville, et par l'expulsion hors des frontières de la Géorgie de tous les anciens officiers russes.

Ainsi que nous l'avons vu, la noblesse des Turco-Tartares en Transcaucasie occupe la seconde place, venant après la noblesse géorgienne (45,32 0/0 Géorgiens, 30 0/0 Tartares, et 5,90 pour cent Arméniens). Elle occupe trois gouvernements, ceux d'Elizavetopol, de Bakou et d'Erivan. Le plus grand nombre se trouve dans la province d'Elizavetopol (50,85 0/0); à Bakou ils sont 26,55 0/0 et à Erivan 12,68 0/0. La population forme dans ces trois gouvernements 97 0/0 (Elizavetopol 36 0/0, Bakou 33 0/0 et Erivan 22 0/0). Il faut remarquer que cette noblesse occupe les campagnes de ces gouvernements: ainsi, dans les villes, il y a 24,21 0/0 Tartares de cette classe et 43,40 0/0 Arméniens. Cet élément par ses conceptions a été toujours le soutien du régime tzariste, c'est-à-dire conservateur, et la prolétarisation se produisit dans des proportions beaucoup moins grandes que chez les Géorgiens.

D'autre part, cette classe, habitant en grande partie les villages et la campagne, mène une vie peu cultivée, n'a que des besoins très limités, se rapproche beaucoup des paysans et, par conséquent, ne subit pas de crise matérielle, comme cela s'observe chez les Géorgiens. Ces grands capitalistes sont nombreux chez les Tartares, surtout à Bakou. Bien qu'ils n'aient que fort peu participé aux entreprises industrielles, ils ont cependant conservé entre leurs mains la moyenne et la petite industrie, ainsi que la plupart des richesses immobilières de la ville. Les Tartares fortunés achètent eux-mêmes les propriétés de leurs coreligionnaires qui font faillite, et, de cette manière, un Tartare en remplaçant un autre, la classe noble ne se disperse pas, comme cela se produit chez les Géorgiens.

Cette classe privilégiée, vivant auprès des paysans, soutient et renforce son autorité dans leur milieu, tandis que les propriétaires géorgiens, enlevés à la terre, passent leur vie dans les villes.

A côté du panislamisme, s'est réveillé le nationalisme musulman, sous l'influence de la révolution.

Le Conseil musulman de toutes les Russies, élu au Congrès qui réunissait mille membres, représentant trente millions de Musulmans, à Moscou, en 1917, a posé comme principe la libre disposition des peuples, qui est devenu le mot d'ordre dans tous les comités musulmans; et, au mois de juin 1917, ce conseil a demandé son admission dans le Congrès des soviets de soldats et d'ouvriers russes.

D'abord refusé comme non socialiste, il a insisté et a été admis; mais on lui a refusé la participation dans le Comité central des ouvriers et des soldats, parce qu'il représentait les grands propriétaires musulmans et la bourgeoisie, ayant comme trait d'union la religion et dont les tendances étaient extrêmement réactionnaires. Leur intention de pénétrer dans les organisations démocratiques russes a été motivée non par le sentiment démocratique, mais plutôt par le désir de se lier plus solidement avec ces éléments démocratiques, afin que le courant de la lutte des classes ne se répande pas chez eux. Le même fait se produisit à Tiflis, au moment de la constitution du Comité de la Transcaucasie, où ils émirent la prétention qu'étant la majorité de la population, leur influence devait être prépondérante.

Le 5 novembre 1917, se tint le Congrès musulman caucasien, avec quarante-cinq députés; le but de ce Congrès était de créer une armée musulmane unie et nationalisée. Et le pouvoir central se décida à leur accorder cette armée, dont le but était de soutenir la politique nationale séparatiste.

Le parti Moussafat — dont nous avons parlé — affichait sous l'étendard du radicalisme des principes démocratiques au moment de cette révolution, avec des tendances socialistes; mais la publicité de ces principes était nécessaire pour avoir la possibilité d'agir sur les masses. Partant du même raisonnement, ce parti, qui était essentiellement constitué d'agrariens et de bourgeois, tenait à conserver de bons rapports avec les bolcheviks, jusqu'à ce point, que, pour les défendre, ils attaquaient les mencheviks et les dachnakistes.

Ils firent une révolution en faveur des bolcheviks, disant qu'il était blâmable de créer des conflits dans la démocratie de Bakou, au prix de la suppression du bolchevisme. Au mois de janvier 1918, leur parti s'associa aux bolchevistes, pour la dissolution de la Constituante, contre les mencheviks et les dachnakistes.

Le premier mars 1918, le parti moussafat manifesta encore son approbation de la politique de Lénine et de la paix de Brest-Litovsk. Une série de faits de cette nature nous amène à nous demander quel lien pouvait exister entre les bolcheviks et ce parti nationaliste des becks, animé d'opinions contre-révolutionnaires. Il faut en chercher l'explication dans les tendances des bolcheviks à appliquer les principes de l'auto-disposition des peuples, qui permettait d'accélérer la désagrégation des divers éléments de la Russie : les bolcheviks se présentaient comme les éléments favorables à la dissolution de la Russie, en tant qu'Etat constitué, et, par conséquent, facile à conquérir par ses ennemis héréditaires, les Turcs.

Les Musulmans de la Transcaucasie n'étaient que l'avant-garde de la Turquie, d'où ils recevaient des instructions. C'est pourquoi les bolcheviks étaient si bien vus par eux et soutenus continuellement contre les attaques des autres partis socialistes anti-bolcheviks.

Lorsque, contre toute attente, la Géorgie se fut déclarée indépendante, les Turco-Tartares furent étonnés, tout d'abord, de la nouvelle tournure des événements, car ils avaient l'intention de dominer toute la Transcaucasie en qualité d'émissaires de la Turqui. Mais ils s'adaptèrent rapidement aux circonstances nouvelles, en se déclarant, eux aussi, indépendants sous le nom d'Azerbeydjan. Cette déclaration ne répondait pas à la réalité, à cause du mélange des populations, dont la majorité avait l'islamisme comme seul point d'union. Que dire de cet Etat, tout à fait artificiel, qui n'est pour ainsi dire qu'une succursale de la Turquie, un abri pour celle-ci en cas de danger, une acquisition territoriale en cas de succès, bref une petite Turquie docile et obéissante ?

On doit cependant reconnaître que si le parti panislamique était pour la fusion, par contre le parti Moussafat luttait pour l'autonomie de l'Azerbeydjan, autonomie qui n'excluait pas les bons rapports avec la Turquie.

⁂

La question du nombre des Arméniens a été discutée longtemps et a provoqué des divergences d'opinions dans le monde politique et diplomatique. On admet, d'après le Calendrier du Caucase (1916) le nombre de 1.920.000, qui se partage comme suit : province de Kars, 130.000 ; Erivan, 700.000 ; Elizavetopol, 430.000 ; province de la Mer Noire, 15.000 ; Tiflis, 420.000 ; Bakou, 130.000 ; Koutaïs, 5.000 ; Batoum, 18.000 ; Souhoum, 13.000 ; Terek et Kouban, 6.000.

En ajoutant à ce chiffre de 1.920.000 : en Grande-Arménie. 800.000 ; en Russie, 100.000 ; en Turquie, 525.000 ; en Perse. 70.000 ; en Amérique, 75.000 ; en Bulgarie et en Europe, 40.000, on obtient un total de 3.221.000.

En comparant la statistique de 1838, établie par le baron Gakstgausen, et le Calendrier du Caucase de 1913, on peut évaluer l'accroissement de 5 à 6 0/0, ou annuellement de 2,554 pour cent. D'après le travail de Zavarian sur l'Etude des régions agricoles dans le gouvernement d'Erivan, l'accroissement est de 3 0/0 chaque année. Bien que le pays soit peu cultivé, le climat y est sain. D'après ces calculs, on peut évaluer le dédoublement de la population arménienne en Transcaucasie jusqu'à 4.000.000 en trente ans. La classe dominante chez les Arméniens, ainsi que nous l'avons dit, est la bourgeoisie. Les bourgeois citadins sont au nombre de 6.468, les commerçants 6.000, les artisans 123.213, soit ensemble : 135.681 ; ils sont donc trois fois plus nombreux que chez les Géorgiens.

Les paysans, qui ne jouent pas un rôle important dans la vie sociale, sont évalués à 878.186, contre 1.180.226 chez les Géorgiens. Les fonctionnaires sont trois fois moins nombreux chez les Arméniens que chez les Géorgiens (4.660 contre 13.860) et la

11

noblesse y est huit fois moins nombreuse (9.318 Arméniens contre 70.972 Géorgiens).

Privés de leur indépendance depuis de longs siècles, les Arméniens vivaient entourés des Musulmans et, naturellement, voyaient leur salut dans les pays chrétiens. Déjà l'impératrice Catherine II leur témoignait sa bienveillance; elle rédigea même un projet de royaume arménien, mais elle mourut avant d'avoir pu le faire aboutir.

L'empereur Alexandre Ier continuait cette bienveillance, en reconnaissance de la fidélité des Arméniens aux intérêts russes en Orient; mais le projet fut de nouveau écarté.

Nous avons vu le changement de la politique russe et la violente russification opérée avec l'appui des Musulmans.

La bourgeoisie arménienne est animée de sentiments patriotiques. Elle construit des églises, des écoles et, pour ces institutions, réunit quelquefois de fortes sommes. Mais les bourgeois en général sont vaniteux; pour obtenir une décoration ou pour devenir gentilhomme, ils font souvent de grands sacrifices. Ils attachent une grande importance à l'instruction et il n'est pas rare de voir un artisan faire donner à ses fils une instruction qui leur permette de devenir ingénieurs, avocats, etc...

D'après les statistiques, il y avait dans les universités russes, en 1916, dix mille étudiants arméniens; en Europe et en Amérique, on en comptait près de deux mille, ce qui fait annuellement un total de douze mille.

CHAPITRE VIII

Les Luttes des nouveaux États

Denikine contre l'autonomie des trois Etats ; Les prétentions turques sur la Transcaucasie.
Le conflit russo-géorgien.
Le conflit arméno-géorgien.
Le conflit arméno-tartare.

Des conflits ont surgi entre les nouvelles républiques immédiatement après l'armistice, et il en est résulté des luttes sanglantes. Quelques-uns de ces conflits se sont apaisés, les autres continuent.

La Transcaucasie, avec ses trois Etats, s'est trouvée en présence de deux voisins : au nord la Russie méridionale, au sud la Turquie. D'autre part, ces trois Etats ayant des tendances envahissantes, ayant des traditions historiques et nationales particulières, tiraillés par les ambitions des uns et des autres, des conflits devaient fatalement surgir. Et malheureusement, par suite de l'absence de hauteurs de vues, par l'ignorance des véritables intérêts nationaux, le sang a coulé, des violences et des massacres ont eu lieu, à la honte de tous les dirigeants de ces pays, qui n'ont pas fait ce qu'il fallait pour arrêter ces conflagrations.

Tout d'abord, du côté du nord, c'est Denikine, que son étroitesse de vues amena à ne pas vouloir reconnaître l'autonomie de ces Etats, ébloui qu'il était par l'idée de reconstituer la Russie « une, grande et indivisible ». La Russie, même sous l'ancien régime, ignorait la Caucasie et s'intéressait très peu à elle. On allait passer l'été aux eaux, on construisait des palaces au bord de la mer Noire. Et c'était tout. Seuls les fonctionnaires, par devoir, étudiaient le pays pour arriver à mieux le dominer et mieux le russifier.

Au moment des grands massacres d'Arméniens, l'opinion publique russe s'est-elle émue ? A-t-elle manifesté sa réprobation comme cela s'est produit dans tous les pays civilisés ? Nullement. Seul, Djanchief, de Moscou, Arménien d'origine, a amorcé une campagne, mais sans succès. La presse quotidienne et les périodiques russes s'occupaient fort peu des peuples et des événements de la Caucasie. Quelques correspondances, de rares articles, le plus souvent insignifiants, mais rien de plus.

Il faut toutefois reconnaître que les sympathies de quelques-uns étaient entièrement acquises à la cause arménienne.

Amfitéatroff, par exemple, envoya de Paris aux journaux russes des correspondances rédigées à l'aide de renseignements que je lui ai fournis. Les étudiants dachnakistes rassemblèrent ces articles en une brochure ; malheureusement, des coupures maladroites furent faites.

De même le parti cadet, ayant à sa tête Milioukof, exprima, dans des discours et dans la presse, sa sympathie à propos du grand procès arménien.

Enfin mon grand ami, Maxime Kovalevsky s'est entièrement dévoué à cette cause, dont il a parlé tout particulièrement, en juin 1913, dans un feuilleton des *Rouskoié Slovo*, consacré à l'histoire du mouvement arménien.

Ceci pour dire que le général Denikine et son entourage considéraient la Caucasie comme une propriété russe et entendaient être obéis.

m

La Géorgie, avec ses prétentions nationales démesurées, ne voulait entendre parler à aucun prix de l'intervention russe et surtout de Denikine, qu'elle considérait comme le soutien de la contre-révolution et, par conséquent, dangereux pour son indépendance. Une alliance défensive fut même conclue avec l'Azerbeydjan, dans le but de s'opposer à une avance de Denikine.

Du côté opposé, c'était la Turquie qui ne voulait pas abandonner ses prétentions sur la Transcaucasie et, prévoyant qu'après l'armistice elle serait chassée d'Europe, projetait de s'étendre dans cette direction, ayant comme collaborateurs dévoués et fidèles les Musulmans de Caucasie.

Ainsi, les Géorgiens et les Tartares ne voulaient plus entendre parler des Russes, soit antibolcheviks, soit bolcheviks, et se montraient solidaires, sous ce rapport, avec la Turquie.

Mais la Géorgie nationaliste tenait aussi à reconquérir son hégémonie historique, dans la Transcaucasie, où elle rêvait de jouer le rôle de peuple dominateur. C'est pourquoi les Arméniens, envahisseurs pacifiques, la gênaient ; elle voulait s'en débarrasser à tout prix.

D'autre part, les Tartares, qui désiraient une communication territoriale avec leurs coreligionnaires turcs, étaient gênés également par la présence des Arméniens, qui leur coupaient ce corridor.

Si les conflits russo-géorgien et arméno-géorgien se sont apaisés — pour toujours, je veux l'espérer, — les autres continuent et on n'en peut prévoir la fin, si la sagesse et la prévoyance pour le salut mutuel ne prennent pas le dessus.

Après la conquête russe, les Géorgiens gardèrent leurs aspirations à l'indépendance, dont le souvenir restait vivace ; mais ils la considéraient comme un rêve irréalisable en face de cette grande et forte Russie, à laquelle ils commençaient à s'habituer. Et les plus audacieux des patriotes aspiraient à une autonomie relative, puisque la révolution se faisait toujours attendre.

La politique des Géorgiens envers la Russie n'a pas varié. Elle a toujours été hostile, comme envers un Etat qui les avait conquis et dont ils désiraient se débarrasser à tout prix malgré la bienveillance continuelle du gouvernement oppresseur.

L'armée volontaire de Denikine ne voulait à aucun prix — et je pense à tort — leur accorder une autonomie, même provisoire.

L'attitude de Denikine a montré qu'il ne fallait attendre aucune concession de lui sous ce rapport. Juste à ce moment se produisirent les événements de Sotchi (près de Soukhoum). Des volontaires ont expulsé les Géorgiens du district de Gagra.

Un mois, après, les Géorgiens, d'une façon inattendue, rétablissaient leur ancienne situation et, en même temps, ils essayaient de trouver des alliés parmi les peuples de la Transcaucasie. A la Conférence des Républiques transcaucasiennes, il apparut évident que les Tartares et les montagnards consentaient à conclure un accord avec les Géorgiens, pour la défense de leurs frontières et de leur existence nationale, contre l'armée volontaire.

Le premier coup porté par Denikine fut contre le Daghestan et, au moment de l'écrasement de l'insurrection de ces montagnards lezghines par les volontaires, on fit également des prisonniers géorgiens. Il était établi d'une façon irréfutable que les

Géorgiens aidaient les montagnards par l'argent et par les armes.

N'obtenant pas les satisfactions qu'ils cherchaient, les Géorgiens essayèrent d'attirer à leurs côtés les Arméniens qui, craignant les tendances d'hégémonie de la Géorgie et ne désirant pas rompre les liens amicaux avec la Russie, refusèrent carrément d'entrer dans la Confédération antirusse. Cette tension des rapports avec la Russie dura jusqu'à l'envoi d'une mission de Denikine, ayant à sa tête le général Baratoff, Géorgien d'origine. Toutes les tentatives pour établir des rapports nouveaux avec la Géorgie rencontrèrent des obstacles de toutes sortes de la part des Géorgiens, qui ne voulaient pas entendre parler d'abandonner le district de Gagra. Les Anglais refusèrent de donner des troupes pour l'établissement d'une zone neutre supposée. Enfin, après cet insuccès, le général Denikine refusa de recevoir la délégation géorgienne, sous prétexte que les Géorgiens soutenaient l'insurrection du Daghestan et que les bolcheviks n'étaient pas persécutés assez sévèrement. Après plusieurs tentatives, le général Denikine accepta en principe la réception de la délégation, mais le gouvernement géorgien retarda sa réponse sur la question de la composition de la délégation.

Pendant ce temps, la mission du général Denikine fut rappelée. Un nouveau changement de front apparaissait chez les Géorgiens et se produisit lors de l'incident du bateau *Tchoreck*: des volontaires attaquèrent des bateaux géorgiens; le gouvernement considéra cet acte comme un *casus belli* et prononça l'expulsion, en quarante-huit heures, de tous les officiers russes. Le général Denikine, de son côté, déclara le blocus de la Géorgie.

Cette hostilité du gouvernement géorgien contre Denikine, ainsi que la variation de sa politique, démontraient que la Géorgie ne s'adaptait aux circonstances que pour durer. Avec son caractère changeant, la Géorgie était bien capable de s'entendre avec Denikine, si les circonstances l'exigeaient, même de se jeter dans les bras de celui-ci et de dépasser les Arméniens dans leur dévouement. Mais le cas ne s'est pas présenté, parce que non seulement Denikine n'a pas augmenté sa force, mais s'est effondré; depuis, la Géorgie a montré pour les bolcheviks la même politique élastique que leur reprochait le général Denikine.

Au cas où le bolchevisme triompherait, les Géorgiens pourront dire à leurs représentants: « Nous sommes des bolchevistes; nous avons des soviets comme vous; il n'y a pas de différence entre vous et nous! » Et, pour donner toute satisfaction aux bolcheviks, il suffira d'un changement de ministère, d'une petite comédie parlementaire.

En général, les dirigeants géorgiens ont montré, pendant la formation de leur indépendance, une habileté, un savoir-faire politique extraordinaires.

Le conflit avec la république arménienne prit naissance au moment où les Turcs ont envahi victorieusement la Transcaucasie et ont occupé les provinces arméniennes; les dirigeants géorgiens, sachant pouvoir compter sur les baïonnettes allemandes, le gouvernement envoya son ultimatum au gouvernement d'Arménie, le 21 octobre 1918, lui enjoignant de libérer le territoire à la frontière de Lori; ne recevant pas de réponse, le ministre de la guerre de Géorgie prépara l'envahissement de cette province. Le chef de la mission allemande, von Loss, conseilla au représentant d'Arménie à Tiflis de ne pas faire d'opposition, l'Allemagne étant obligée de soutenir la Géorgie comme son alliée, et insista pour une libération entière en faveur de la Géorgie.

Les troupes géorgiennes commencèrent avec prudence l'exécution de leur projet, comme le témoigne la correspondance du général Tzouloukidzé et du chef du train blindé Gogvadzé (23 octobre).

Mais le conflit ne put prendre de l'extension parce que, l'armistice arrivé, l'Allemagne devait s'éloigner et que la Géorgie seule ne pouvait rien faire.

Le conflit cependant n'était pas réglé. Les troupes géorgiennes, dans ces districts, commencèrent à commettre des violences et des pillages contre la population pacifique, à tel point que les populations furent obligées de s'insurger et de recourir aux armes, vers le mois de décembre, dans le village Anzoular et dans les villages environnants du district Lori, où il se produit le violentes escarmouches. Les troupes géorgiennes tirèrent et les habitants firent rouler des rochers du haut des montagnes environnantes; l'écrasement d'un train détermina l'explosion de wagons de munitions.

En présence de cette défense armée de la population irritée, sans qu'il y ait eu aucune intervention des troupes arméniennes, le gouvernement géorgien demanda à son représentant d'Erivan d'entrer en pourparlers pour régler cette question des frontières contestées, en insistant sur sa manière de voir. Le gouvernement arménien répondit par un refus et les troupes géorgiennes se rendaient bientôt maîtresses de la province contestée d'Ahalkalaki. Il y eut un échange de télégrammes diplomatiques entre les deux gouvernements, sans qu'on puisse arriver à un résultat, puis les troupes arméniennes repoussèrent les troupes géorgiennes hors de cette province.

Enfin, l'arrivée de la mission anglaise interrompit cette guerre ridicule. Par l'intermédiaire du capitaine Grinn, on fit de cette province contestée une zone neutre sous la surveillance des Anglais, et c'est ainsi que se termina ce conflit.

∿

Le conflit arméno-tartare est plus compliqué et plus difficile à résoudre à la satisfaction des deux parties, puisque les causes sont multiples : économique, historique, sociale et politique.

Autrefois, comme nous avons eu l'occasion de le dire, les Tartares étaient un peuple nomade. Ils se déplaçaient souvent et passaient sur le plateau arménien pour conduire leur bétail au pâturage. Depuis les temps les plus reculés, ces mœurs étaient établies, non seulement dans ces contrées, mais d'une manière générale — dans tout l'Orient. Les nomades, envahissant les plaines ensemencées par les agriculteurs du pays, causaient des dégâts ; des conflits locaux en résultaient. Mais les chefs des tribus nomades, avec les représentants des propriétaires, concluaient des traités, édictaient des règlements pour éviter les dépradations et les pertes, car les pâturages sont immenses en Arménie et sont, par tradition, une propriété collective.

Cette cause écartée par une entente entre les co-intéressés, surgit une autre cause : historique. Les pays limitrophes entre les deux républiques étaient autrefois sous la domination persane ou turque et occupés par les khans tartares sous le protectorat turc ou persan ; mais parce que tout le monde veut rentrer dans ses possessions d'avant la conquête russe, les Tartares affirment que ces pays sont à eux et non aux Arméniens.

Ces derniers ripostent que c'est une explication qui ne vaut rien. D'abord Karabah a été le centre des princes féodaux arméniens, de même Lori, du côté de la Géorgie ; ensuite c'est la population arménienne qui domine dans ces pays, et le partage des territoires doit se faire selon les principes ethniques. L'argument basé sur la division administrative russe du gouvernement d'Elizavetopol est erroné, parce que cette division administrative a été faite par la Russie artificiellement et sans que les conditions ethnographiques et géographiques soient prises en considération. Si donc on considère la question sous ces points de vue, il est évident que ces provinces appartiennent au plateau peuplé par les Arméniens.

Evidemment, cette question pouvait se résoudre à l'amiable, comme cela se passe maintenant entre les Géorgiens et les Arméniens.

A ces difficultés, d'autres s'ajoutent.

Les Russo-Tartares influents ont de grandes propriétés dans les parties discutées et ne veulent les céder à aucun prix.

D'autre part, ces deux peuples sont séparés par un fleuve de sang. Les massacres, les violences, les pillages ont créé une atmosphère de haine extraordinaire. Il faut vraiment se placer très haut, d'une façon objective, pour juger avec sang-froid ces questions confuses : mais les chefs des troupes arméniennes et tartares ne possèdent aucune de ces qualités ; bien au contraire, ils raniment, ils excitent ces ressentiments, alors qu'autrefois les paysans tartares et arméniens vivaient côte à côte, paisiblement, sans entrer dans ce conflit de races. Maintenant, les différends sont perpétuels. Il se produit ce fait regrettable et désolant, qu'au moment où les Tartares sont prêts à lancer une attaque, ils adressent des dépêches et des circulaires à toutes les missions étrangères pour dire que les Arméniens massacrent les Tartares et que si ces missions n'interviennent pas, ils ne pourront pas, eux, éviter les massacres et les luttes sanglantes. Les Arméniens font la même chose à d'autres moments, propices pour eux, et la guerre est interminable.

A tous ces faits, s'ajoute une considération du domaine politique : c'est que derrière tous ces petits conflits se trouve la Turquie, qui excite les parties adverses parce qu'elle veut coûte que coûte avoir un passage ouvert vers l'Azerbeydjan, qui lui est fermé par la république arménienne.

Comme résultat, les populations s'exterminent. L'état de guerre est permanent. Les missions sont indifférentes à ce spectacle. Elles créent des zones neutres provisoires, qu'elles administrent elles-mêmes en attendant la solution du Conseil suprême.

CHAPITRE IX

L'Action diplomatique des trois Républiques

La Géorgie se tourne vers la Turquie, puis vers l'Allemagne et enfin vers l'Angleterre ; Que fera la France ?

Les sympathies de l'Entente pour l'Arménie ; Les maladresses de la délégation arménienne.

Les Tartares et la Turquie ; L'entente par l'Islam.

Avant la guerre mondiale et avant la révolution, la diplomatie géorgienne a été presque nulle. Les Géorgiens lièrent leur sort à celui de la Russie, sans jamais penser que la révolution bolcheviste pouvait leur ouvrir une possibilité d'autonomie. Ce n'est qu'au commencement de la guerre, en 1914, que le Comité de libération de la Géorgie, qui présentait les éléments ultra-nationalistes et féodaux de la société géorgienne, a conclu un traité avec la Turquie ; et il faut arriver jusqu'en 1917 pour que les social-démocrates, venus du Caucase, soient entrés, en qualité de Géorgiens, dans le bureau de coalition des partis politiques, et, au mois de novembre, au Congrès national. Ils décidèrent alors de demander à la Constituante russe une autonomie entière. Ces social-démocrates se sont bientôt fondus avec les autres partis.

Ainsi, les Géorgiens dirigeaient les pourparlers avec la Turquie, par l'intermédiaire de leurs délégués, avec le pouvoir discrétionnaire de Tchenkeli. Ils ont obtenu, par ce fait, la possibilité de converser séparément avec la Turquie et, derrière son dos, avec l'Allemagne pour disposer à leur gré du sort des Arméniens. L'heure de leurs réalisations politiques était venue. Ils croyaient recréer l'ancienne Géorgie indépendante, alliée avec la Turquie, protégée par l'Allemagne, avec l'Adzerbeydjan sous leur influence et un protectorat bienveillant sur les Arméniens, sans toutefois leur donner d'indépendance politique.

Le résultat de ces pourparlers fut l'occupation de la Géorgie par les troupes allemandes; après quoi, les Géorgiens tâchèrent d'établir des rapports très étroits avec l'Allemagne. Dans ce sens fut élaboré le traité, dont la signature a été empêché par les succès militaires des Alliés sur le front d'Europe.

Après le départ des troupes allemandes de Transcaucasie, l'Angleterre remplaça l'Allemagne. La mission allemande, en partant, emmena avec elle une délégation géorgienne. En même temps, la question de la reconnaissance de l'indépendance de la Géorgie passa des mains des empires centraux aux mains des puissances alliées. Au commencement, ouvertement hostiles aux Alliés, les Géorgiens en arrivaient petit à petit à avoir de bons rapports avec eux, surtout avec l'Angleterre.

Ils croyaient à ce moment que l'existence indépendante des républiques caucasiennes était très profitable aux Anglais, contre la Russie, pour leurs communications avec les Indes. Cette espérance de trouver des défenseurs en Angleterre a amené des résultats positifs. L'Angleterre envoya en Géorgie un représentant diplomatique distingué, M. Oliver Wardroop, géorgiophile très connu en Géorgie et très lié par de nombreuses relations amicales avec des familles géorgiennes. C'était fort à propos, parce que les Géorgiens avaient besoin d'un défenseur pour renverser entièrement leur politique d'avant l'armistice.

Mais cette protection n'a rien de durable. Elle peut se déplacer facilement vers un autre Etat, comme la France, par exemple, si les intérêts de l'indépendance de la Géorgie l'exigent.

Leur délégation auprès des Alliés, constituée par d'anciens membres distingués de la Douma, Tcheidzé et Tzeretelli, est venue plaider leur cause près des socialistes internationaux, avec l'appui de l'ancien révolutionnaire Tcherkesoff; et, malgré une hostilité évidente des Alliés, qui alla au début jusqu'à la défense de les laisser pénétrer en France, ils ont fini par créer une atmosphère de sympathie autour d'eux.

Ils ont prouvé qu'ils possédaient un esprit politique. Les missions étrangères et leurs chefs sont l'objet d'une extrême bienveillance. Ils sont fêtés par les grandes familles géorgiennes. Elles ont acquis les chefs des missions françaises, par l'intermédiaire du prince Murat. Quant à l'amiral Le Bon, émerveillé par l'accueil qui lui fut réservé, édifié, d'autre part, par les renseignements que lui donnèrent les représentants géorgiens, il ne tarda pas à être entièrement acquis à leur cause.

La haute noblesse géorgienne, les anciens chambellans et dames d'honneur de leurs majestés, offrent des dîners pompeux et des réceptions somptueuses pour aider le gouvernement social-démocrate dans ses visées diplomatiques. Je dois citer un fait typique : Au colonel Hasquel, arrivé à Tiflis, les Arméniens ont offert un petit appartement, qu'il a refusé ; le gouvernement géorgien s'est empressé de lui réquisitionner un palais superbe, propriété d'un riche industriel arménien et dont la famille a protesté. On peut juger de l'effet produit par de tels agissements, qui laissent une impression favorable pour les Géorgiens et défavorable pour les Arméniens.

Autant les représentants de la Géorgie ont montré du savoir-faire dans la réalisation de leurs revendications, autant les diplomates arméniens ont été au-dessous de leur rôle, si plein de responsabilités. Les Géorgiens, au début de la Conférence, grâce à leurs traités avec les ennemis de l'Entente, étaient mal accueillis, mais ils ont fini par conquérir les sympathies des milieux diplomatiques alliés. Les Arméniens, qui tout d'abord avaient les sympathies de tous les Etats de l'Entente, et cela de longue date, ont fini par les perdre toutes, du fait de leur politique, inintelligente et plus incohérente que jamais.

Au ministère, on a dit à leur délégation : « Au début, vous avez eu tout le monde avec vous ; maintenant vous n'avez personne ». Un député très dévoué à la cause arménienne m'a dit : « Il serait préférable pour les intérêts des Arméniens que cette délégation n'existât pas ».

A quoi attribuer cet échec de la délégation arménienne ? Les causes en sont multiples. D'abord cette délégation est double : une partie pour la République et une autre pour l'Arménie turque, avec deux tendances et des manières de voir diamétralement opposées, et dont les représentants ne s'entendent pas. L'un veut se débarrasser de l'autre, et l'autre ne veut pas reconnaître le premier. Le représentant de la république d'Erivan, Aharonian-Sissian, est sans aucune instruction ni conviction politique : il est atteint de mégalomanie. Il peut prononcer, avec une égale chaleur, des discours socialistes et antisocialistes. Ancien instituteur, originaire d'Igdir, auteur de nouvelles littéraires, il est très mal jugé parmi ses anciens camarades.

C'est un type de caractère éminemment oriental. Il recherche les premiers rôles, se considère comme le chef de son parti et, après s'être fait élire comme président du Parlement arménien et de la Délégation, il fait répandre le bruit qu'il est président de la République d'Arménie.

L'autre Boghos Pacha, représentant du Catholicos, est le fils d'un grand Arménien, Noubar, Pacha d'Egypte. Financier, il doit sa nomination non seulement à son origine noble, mais aussi à sa richesse, car le clergé est à la recherche des gens riches qui présentent cet avantage appréciable de n'être pas à entretenir. Il représente le parti clérical et chauvin, à un tel point, qu'à son arrivée à Paris, il ne voulait pas entendre parler de tous ceux qui n'étaient pas conservateurs. Il refusa, à ce moment, d'avoir des rapports quelconques avec le parti dachnakiste et avec quelques éminents arménophiles français, qui n'étaient pas de la nuance de M. Denys Cochin.

Il s'est ensuite produit une transformation. Est-ce sur l'ordre du Catholicos, qui, lui, est sous l'influence du parti dachnakiste, ou pour une autre considération, mais Boghos Pacha se rapprocha de Varandian Ionissian, qui lui exprima son admiration chaleureuse dans sa petite *Histoire d'Arménie*. Varandian Ionissian est cependant considéré comme le leader du parti dachnakiste et se présente comme socialiste à toute épreuve dans tous les congrès socialistes internationaux.

Boghos Pacha, qui a beaucoup de vernis, mais dont les connaissances politiques paraissent discutables, est l'ancien directeur du chemin de fer d'Alexandrie. Il me rappelle le pacha décrit par un auteur arménien de talent, Paronian, dans sa pièce *Les honorables « mendiants »*. Ce pacha, principal héros de la pièce, est assailli par une foule d'intellectuels; chacun, pour une somme d'argent, veut flatter sa vanité : l'un d'eux lui fait des vers, l'autre écrit une *Histoire d'Arménie* en lui chantant des louanges, le troisième rédige pour lui un article dans un quotidien, ou bien reçoit des subventions pour publier un journal; et si ce pacha s'oppose à quelqu'un, il est attaqué jusqu'à ce qu'il se décide à en faire son secrétaire favori.

Boghos Pacha s'est fait élire délégué par une assemblée des Arméniens, qui prétendait représenter toute la nation.

Ces deux délégués furent déçus dès leur arrivée devant le Conseil suprême.

Ils devaient bien savoir que les Conseils de la Conférence de la Paix étaient composés d'amis fidèles des Arméniens, et que tout ce qu'ils proposeraient serait dans l'intérêt et pour le bien du peuple arménien. Il fallait s'en rapporter à eux avec une pleine confiance et suivre leurs conseils amicaux. Mais cette attitude ne leur convenait pas. Ils tenaient à assister à la Conférence, comme les belligérants. Ils tenaient à avoir un territoire immense, et si, dans la Transcaucasie, ils évoquaient les principes ethniques pour occuper tel ou tel autre district qu'ils disputaient aux Géorgiens et aux Tartares de Transcaucasie, en Turquie, ils revendiquaient l'Asie-Mineure. Le Catholicos m'a dit à ce sujet, au moment de ma visite, au mois de décembre : « La Cilicie est notre propriété, elle est à nous ». Tandis que le président du Conseil, Alexandre Khatissian, m'a assuré que la question de la Cilicie ne se posait pas dans le mandat de la délégation. A Tiflis, j'ai appris que c'est Sazonoff qui inspira aux délégués arméniens, l'idée de la revendication de la Cilicie, avec l'intention, bien entendu impérialiste, d'accaparer toute l'Arménie dans le cas du rétablissement de la monarchie russe.

Cette insistance pour être sous le mandat de l'Amérique, laquelle le refusait, était inexplicable et m'étonnait profondément. Au cours de ma mission, j'ai proposé à la délégation à Paris, au Patriarche à Constantinople et, aux ministres arméniens à Erivan, de demander au Conseil de la Paix, la reconnaissance immédiate de l'indépendance de l'Arménie, d'une façon provisoire, sous la protection de la France, de l'Angleterre et de l'Italie ; ma suggestion fut écartée, sous différents prétextes, on a même insinué que j'étais un envoyé de la France. Du reste, j'ai remarqué qu'en général une sorte de malveillance, allant jusqu'à l'animosité, se manifestait envers l'Entente. Cet état d'esprit ne peut avoir été inspiré que par la délégation.

L'amiral Le Bon m'a exprimé une idée très juste lorsqu'il m'a dit : « Pourquoi les Arméniens ne veulent-ils pas constituer un petit pays comme la Belgique, pour avoir leur patrie et leur centre vital, tout en se disséminant dans le monde entier ? Ils créeraient ainsi des colonies, comme les Belges, pour s'occuper de commerce et d'industrie. Mais les Arméniens qui défendent la cause de leur peuple sont hypnotisés par la grandeur et la magnificence de leur futur Etat ! »

L'idée de l'amiral est acceptable. Les Arméniens, grâce aux circonstances historiques, sont des colonisateurs.

Maintenant, à peine l'Etat arménien est-il formé, que personne ne veut plus rester chez lui. On a créé un grand nombre d'ambassades, des consulats grands et petits, on a mis des représentants un peu partout. Tous ont un état-major nombreux, des missions et des délégations multiples. Cela ayant coûté énormément d'argent, tombe sur le budjet insignifiant de l'Etat arménien et c'est au détriment du peuple, qui souffre matériellement et moralement. N'importe, l'ambition et la vanité des chefs sont satisfaites. Au lieu de faire preuve de modestie et de confiance, ils ont détourné d'eux leurs amis par une prétention démesurée, par de la méfiance, et par des plaintes inopportunes contre les représentants de telle ou telle puissance. Le fait est incontestable. Quelles que soient leurs bonnes intentions, ils ont échoué dans leur mission.

La diplomatie tartare est simple, puisqu'elle est la même que celle de la Turquie. Nous avons vu que les Tartares étaient les meilleurs soutiens du régime tsariste d'Abdul-Hamid. Après la révolution, ils soutenaient de toutes leurs forces les bolcheviks, dans le but de désorganiser la Russie. Ils montraient une opposition obstinée contre le général Denikine, pour empêcher son invasion et ils ont conclu un traité avec la Géorgie à ce sujet. Ils permettaient aux bolcheviks l'entrée libre à Bakou ; mais quand le danger de Denikine eut disparu, ils commencèrent à s'opposer aux bolcheviks. Des notes à ce sujet ont passé dans la presse française.

Leur représentant, Topchibacheff, un des intellectuels tartares qui, en communion d'idées avec son parti Moussafat, fit tout son possible pour que la république d'Azerbeydjan fût reconnue par l'Entente, comme Etat autonome. Mais cette autonomie ne peut pas exister sans l'appui de la Turquie ou de toute autre puissance.

Les intellectuels tartares, qui se sont dégagés de cette politique traditionnelle, peuvent présenter une base solide pour la viabilité de cet Etat, s'ils arrivent à imposer leurs idées.

Quel est leur trait d'union ? C'est l'Islam, c'est-à-dire le Coran, qui n'est qu'intolérance et fanatisme. L'Islamisme est connu.

d'après les traités d'histoire des religions, comme un dogme très rudimentaire. Son idéal, sa morale ne sont constitués que par des rites.

On peut trouver de tout dans le Coran : lorsque je suis allé à Recht, pendant l'épidémie de choléra, en 1892, j'ai réuni tous les hekims (médecins) pour leur indiquer les moyens préservatifs contre la maladie ; ils m'ont tous ensemble répondu que le Coran avait prévu cela, puisqu'il parle de propreté par les ablutions. Mais ces ablutions se font avec n'importe quelle eau souillée ! Après la révolution jeune-turque, on m'assura que le Coran avait prévu la Constitution. Mais quelle Constitution ?

L'histoire universelle a prouvé au monde, d'une façon certaine, que la race mongole-touranienne est perdue pour la civilisation ; il est prouvé que jusqu'à présent elle n'a pu s'assimiler la culture occidentale ; cela ne m'empêche pas de désirer sincèrement pour elle tout le bien-être humain, dont l'obstacle réside dans la religion, qui lui impose le fanatisme et l'intolérance. Et voilà où gît le fondement de sa diplomatie. C'est contre ces tendances qu'il faut lutter pour rendre ce peuple inoffensif. Et je sais bien que ce fanatisme et cette intolérance viennent d'en haut et que le bas-peuple ne fait que suivre le mot d'ordre.

Quand j'ai demandé au consul de Perse à Bakou, qui s'est conduit pendant les massacres d'une façon admirable, si l'état d'esprit des foules s'était calmé, il m'a répondu qu'en bas tout était rentré dans l'ordre, mais qu'en haut, dans les couches supérieures, rien n'était changé. Le malheur consiste en ceci, que grâce à l'Islam, ils englobent d'autres races, d'autres peuples qui peuvent être, dans l'avenir, aptes à profiter des bienfaits de la civilisation. Je parle de ces admirables montagnards du Daghestan, dont j'ai dit la démocratie fédérative à l'état préhistorique. L'Islam est par lui-même rétrograde ; il est un obstacle formidable à la culture humaine.

Il y a encore, en Azerbeydjan, la race iranienne (Persans farsis), population autochtone de la Perse, qui est pacifique, douce et intelligente. Je les ai vus, — et décrits après ma mission, — lors de l'épidémie de choléra à Recht, 1890.

CHAPITRE X

La Politique intérieure des Républiques

L'administration géorgienne ; Les efforts pour l'instruction ; Une armée de paradé ; La Constitution politique.

Les misères de l'Arménie ; La politique du parti dachnakiste ; Le parti populiste ; La folie des grandeurs ; Haut les cœurs arméniens !

L'influence jeune-turque en Azerbeydjan ; Organisation primitive ; L'ivresse du pouvoir.

L'attitude des missions de l'Entente en Caucasie ; Mésentente générale ; Un rôle à jouer pour la France..., mais il faut une politique de démocratie !

L'administration de la Géorgie a été acquise aux Géorgiens dès le début de la République. Les employés géorgiens étaient toujours nombreux ; ils ont été complétés par l'élimination des Russes et des Arméniens. La police et la sûreté fonctionnaient bien, le conseil municipal était composé exclusivement de Géorgiens ; les Arméniens et les Russes s'abstenaient, en signe de protestation.

Lors de mon voyage, la ville de Tiflis m'étonna par sa propreté et sa tranquillité. Le conseil municipal avait introduit une réforme assez originale qui obligeait les propriétaires à placer une lanterne, la nuit, devant leurs maisons ; ainsi les rues sombres, même au temps du régime russe, étaient illuminées par des lanternes multicolores, comme aux jours de fête.

Mon attention se porta sur l'instruction : des universités, des écoles s'ouvrirent, des institutions de langue géorgienne furent créées partout. Des groupes de jeunes gens furent envoyés en Italie et en France, pour y parfaire leur instruction. A Tiflis, toutes les enseignes sont rédigées en langue géorgienne, en remplacement du russe et de l'arménien. Cette nationalisation si précipitée produisit une très mauvaise impression. L'armée, composée de quelques dizaines de milliers d'hommes bien habillés et bien équipés, sert plutôt pour la parade. Lorsque j'y étais, les soldats passaient leur temps, sur le boulevard Golovinskyprospect, à parader, musique en tête.

La garde rouge s'y conduit en maîtresse et fait tout ce qu'elle veut. Le gouvernement, voyant son salut en elle, lui permet tout. Bien appointée, elle terrorise la population.

Le gouvernement fait son possible pour distraire la foule. Les fêtes se succèdent; celle de la garde rouge, qui avait lieu le jour de mon arrivée fut d'une solennité remarquable. Toutes les corporations militaires, avec leurs bannières aux inscriptions sociales-démocrates, ou avec des photographies de Marx, passaient en un défilé ininterrompu. Autant Tiflis se remplit de Géorgiens venus de toutes parts, autant les provinces géorgiennes se vident en se concentrant à Tiflis. La vie de province paraît morte; la production est deux fois moindre que sous le régime russe. Le peuple se réjouit de cette indépendance et le gouvernement laisse faire. Mais la bête noire reste toujours l'Arménien. Tiflis s'est embelli grâce aux Arméniens, qui ont construit des maisons magnifiques, grâce au gouvernement russe et à ses immenses constructions de l'administration centrale; toutes ces constructions ont été expropriées pour des sommes insignifiantes ou réquisitionnées par les Géorgiens. Le vaste et superbe palais du grand-duc est devenu le siège du Parlement. Le Grand-Théâtre de l'Opéra a été pris par les Géorgiens.

Le président du Conseil, ancien chef du parti social-démocrate, jouit d'une grande popularité parmi la population. Il a une physionomie très affable et accueille favorablement, avec une grande simplicité naturelle, ses visiteurs. Le ministre des Affaires étraneègrs, Gueguetchvori, également a produit sur moi une bonne impression. Après leur avoir rendu visite, j'ai été invité à une audience, avec les deux ministres, un dimanche, à l'heure où le ministère était vide! Notre causerie n'a pas abouti à une conclusion pratique.

J'ai visité le Parlement, installé dans le superbe palais du grand-duc. Les députés sont élus par le suffrage universel proportionnel, direct et secret. Provisoirement l'administration et la justice fonctionnent d'après les lois russes, avec quelques modifications. A Tiflis, paraissent des journaux, en toutes langues et de toutes les tendances.

Nous avons vu à travers quelles péripéties tragiques l'indépendance de l'Arménie s'est constituée : enserrée sur une partie de son plateau, attaquée par les Musulmans et les Géorgiens, menacée par les Turcs. La famine alors, régnait à Erivan et aux environs. Il mourait une grande quantité de gens par la misère et les bandes des anciens Haïdouks terrorisaient même les environs d'Erivan. Cette ville n'était aucunement préparée pour recevoir un gouvernement ; elle avait trop souffert des massacres et des émeutes. C'est dans ces conditions que commença à fonctionner le gouvernement.

L'avenir est très sombre pour l'Arménie et présente un danger pour son existence.

Il ne s'agit pas des misères de toutes sortes que la population a supportées du fait des massacres en masse, de la guerre qui a décimé les éléments jeunes et vigoureux de la nation, des épidémies, de la famine, etc.

Le danger pour l'avenir de ce pays est dans sa situation politique et économique, qui rend stériles et laisse sans résultat la solution de toutes les questions intéressant sa prospérité.

L'Arménie actuelle, dans un état lamentable à tous les points de vue, ressemble à un désert. Cependant elle pourrait être florissante ; elle contient, en effet, des richesses agricoles et minérales. Et si les peuples de l'antiquité luttaient pour conquérir ce pays, c'était pour la possession de ces richesses, en particulier pour la conquête des mines. Un indice de la présence de celles-ci se révèle encore à nous aujourd'hui par les couvents arméniens qui furent construits dans leur voisinage.

Le danger le plus grave, pour l'avenir, réside dans l'absence de voies de communications, dans le manque de débouchés et surtout dans la dépendance fâcheuse où se trouve l'Arménie vis-à-vis des Etats qui l'entourent, qui l'enserrent, comme la Turquie, l'Azerbeydjan et la Géorgie. C'est à travers ces Etats que les Arméniens doivent exporter et subir ainsi, souvent, de draconiens règlements douaniers.

Cette situation désavantageuse existait depuis fort longtemps avec le régime russe. Mais alors le centre de la vie intellectuelle et économique, la ville de Tiflis, appartenait à toute la population de la Transcaucasie, de même que Batoum et Bakou avec le chemin de fer transcaucasien.

Pour toute la contrée, Tiflis jouait le rôle de Ville-Lumière, comme Paris l'est pour la France. Elle n'était pas alors nationalisée par les Géorgiens, comme actuellement.

Par Batoum et Bakou, les Arméniens pouvaient faire du commerce sans rencontrer d'obstacles de la part des Géorgiens et des Tartares.

Mais le territoire arménien se dépeuplait; la ville d'Erivan n'avait aucune importance, ni intellectuelle, ni économique. Elle n'était que le centre clérical, du fait de la proximité du couvent d'Etchmiadzin et de la résidence du chef suprême de l'Eglise arménienne, le Catholicos.

L'élite arménienne ainsi se dispersait en dehors de son pays: l'élite intellectuelle se sacrifiait pour le salut de ses frères de Turquie, et s'en allait vers les grands centres d'Europe ou de Russie, à Tiflis principalement, tandis que l'élément commerçant et industriel se concentrait à Bakou et à Tiflis.

Nous avons vu d'autre part que lors de la création du parti dachnakiste, son comité central, pour des raisons tactiques, s'installa à Tiflis.

Et cette situation se continua par tradition. A tel point que pendant la guerre, et durant la période de pourparlers de paix avec la Turquie, le conseil national arménien y demeura toujours. Même aux instants les plus critiques de l'histoire du peuple arménien, quand la présence du Comité pouvait éviter des échecs militaires, c'est de Tiflis que celui-ci faisait parvenir des ordres par télégraphe, lequel fonctionnait très mal, et ne se décidait à envoyer des représentants que lorsque la situation fut devenue sans espoir.

Ainsi le commissaire de l'Arménie turque, le Dr Z..., restait à Tiflis au moment de la prise d'Erzeroum par les Turcs.

Un grand nombre d'exemples semblables démontrent que Tiflis était devenue, pour ainsi dire, la capitale de toute la Trans-caucasie.

Lors de la proclamation de la République arménienne, Tiflis devint ville géorgienne et, paraît-il, c'est précisément le Conseil national arménien qui aurait pris cette décision incompréhensible.

Pendant mon séjour à Tiflis, en décembre de l'année 1919, j'ai été désagréablement impressionné de cette situation anormale, non seulement au point de vue local et des rapports entre les trois Etats, mais également au point de vue de l'intérêt bien compris des alliés. Je considérais comme très important que la ville de Tiflis restât le centre de toute la contrée, en quelque sorte une ville confédérale si ce système d'organisation est un jour réalisé, tandis que pour le transit par chemin de fer, les villes de Batoum et de Bakou seraient internationalisées, ainsi que l'a prévu le Traité de Versailles pour les nouveaux Etats de l'Europe centrale.

J'ai télégraphié au ministre des affaires étrangères de France, lui demandant de faire placer ces trois villes sous l'égide de la Société des Nations. Je dois signaler que, pour une raison qui m'échappe, le chef de la mission française a supprimé le nom « Bakou » sur mon télégramme.

A mon retour, j'ai insisté verbalement au ministère. Si cette décision avait été prise à ce moment, bien des événements graves ne se seraient pas produits dans cette région, depuis mon départ.

Cette solution est importante et urgente, non seulement pour la prospérité de tout le pays transcaucasien, mais aussi pour les alliés, car elle éviterait toute invasion et régulariserait la vie économique des trois nouveaux Etats.

Si, contre toute attente, ce projet ne doit pas être réalisé, il faut créer sans plus tarder un transit transarménien de Bakou-Julfa-Erivan, et d'Erivan, par la vallée de Tchorok, à Batoum, trajet qui serait beaucoup plus court que celui actuellement utilisé : Bakou-Tiflis-Erivan-Julfa, Erivan-Tiflis-Batoum.

Ainsi, d'après le projet Agababian :

Bakou-Julfa-Erivan	609 kilomètres
Bakou-Tiflis-Erivan	922 —
Ensuite :	
Erivan-Tchorok-Batoum	429 —
Erivan-Tiflis-Batoum	722 —

C'est à ces seules conditions que la prospérité économique et intellectuelle de l'Arménie peut renaître.

Au lieu de déchaîner un conflit armé, pour la possession d'un morceau de territoire, même si la prétention est des plus justifiées, le gouvernement arménien, s'il était vraiment clairvoyant et soucieux de la prospérité de l'Etat, s'efforcerait d'obtenir l'internationalisation du chemin de fer transcaucasien et des villes de Batoum et Bakou.

La délégation arménienne, qui a manifesté la prétention de se faire reconnaître comme représentant un pays belligérant, pour siger au Conseil de la paix   et exiger toute l'Asie-Mineure pour, d'Alexandrette, crier à l'Europe : « Aidez-nous ! », la délégation, dis-je, aurait mieux été inspirée en essayant d'obtenir du Conseil suprême ces conditions vitales pour l'avenir de l'Arménie.

Ce gouvernement était naturellement constitué par les membres du parti dachnakiste.

Les membres du Parlement appartenaient également tous à ce parti, ainsi que la majorité des institutions du pays. Le président du conseil, Khatissoff, fils d'un fonctionnaire russe de Tiflis, est un travailleur intègre, connaissant fort bien la technique bureaucratique, car il avait été maire de Tiflis ; mais cet homme sans principes était aussi bien capable de glorifier Nicolas II que de protester contre l'impérialisme et le capitalisme de la France, ou de défendre chaleureusement les idées socialistes. Vaniteux par-dessus tout, il tenait essentiellement à être à la tête du gouvernement arménien, bien qu'il fût devenu, selon ses propres paroles, le valet du Comité du parti, lequel, à la vérité, dirigeait et le ministère et le Parlement.

Dans ce ministère, il y avait quelques ministres appartenant à un parti différent ; mais ils furent obligés de démissionner du fait de leurs compromissions.

Il y a un autre parti politique, appelé « populiste » (Jogovordakan), qui, paraît-il, assez fort ; mais sans argent et sans organisation, il ne peut lutter contre l'ancien parti, qui a des racines profondes dans le pays.

La société se soumet au parti dachnakiste par l'intimidation et la peur ; on m'a raconté que les agents de ce parti supprimaient le ravitaillement, dans un village quelconque, si on n'élisait pas le candidat dachnakiste.

Après la déclaration de l'indépendance, beaucoup d'Arméniens distingués, de professions libérales ou militaire, se rendirent à Erivan pour y travailler au profit du pays ; mais la grande majorité dut s'en aller, ne voulant pas se soumettre à ce comité occulte qui, avec autorité, se mêlait à toutes les affaires gouvernementales et paralysait toutes les initiatives privées.

Qui sont, dans ce Comité, les plus influents ? Ce sont les anciens chefs de bandes, comme Sassountzi, qui ne manquent certes pas de courage. Mais pour diriger l'Etat naissant, il faut avoir d'autres qualités que ces vertus. Le meilleur élément dans ce nouvel Etat est certainement l'armée, entraînée pendant de longues années et dirigée par les généraux et officiers arméniens de l'armée russe.

Evidemment, le comité est plein de bonne volonté pour bien faire ; il a fondé une université et s'occupe des voies de communications ; il favorise l'industrie. Mais, parmi les ministres, il y en a qui se livrent à la spéculation.

La monnaie arménienne ne vaut-elle pas deux fois moins que la monnaie géorgienne ?

Mais ce qui nous surprend, c'est qu'à peine formé, le gouvernement ait envoyé dans les quatre coins du monde ses ambassadeurs et ses consuls, avec leur état-major. Les éléments qui étaient le plus aptes à remplir ces fonctions se sont chargés des postes les plus lucratifs.

∿

Quand, après avoir quitté Tiflis, on arrive à Erivan, on est frappé de l'état lamentable de la ville. On a l'impression d'arriver dans une campagne orientale. Les rues ne sont presque pas pavées. Les maisons sont dans un état primitif. La revue des troupes, à laquelle j'ai assisté le jour de leur anniversaire, a été piteuse. On n'avait même pas donné l'ordre de mettre une estrade et tout le monde pataugeait dans la boue. La différence avec ce que j'ai vu à Tiflis est énorme. Le Parlement se tient dans une salle commune. Les membres du Parlement sont les élus du parti dachnakiste, du fait de l'intimidation des électeurs. On a créé des ministères, une administration, une direction du contrôle. Les finances sont bonnes sur le papier, mais au fond, le gouvernement est à la veille d'une faillite. Les grands capitalistes arméniens sont disposés à aider l'Etat, mais n'osent pas avancer l'argent, à cause de la politique incohérente du Comité du parti. Ce petit pays de deux millions d'habitants, qui était géré par un seul gouverneur russe, a maintenant de nombreux ministères avec des états-majors, une armée de fonctionnaires, tout cela aux frais de l'Etat.

J'ai vu tous les ministres réunis. Ils sont tous jeunes et ne produisent pas l'impression de gens compétents dans les affaires, à la tête desquelles ils sont placés. Durant de longues heures, j'ai discuté avec eux toutes les questions concernant la gestion des différents ministères, leur donnant les indications que je pensais devoir être utiles à la prospérité du pays ; j'insistai tout particulièrement sur la création de commissions extra-parlementaires composées d'hommes compétents. J'ai demandé à dire quelques mots de bienvenue au Parlement ; on s'y opposa en disant que les étrangers n'avaient pas le droit de parler. On me reprochait d'être venu en qualité de Français ; on me demanda mes lettres de créance auprès du gouvernement arménien. Enfin le président de ce parlement se chargea de lire mon discours, qu'on trouvera en appendice à ce volume.

Cependant j'ai la certitude que, dans ce parti dachnakiste, il y a beaucoup de personnalités braves, intelligentes et désintéressées, presque 90 0/0. Mais ils sont sans influence, grâce à l'oligarchie de quelques-uns, qui terrorisent tout le monde. Il est urgent, dans l'intérêt du peuple arménien, — puisqu'avant tout il faut se préoccuper de l'intérêt du peuple plutôt que de celui du parti, — d'éliminer ces éléments mauvais qui nuisent au parti politique, au peuple et à la nation. Ils compromettent gravement la cause arménienne aux yeux de l'Europe et du monde entier.

On ne peut pas dire que la vie nationale se concentre dans un parti politique. A cause de cette situation, beaucoup préfèrent travailler à part pour le relèvement de la nation. L'un, par exemple, se consacre à l'archéologie arménienne et à son musée, un autre s'occupe de la création de bibliothèques pour les écoles. Mais il y a une entreprise privée qui accomplit un œuvre très utile : c'est l'étude de l'Arménie au point de vue scientifique, sous tous les rapports : physique, géographique, économique, statistique, etc.

ᨊ

L'Etat d'Azerbeydjan a commencé à fonctionner grâce à l'administration déjà existante, composée des fonctionnaires russes restés à leur poste. Son Parlement fut constitué en parties égales, de panislamistes et de moussafatistes, éléments représentant de grands propriétaires fonciers et des capitalistes musulmans. Les chefs jeunes-turcs dirigeaient le fonctionnement de la machine administrative et militaire. Quand je suis allé à Bakou, Nouri Pacha dirigeait les opérations militaires contre l'armée volontaire de Denikine; les bolcheviks étaient nombreux dans cette ville et le gouvernement local supportait leur présence.

Ils venaient librement d'Astrakan sur les barques indigènes. Ils publiaient même ouvertement leur journal bolchevik, sous les yeux des Anglais présents. J'ai signalé par dépêche, au mois de décembre dernier, ces dangers au ministère. L'Azerbeydjan, en se déclarant indépendant avec l'appui de la Turquie, sympathisait avec les bolcheviks, dans le but d'avoir recours à leur force si Denikine s'avançait contre eux. Au dedans, la population considérait comme ennemis les Arméniens, qui étaient leurs concurrents dans l'industrie du pétrole à Bakou et qui empêchaient, par l'occupation du territoire arménien, de créer un couloir pour permettre à la Turquie de se rendre en Azerbeydjan, au cas où cela serait nécessaire.

L'organisation de l'Etat d'Azerbeydjan est encore des plus primitives. Les finances alimentées par les riches Tartares agrariens, qui prédominent dans le parti Moussafat, sont dans un état florissant. Les ministères, le gouvernement, le Parlement existent, mais plutôt pour la forme.

Ce qui frappe dans tous ces petits Etats de proportions variables c'est l'ivresse du pouvoir. Après tant de siècles de soumission aux autres puissances, ils sont devenus indépendants, et la pompe du pouvoir, calquée sur les grandes puissances, a été adoptée avec beaucoup d'empressement. Tous les ministres sont des Excellences. Quand je suis allé voir le président du Conseil arménien, j'ai demandé à mon guide comment il fallait l'appeler : « Si vous voulez lui faire plaisir, me dit-il, appelez-le Excellence ». Cela me fit rire; et, pour m'amuser, je lui donnai ce titre, ainsi que me l'avait conseillé mon guide. Le premier ministre trouva cela tout naturel. Quand il vint me voir, son garde du corps s'élança dans mon appartement, en m'annonçant l'arrivée du ministre. Toutes les portes s'ouvrirent et il apparut, grave et hautain.

\m/

J'ai peu de choses à dire sur les missions militaires, soit en Russie, soit dans la Transcaucasie. Les missions françaises étaient insuffisantes et jouaient un rôle effacé. Ni le nombre ni les moyens matériels ne leur permettaient de prendre une situation prépondérante. Du reste, l'auraient-elles pu ? Ces militaires, qui étaient peut-être de bons officiers de carrière, n'étaient pas du tout à la hauteur de la situation. Les Italiens profitaient de leur séjour en Russie et dans la Transcaucasie pour faire plutôt des affaires commerciales. Les missions anglaises faisaient plutôt de la politique coloniale et leurs affaires personnelles. Dans la Transcaucasie, cette politique n'avait pas de suite; elle obéissait au changement des circonstances.

Les missions appuyaient la politique tartaro-géorgienne contre Denikine et soutenaient la politique tartaro-persane, avec le désir d'annexer l'Azerbeydjan à la Perse. Le diplomate Wardrop était un homme distingué et connaissant bien son affaire. Chaque mission vivait à part et était loin de considérer les autres missions avec bienveillance. Le chef de la mission américaine, le colonel Hasquel, prétendait qu'il représentait la conférence de la paix; il arborait quatre drapeaux sur son automobile et en avait suspendu au-dessus du fauteuil de son cabinet de réception; ce qui mettait en rage les autres représentants. Quand je suis arrivé à Tiflis, le général Denikine déclara le blocus de la Géorgie et tout ravitaillement fut suspendu. J'ai pensé que la première chose à régler était la levée du blocus, afin que les populations ne soient pas affamées. Pour cela, je jugeai utile de réunir tous les représentents de l'Entente, afin d'élaborer un *modus vivendi*, et de le faire imposer à Denikine et au gouvernement géorgien. Le colonel Hasquel accepta ma proposition. Le représentant Wardrop me fit comme objection qu'il n'avait rien de commun avec les autres représentants, tous militaires, parce qu'il était un diplomate civil. A cause de mon insistance, il accepta, à la condition que M. Hasquel l'invitât officiellement, ce qui fut fait. Le colonel Grappa ne voulut rien entendre. Il refusa carrément de siéger auprès de l'Anglais qui, d'après lui, ne faisait qu'intriguer. Il pensait aller à Batoum; je lui dis que j'expliquerais son absence par son départ, mais il insista sur ce point qu'il ne voulait pas se rendre à la réunion. Le colonel français Nonencourt, qui se plaignait à moi de l'absence de liaison entre les missions, m'écrivit qu'à cause de l'arrivée de l'amiral Le Bon, il renonçait à participer à la réunion. Enfin Wardrop écrivit au colonel Hasquel que, malade, il ne pouvait venir. Voilà un échantillon de la façon dont les missions travaillaient dans l'intérêt des populations et de leurs pays.

Je ne m'étends pas davantage sur le rôle de ces missions, puisque depuis, tout est changé et que les événements se sont précipités et ont pris une autre tournure.

J'insisterai particulièrement sur le rôle de la France dans ces contrées et sur sa politique orientale.

Ce rôle peut être immense, tant au point de vue politique qu'économique ; mais il faut s'y prendre tout autrement qu'on ne le fait, en tenant compte que les populations ne sont ni africaines ni françaises. Il faut considérer ces populations en elles-mêmes, car elles présentent des particularités toutes inhérentes à chacune d'elles. On trouve là, une élite intellectuelle, qui connaît mieux que les Français de classe moyenne la politique internationale et les intentions de l'Europe ; elle lit peut-être plus qu'on ne lit en Europe, puisque c'est la seule distraction intellectuelle et aussi le seul moyen de satisfaire le besoin de s'instruire.

Cela me ramène à dire quelques mots sur la politique traditionnelle de la France en Orient. Que doit-elle être ? Comment la réaliser ? Il faut bien s'entendre sur ce point, pour éviter tout malentendu qui serait désastreux pour le prestige de la France dans un avenir très prochain. Est-ce que cette politique consiste à répandre le catholicisme, le cléricalisme, comme autrefois ? Ce serait une erreur d'agir sur les consciences de ces peuples. Les Turcs disent : « La France nous envoie ce dont elle n'a plus besoin ».

Je ne dis pas qu'il faille interdire la propagande religieuse, loin de là. Mais il ne faut pas que l'Etat français la prenne sous sa direction. Il faut que cela soit comme une entreprise privée. Autrement il se produira une opposition importante contre la politique française en Orient. Ce que j'entends par politique traditionnelle, c'est l'influence de l'esprit français, de sa culture et de ses idées démocratiques, parce qu'il faut que la France s'impose par les idées qui dominent actuellement chez elle.

Si l'on pose la question de cette manière, le terrain pour la France est extrêmement fertile en Orient. Quand j'ai dit aux ministres arméniens que j'avais présenté au ministère des Affaires étrangères, à Paris, un projet d'Ecole démocratique à Constantinople, ils m'ont reproché de n'avoir pas fait la même proposition pour l'Arménie.

Il faut que ceux qui représentent la France ne soient ni des militaires de carrière, ni des diplomates professionnels ; ils ne seraient pas à leur place. Pour ces pays, il faut des personnes compétentes qui puissent instruire les indigènes pour la gestion de l'Etat naissant.

Il faut des hommes connaissant bien les idées démocratiques et les conditions nécessaires pour réaliser un Etat démocratique; il faut un financier pour gérer les finances, un militaire pour organiser l'armée, et rien que l'armée, sans se mêler d'autre chose; mais tous doivent représenter la France actuelle, la France démocratique, puisqu'à l'étranger on juge toute la France d'après son représentant. Si l'on se dénigre entre soi, en France, cela n'à pas d'importance puisque, de cette discussion, peut jaillir la vérité. Mais si un représentant de la France à l'étranger dit que l'âge d'or de la France était au XVII⁰ siècle, comme me l'a dit un jeune officier instruit, rentrant de l'Orient, il ne travaillera pas du tout, là-bas, à consolider le prestige de son pays. Il faut qu'il puisse démontrer avec conviction que l'âge d'or de la France n'est ni au XVII⁰ siècle, ni dans la France communiste, mais qu'il doit exister dans la France actuelle. S'il n'a pas cette conviction, il n'a pas les qualités d'un diplomate français, et il peut choisir n'importe qu'elle autre carrière, mais les portes de la diplomatie française doivent lui être à tout jamais fermées.

La classe des diplomates, malheureusement, est arriérée dans tous les pays et aussi en France, à cause du mode de recrutement du personnel. Il me paraît qu'il est urgent d'attirer l'attention des pouvoirs compétents sur le recrutement du personnel diplomatique, surtout après la guerre.

Il est urgent de créer une école pour étudier les affaires extérieures et, où des diplomates seront formés, si on veut établir le prestige de la France à l'extérieur, lui faire reprendre sa place naturelle, comme il est nécessaire de créer à l'étranger des écoles de la démocratie pour répandre ces idées.

C'est à cette impérieuse condition que la politique traditionnelle de la France, en Orient, prendra une extension supérieure à toute attente.

CONCLUSIONS

J'arrive à ce dernier chapitre pour résumer l'exposé, que j'ai tâché de condenser le plus possible car je sais qu'on n'aime pas trop à lire les livres qui traitent de choses lointaines et qui ne disent rien des questions du jour.

Dans la première partie, j'ai voulu montrer en faisant une synthèse de l'histoire de la Russie dès son origine, que les événements actuels dans ce pays étaient inévitables. Plus une marmite close se remplit de vapeur, plus l'explosion est formidable, surtout quand cette marmite est d'une grandeur infinie.

Je lis, et aussi j'entends souvent dire, que la révolution russe est la répétition de la révolution française ; ou bien que la Russie disparaîtra dans l'anarchie comme la Grèce antique ; ou encore que le sort de la Russie est le même que celui de l'Empire romain et qu'elle sera bientôt plongée dans la barbarie. Ces analogies historiques me font toujours sourire. Ce sont les jugements de gens qui n'ont pas approfondi l'Histoire, car c'est plus compliqué qu'on ne le croit d'établir une analogie et on peut dire aussi bien que les faits historiques ne se répètent pas, comme de dire qu'ils se répètent. Evidemment, les lois économiques sociologiques, phsychiques, etc., sont les mêmes pour toute l'humanité, mais les conditions d'évolution sont infiniment variables. et pour être dans la vérité, il faut appliquer la méthode comparative. Pour que deux faits soient analogues, il faut qu'ils le soient sous tous les rapports ; et si une condition quelconque, si minime soit-elle, est autre, la résultante peut-être quelquefois très différente. On disait aussi que la révolution turque était semblable à la Révolution française.

Mon regretté ami Georges Gaulis commettait cette erreur au moment de cette révolution. Le mot d'ordre de tous les Jeunes-Turcs était : « Nous sommes tous Ottomans ! ». De même, après la Révolution française, il y eut unification de toutes les provinces et chacun fut citoyen français. Mais on n'a pas pris en considération, en dehors de nombreuses autres causes, que le centre de la France était à ce moment supérieur à tous les points de vue à la périphérie, qu'il attira vers lui, alors qu'en Turquie, la périphérie, donc les allogènes, était supérieure au centre. La race turque ne pouvait jouer de rôle attractif, car elle n'avait pas de supériorité. Les Turcs ont montré avec évidence, malgré les sympathies qu'ils provoquaient chez quelques-uns par leurs traditions préhistoriques, que leur capacité cérébrale était arrivée à son maximum de développement. S'il y a quelques intellectuels turcs, c'est en raison du croisement avec d'autres races, comme Arméniens, Géorgiens, Allemands, Tcherkesses, qui composent la formation cosmopolite des harems.

Les événements de Turquie ont montré la justesse de ces considérations, et la révolution jeune-turque n'a été que la substitution à un grand despote de plusieurs petits despotes.

La révolution russe n'est pas non plus identique à la Révolution française, pas plus qu'elle ne rappelle la fin de la Grèce, ni celle de Rome. Il y a certainement des analogies pour un œil superficiel, mais la différence de l'époque, de la civilisation, de la mentalité, et beaucoup d'autres causes, prouvent que cette révolution, tout en obéissant aux mêmes lois générales de développement social, est *russe* avec ses propriétés caractéristiques. Certainement cette révolution ne sera pas triomphante au point de vue communiste. Tout nouveau régime, quel qu'il soit, doit répondre à des besoins réels et aux exigences du pays entier ; il ne peut être circonscrit comme une oasis ; autrement il est destiné à périr ; de même que, dans un pays, un ministre socialiste ne peut réaliser le socialisme si le terrain n'est pas prêt et s'il est seul au ministère.

Je me rappelle qu'un jour, après un dîner chez Mme Caillavet, nous écoutions la parole éloquente de Jean Jaurès entouré d'Anatole France et de Paul-Boncour. Tout à coup, une charmante femme, qui voulait avoir sa part dans la conversation avec le grand tribun, lui demanda : « Quand serez-vous ministre ? » Et Jaurès répondit sans hésitation : « Quand je pourrai diriger la politique extérieure de la France ». Voilà une réponse que nos socialistes français doivent prendre en considération

Ainsi la Russie ne sera ni communiste ni autocratique. Cette révolution n'a été qu'une révolution militaire, un coup d'Etat. Aucune couche sociale n'a été à la hauteur de la tâche pour triompher et pour imposer aux autres un changement profond. La seule chose qui était indiscutable pour tout le monde, c'était l'abolition de l'autocratie, de l'absolutisme, du tsarisme ; d'autre part, la grande question sociale qui devait être solutionnée, était la réforme agraire, la terre aux paysans. Est-elle réalisée ? Si oui, alors c'est la Russie des petits propriétaires paysans. L'industrie et le commerce sont-ils socialisés ? Je n'en sais rien. En présence des renseignements contradictoires, je préfère m'abstenir.

Si le gouvernement de Kérensky avait eu de la force et de l'intelligence, c'est lui qui aurait triomphé. Mais il fallait accepter l'intervention de Korniloff et déclarer que la terre était aux paysans. Ils n'ont pas su le faire. Les bolcheviks, qui avaient des attaches très fortes avec l'armée, ont eu le dessus ; et nous avons vu de quelle façon ils ont sacrifié cette situation, si favorable cependant, pour sauver l'avenir de la Russie.

Mais pour des considérations déjà mentionnées, ils ont remplacé l'autocratie despotique par un despotisme soi-disant communiste et dictatorial.

Je le répète, la révolution russe n'a pas d'analogie avec la Révolution française. Tout d'abord les Grands-Russiens ne possédaient pas une culture supérieure aux autres éléments qui pût leur permettre de les englober, comme cela fut le cas pour le centre de la France, en 1789. Les Grands-Russiens étaient forts parce que l'autocratie s'appuyait sur eux.

La révolution russe n'a pas été non plus une révolution proprement dite. Toute révolution est la consécration d'un fait accompli, d'un changement social qui a été préparé et qui est à la veille de sa réalisation. Nous en avons eu l'exemple en France, lors du triomphe du Tiers-Etat sur la noblesse. Mais les paysans russes, ayant pris la terre, sont-ils victorieux ?

Si, par impossible, on rétablissait l'ancien régime, on pourrait alors dire que la Russie est finie pour toujours. Elle ne peut revenir en arrière ; elle ne sera pas non plus « une, grande et indivisible ». Il faut que les hommes politiques russes clairvoyants sachent bien que cela n'est plus réalisable. La Russie sera démocratique et fédérative et se consacrera à sa reconstitution, pour suivre ensuite la voie de la civilisation occidentale. Les rêves mystiques de sa mission dans le monde sont vains et j'espère qu'une ère de liberté et de progrès la guérira de ses conceptions sociales maladives. La civilisation humaine se déplace de l'est à l'ouest. Elle se dirige vers les races anglo-saxonnes. La Russie a perdu plusieurs siècles à résister à la pénétration de l'influence occidentale; maintenant, il lui faut se rattraper et se contenter de rêves modestes et réalisables. Je crois que la solution que j'ai donnée pour la Russie est en voie de réalisation. Les événements se succèdent avec une telle précipitation que, peut-être avant l'apparition de ce livre ce sera déjà chose faite.

Pour présenter la Transcaucasie sous toutes ses faces, j'ai montré rapidement la Transcaucasie physique avec cette beauté admirable dont on a pu dire sous l'ancien régime, qu'elle était le plus merveilleux joyau de la couronne des tsars. La richesse inépuisable de son sol et de son sous-sol présente un intérêt considérable aux points de vue économique, industriel et financier. Ce pays présente trois zones distinctes : orographique, climatérique et agricole, qui ont créé des conditions sociales variées.

J'ai ensuite observé les populations au point de vue de l'origine, des races et de la culture intellectuelle. A côté des peuples cultivés, on en rencontre qui sont restés à l'état préhistorique. Dans ces petits pays, on trouve des traces du communisme et du collectivisme des premiers stades du développement humain, des formes autocratiques et féodales des temps du moyen âge. Le nombre innombrable des langues et des dialectes rappelle la tour de Babel. C'est un champ d'exploration scientifique, industrielle et sociale.

La partie centrale, habitée par les Géorgiens, évoque l'époque du féodalisme moyenâgeux avec ses propriétés caractéristiques. LesGéorgiens ont conservé longtemps leur indépendance et le sentiment politique et patriotique prédomine chez eux. La solidarité nationale, l'intérêt national priment l'intérêt individuel; mais ils n'ont pas montré cette curiosité qui pousse la société vers le progrès et la civilisation. Ce peuple voisin de la mer n'est pas marin; Possédant les moyens matériels de voyager et de coloniser, il n'a pas éprouvé le moindre désir de le faire.

La seconde partie, peuplée par les Arméniens, présente un tout autre aspect. Les Arméniens, ayant perdu depuis de longs siècles leur indépendance, ne pouvaient compter que sur eux-mêmes. Une classe entreprenante, commerçante et individualiste, avec toutes ses qualités et ses défauts, est sortie de leur milieu; elle a conservé l'amour de son pays natal et des mœurs familiales. Elle a fait preuve de curiosité pour la science, les arts et la politique; mais la vanité et l'égoïsme font quelquefois oublier les intérêts supérieurs de la nation.

La troisième partie est une agglomération de races et de peuples qui s'unissent sous le drapeau de l'islamisme, et soumis au féodalisme autocratique et despotique. L'influence des coreligionnaires turcs a contribué au développement des sentiments d'intolérance et de fanatisme : un régime rétrograde a laissé toute la population dans une stagnation propice à encourager le parti réactionnaire. La conquête russe a produit un bouleversement général, mais elle a coûté cher à la Russie. Les populations de la Transcaucasie ont accepté avec empressement tout ce que la Russie a apporté comme progrès et civilisation; mais dès que celle-ci a entrepris d'anéantir les traditions nationales et historiques, elle a rencontré une sourde et forte opposition. On ne peut le nier, ce pays a ses traditions, auxquelles il tient avant tout. Autant les populations se sont opposées aux tentatives de l'autocratie russe pour abolir ce qu'elles considéraient comme sacré, autant elles se sont opposées à l'extension du bolchevisme en montrant une résistance acharnée.

En l'espace d'un demi-siècle, le développement intellectuel sous l'influence de la culture russe a été prodigieux et rapide. Les partis politiques et sociaux apparurent et le progrès fut vraiment effectif. Cette marche vers la civilisation a produit des frottements entre les peuples et les races, en raison de l'incompréhension véritable des idées de chacun et à cause de l'excitation venue du dehors de la Russie pour les diviser.

Mais je crois que c'est un trouble passager.

Comme je l'ai dit, il y a en Transcaucasie une parenté des peuples qui tient à la nature et aux intérêts communs, soit politiques, soit économiques. C'est à l'élite de chaque peuple qu'appartient le devoir sacré de faire disparaître ces frottements artificiels dus aux intérêts différents des classes sociales. Je suis loin de penser qu'il faut tout ramener à un même niveau; au contraire, je pense qu'il faut respecter toutes les traditions bienfaisantes existantes, toutes les particularités des nations et des peuples existants, comme toutes les religions; mais toutes ont des points communs. Quand le chef du Synode russe s'est adressé au Catholicos arméniens. Hremian Haïrik, pour que les Arméniens deviennent orthodoxes, il lui fut répondu : « Toutes les religions se présentent comme un bouquet de fleurs, dont chacune exale un parfum particulier ».

Que chacun des peuples de Transcaucasie exale son parfum particulier pour la civilisation, mais reste l'ami des uns et des autres.

Je suis amené à dire le fond de ma pensée, que est celui-ci : Le patriotisme caucasien est que tous les peuples habitant la Transcaucasie, malgré leurs différences, présentent un seul peuple uni indissolublement, ayant ses bonheurs et ses malheurs communs. Je souhaiterais pour l'avenir de la Transcaucasie un régime politique ressemblant approximativement à celui que nous offre la Confédération suisse.

Je crois qu'avec de la bonne volonté on peut facilement, dans l'intérêt de tous les peuples, créer une solidarité réciproque.

Il faut que les peuples se mettent au-dessus des luttes mesquines. Il faut que, de chaque peuple, surgisse un groupe d'hommes résolus, ne pensant qu'au pays tout entier et à son bien-être, qu'ils se débarrassent de ces traditions nationalistes qui ont été alimentées et favorisées par le régime antérieur. Il faut avant tout réagir contre les haines de peuple à peuple ; à la place de cette idée d'indépendance nationale envahissante, il faut qu'il soit créé un courant de liberté nationale qui n'empiète pas sur les intérêts des autres peuples.

Il faut enfin que chaque peuple lutte contre les traditions oppressives des classes, soit contre le féodalisme, soit contre la spéculation et l'avidité des classes bourgeoises, contre son individualisme néfaste, soit contre le fanatisme religieux intolérant.

Je veux dire que chaque peuple doit être dirigé par un groupe qui lutte selon les circonstances contre les éléments dissociant la vie solidaire des peuples dans tout le Caucase. Pas un des ces peuples ne peut vivre seul, ni au point de vue économique, ni au point de vue politique ; séparément, ils sont condamnés à la dissolution complète.

C'est la solidarité qui les sauvera, la Confédération basée sur le principe d'équité mutuelle, sur un principe nettement démocratique et social.

Le projet de Confédération de Jordania, président du Conseil de Géorgie, dont nous avons parlé par ailleurs, est acceptable puisqu'il fait de la ville de Tiflis la capitale de la Confédération. Les villes de Koutaïs, d'Elizavetopol et d'Erivan seront les centres des ces trois nations. Il faudrait, en outre, internationaliser Batoum et Bakou.

J'ai le grand espoir que cette solution salutaire sera réalisée prochainement avec le concours et l'appui des représentants de la Société des Nations.

Pour moi, il est certain que cette Confédération peut être organisée. Du côté des Arméniens et des Géorgiens, il n'y a aucun doute. M. Tsereteli me disait que ce serait un acte historique de créer de bons rapports entre les Géorgiens et les Arméniens. Le ministre Gueguetchkori m'a assuré de son désir de réaliser un accord solide entre les deux nations, et je n'en doute pas. L'Azerbeydjan faisait également des propositions dans ce sens, au temps de mon séjour là-bas. Les Arméniens ne demandent que cela, mais ils ont trop souffert et ils gardent encore le souvenir de trop de violences.

Oui, cette Confédération est possible et nécessaire; mais il faut que cela se fasse en deux temps. Tout d'abord, il faut créer franchement, sans arrière-pensée, l'égalité des droits de chaque nation, ce qui est l'œuvre des trois gouvernements. Quand l'Azerbeydjan réclamait cette Confédération, je n'étais pas d'avis d'accepter sa proposition qui m'apparaissait plutôt comme une manœuvre politique parce que, avant cette réalisation, l'Azerbeydjan doit écarter toute ingérance de la Turquie dans les affaires du pays.

Cette condition d'égalité est commune aux autres contractants : c'est l'égalité de toutes les nationalités, c'est-à-dire qu'il faut que les gouvernements cessent de persécuter les autres nationalités par les réquisitions et par les oppressions de toutes sortes. Il faut que les gouvernements cessent cette politique de nationalisation forcée qui existe à Tiflis et autres villes. Une fois que les trois gouvernements auront établi cette égalité à tous les points de vue, on créera une atmosphère de confiance et de bienveillance mutuelle. Alors on pourra commencer à parler de la Confédération; sans cela cette union créera un état de choses pire que la situation actuelle, une série de malentendus qui pourront à jamais anéantir la possibilité de ce bienfaisant projet. Je ne doute pas qu'il y ait, en Géorgie, des éléments sincères parmi les social-démocrates, qui se sont débarrasés des sentiments chauvins et qui sont prêts à collaborer honnêtement et franchement à cette œuvre. Les Arméniens ont aussi des éléments suffisants pour cela, si le parti dachnakiste cesse d'être un parti étroit dans ses aspirations et incohérent dans son programme politique et social.

La difficulté réside dans l'Azerbeydjan ; mais j'ai espoir qu'il y a aussi un noyau d'hommes pensant juste dans le parti Goummet et Moussafat, qui est caucasien, par ses aspirations. Cette réalisation de l'égalité peut marcher rapidement avec la bonne volonté de chacun. Alors la création de la Confédération de Transcaucasie sera chose faite et elle doit venir de l'initiative, non pas des gouvernements, mais des trois peuples eux-mêmes.

La réalisation de cette Confédération sera la plus grande joie de ma vie.

APPENDICE PREMIER

Rapport du Dr Loris-Mélicof
à M. le Directeur des Affaires politiques
au Ministère des Affaires étrangères

Avant de vous exposer mes impressions sur la Russie méridionale, je suis obligé de dire quelques mots sur mes pouvoirs et sur mes moyens d'enquête et d'action pour dissiper le grand malentendu franco-russe.

D'après les autorités civiles et militaires de Constantinople, mes pouvoirs ont paru presque nuls et j'ai dû voyager comme un simple particulier en profitant de mes relations personnelles.

Déjà à Paris, j'ai senti la nécessité d'avoir des renseignements officiels sur les faits qui ont précédé cette hostilité arrogante russe envers la France et sur ce que celle-ci a fait pour la Russie pour pouvoir démontrer que l'amitié française pour les Russes est toujours cordiale et désintéressée. M. Clemenceau m'a adressé à Vous, votre Secrétaire m'a adressé à M. Kammerer et lui, me faisant savoir que je suis envoyé par le Président du Conseil, m'a dit que les autorités locales d'ici me mettront au courant de tout. M. Defrance, étonné de mon arrivée inattendue, m'a déclaré que Votre lettre lui suffisait, il m'a donné un mot d'introduction pour le Colonel Bouchet, Chef d'état-major du Général Franchet d'Esperey absent, avec cette mention, « recommandé tout particulièrement par le Ministre des Affaires étrangères ». Il a donné pour les autorités civiles et militaires d'ici une lettre banale, demandant de me prêter « aide et protection ». Le Colonel Bouchet m'a déclaré que mes papiers officiels ne représentaient pour lui aucune importance et que sans la lettre du Haut-Commissaire, il ne me recevrait pas. Il m'a fourni, quand même, quelques renseignements intéressants à savoir, que la France aide la Russie avec l'Angleterre et les frais sont partagés également, que les Anglais sont corrects, que le Colonel Corbel remplit bien sa mission et que Odessa a été évacuée à cause de l'impossibilité de la ravitailler. Il a exprimé l'étonnement que le Ministère qui donnait tous les ordres et qui est responsable de tout ne m'ait pas fourni tous ces renseignements.

Le Colonel Corbel m'a déclaré aussi que d'après mes papiers il ne pourrait rien faire pour moi sauf la facilité de mon séjour au point de vue pratique, ce qui m'a forcé d'envoyer une dépêche par son entremise au Ministère de la Guerre. Ayant terminé mon enquête sur l'enseignement supérieur à Constantinople, dont je vous ai envoyé le compte rendu par un officier partant pour Marseille les premiers jours d'octobre, j'ai quitté Constantinople le 8 octobre pour Odessa, Novovossysk, Rostov, où je suis arrivé le 17 octobre.

Au cours de ce voyage, j'ai dû par conséquent m'adresser aux Russes, témoins oculaires, dignes de confiance, que je rencontrais ou à mes anciens amis que j'ai retrouvés dans ces villes. Tout le voyage, je l'ai fait en compagnie du député Alexinsky.

Le fait qui domine, qui englobe tout, dans cette hostilité manifeste et générale, unanime soit de la population, soit des gouvernements, soit des hommes politiques de toutes nuances, c'est l'affaire d'Odessa.

Je ne connais pas vos rapports officiels ni vos enquêtes et je parlerai comme un observateur puisant les renseignements dans les témoignages russes :

Le reproche principal se résume dans ces faits pendant le séjour des troupes françaises du mois de décembre 1918 au mois de mars 1919 les autorités françaises ont montré :

1) Une vénalité effrénée, des concussions, des spéculations innombrables.

2) Une arrogance, une brutalité des troupes envers la population et l'armée volontaire.

3) Politique favorable à l'Ukraine et des rapports cordiaux avec Petlioura.

4) Une désillusion sur les Français dont la venue a été accueillie avec joie et confiance.

5) L'évacuation précipitée en 48 heures a été précédée par un radio disant que le Ministère Clemenceau est tombé et il a fallu évacuer la ville juste au moment où les troupes françaises étaient arrivées en grand nombre et quand les forces bolcheviks étaient insignifiantes et ne présentaient que des bandes à moitié armées. Le nom du Colonel Freddenberg circule dans toutes les bouches comme le principal coupable ! ! !...

On parle de dizaine de millions de roubles sous forme de sucre et d'autres produits reçus par lui à ce moment. On parle des maîtresses qui ont joué un rôle néfaste, dirigeant pendant tous ces événements.

Il paraît que la précipitation d'évacuer a été si grande qu'on a enlevé les appareils de radio pour ne pas recevoir de contre-ordre.

Ensuite vient la vénalité des places sur le bateau partant pour Constantinople avec les émigrés. On raconte que les places ont été payées 10.000 roubles par les riches.

J'ai entendu des plaintes sur un Commissaire du Gouvernement français dont le nom m'échappe, sur le bateau, mais cela n'a pas été général.

Quand on se plaignait à ce moment aux Anglais, ils répondaient que c'était la zone d'influence française, et après l'évacuation française ils ont commencé de bombarder la partie la plus étroite de l'Isthme de deux côtés par les croiseurs « Emperor of Radia » et « Goradok » et ont empêché par ce moyen de passer aux bolcheviks en Crimée.

Que devais-je répondre à ces accusations? Sans pouvoir contrôler ces faits, sachant que ces témoignages pouvaient être exagérés et sont sujets à caution, je leur disais que je désapprouvais si cela était vrai, que le Gouvernement français n'était pour rien dans ces événements, qu'il est animé toujours de sentiments de haute justice et qu'une enquête punira les coupables, que c'est un incident malheureux de la guerre, qui n'est pas le premier. Je donnais comme exemple, le bombardement insuffisant de Constantinople en 1916, l'expédition des Dardanelles, etc... et que c'est un grand malentendu mais que la France reste toujours l'amie dévouée et désintéressée.

Ces événements si regrettables par eux-mêmes sont-ils suffisants pour créer ce courant d'hostilité arrogante, cette animosité générale...

Evidemment non.

Odessa a été toujours une ville allemande dépendant économiquement des Allemands qui ont laissé après leur dernier passage des représentants et ce sont eux qui ont fait mousser ces faits. S'il n'y avait pas de journaux subventionnés par eux, il y avait des articles payés. D'autre part, des autorités dirigeantes russes, une partie est germanophile, c'est dans leurs mains que se trouve toute la presse officielle, semi-officielle (60 journaux) et elles ont poussé à ranimer et à exciter l'opinion publique. Enfin il paraît que M. Denikine a un caractère rancunier. Le Général Franchet d'Espérey est considéré ici comme un ennemi des russes, un russophobe, et on dit de lui qu'il ne marche que sur « les cors douloureux des pieds ».

Le témoignage du secrétaire du Consulat anglais qui s'est mis gracieusement à ma disposition mérite d'être mentionné :

« Il m'a dit que lesRusses sont des quémandeurs qui ne reconnaissent jamais leurs torts et quand je lui ai parlé de la solidarité des alliés il m'a répondu que la réalité est tout autre. Quand Odessa a été évacué, les Français au lieu de remettre des centaines de mille kilos de chocolat, biscuits, etc... au consul français ou anglais, ont laissé tout cela aux bolcheviks. La même chose pour le matériel de guerre à Nicoloeff. Les autorités françaises l'ont refusé, il paraît, à l'armée volontaire qui le demandait.

A Odessa, j'ai vu mon vieil ami Ovsianiko Koulikovsky, rédacteur du journal « Joujnojo Slovo » (académicien) officiel, le Consul français Vautier, qui s'est chargé de vous envoyer ma dépêche avec bienveillance. Il m'a déclaré qu'il entend remplir son rôle de Consul sans se mêler aux affaires qui ne le regardent pas. Je le mis en rapport avec le représentant de l'Agence « Union » et j'ai formé un groupe pour faire notre propagande en priant le Consul de l'aider et de contribuer à la réception régulière et prompte des journaux français. Il paraît que le journal le plus répandu à cause de l'arrivage régulier c'est « l'Humanité », ce qui fait croire que la France est bolchevique. J'ai visité pendant mon séjour de 48 heures à Odessa des représentants des différents groupes politiques. Ils m'ont dit, que s'ils ne reprochent rien au Général Denikine au point de vue de la politique générale, ils trouvent ses nominations des représentants du pouvoir, comme préfets, etc..., malheureuses. Etant des officiers de l'ancien régime, ils continuent la même politique et font des arrestations et des fermetures des corporations ouvrières d'une façon arbitraire. Avant les élections municipales on a arrêté le Maire de la Ville de Sébastopol et d'autres personnalités marquantes.

A cause de cela le bloc socialiste a passé aux élections. La même chose était prévue à Odessa et elle s'est réalisée depuis aussi dans cette ville. Après un voyage pénible d'Odessa à Novorossik sur un bateau russe et de Novorossik à Rostov en chemin de fer, je suis arrivé à Taganrog le 18 octobre extrêmement fatigué et brisé moralement, sans bagage, parce que le wagon des bagages enregistrés a été pillé par les brigands.

Quelques jours ont passé pour retrouver une partie de mon bagage, puis je me suis mis à la besogne. Voyant que de la part du Colonel Corbel je ne trouverai aucune aide officielle, j'ai pris la décision de me débrouiller moi-même. Je suis revenu à Rostov pour voir quelques personnalités importantes. J'ai vu le Professeur Novgorotzeff, les Professeurs Astroff, Teslenko, Sakoloff, Tchirikoff, Fedoroff, ministre sans portefeuille, Neratoff, ministre des Affaires étrangères, etc..., en remettant mon audience chez le Général Denikine, après avoir étudié son milieu ambiant, sa mentalité et sa manière de voir d'après ses discours prononcés. Il m'a fallu pour ces visites quelques jours à cause de la lenteur proverbiale, l'ignorance des adresses et la possibilité de les trouver chez eux.

L'organisation civile, d'après l'avis général, est chaotique. Je vous la décrirai plus bas. Trois partis politiques sont représentés ici, tous les trois se groupent autour de Denikine : l'Alliance de l'Union politique est conservatrice et à tendance germanophile; le Centre national qui se mêle un peu avec le premier parti qui n'a presque pas cette tendance et, enfin, l'Alliance de Renaissance qui est franchement démocratique et plutôt francophile.

Les sympathies allemandes sont assez fortes. On m'a dit que les officiers, après les événements d'Odessa, criaient à Ekaterinodar, que les Russes battront les Français avec les Allemands. On m'a dit que la moitié des officiers est germanophile, mais Teslenko m'a assuré que les autorités responsables de la direction sont des francophiles.

Les membres du Ministère de propagande (Osvag), Professeur Sokoloff, Enguelgard et Professeur Grimm sont, paraît-il, des germanophiles.

On m'a assuré que beaucoup des membres du Gouvernement sont en rapport avec les représentants du commerce et de l'industrie allemande et ils font des affaires avec eux. A Rostov ils sont, paraît-il, nombreux avec leurs échantillons de marchandises.

Ce qui nous frappe tout d'abord en causant avec ces soi-disant hommes d'Etat, c'est qu'ils ne savent pas sérier les questions et distinguer les choses importantes des choses insignifiantes.

Le Professeur Novgorotzeff m'a lu le memorandum qu'il adressait au représentant russe à Paris, où il dit notamment que l'affaire d'Odessa est une bagatelle, mais que l'important est que la nation française ne fasse pas des manifestations contre les bolcheviks et que tant que la France ne fera pas ce mouvement populaire en faveur des antibolchevistes, l'alliance franco-russe ne pourra pas exister, que M. Clemenceau déteste la Russie parce qu'il a dit que la Russie n'existait pas. Quand je lui ai répondu que s'il avait parlé ainsi, c'était parce que la Russie dans les limites de son territoire d'avant-guerre ne présentait pas un Etat organisé, il a protesté que la Russie de Denikine est suffisante et qu'il sait ce qu'est un Etat, puisqu'il est professeur de Droit public. Enfin, il a accepté cette expression de Clemenceau comme une boutade. Ensuite il a parlé longuement de la politique française en Ukraine et en Pologne, dans les pays limitrophes et tant que la France n'aidera pas d'une façon réelle, ils n'accepteront pas l'alliance, que la Russie est capable de faire une seconde guerre, mais la France est si épuisée qu'elle sera rayée du monde.

Le Professeur Sokoloff m'a parlé dans le même sens en m'apportant cet exemple pour appuyer sa pensée que leur délégation avec le Général Dragomiroff a été reçue par M. Clemenceau, mais le Président n'a pas envoyé sa carte de visite au Général. A ma réponse que cela ne se fait pas, il m'a répondu que, à Londres, le Ministère de la Guerre a envoyé à leur rencontre son représentant. J'ai répondu qu'à Constantinople, après avoir fait la visite au Haut-Commissaire français, anglais, italien et américain, ce dernier seul m'avait envoyé sa carte et que cela ne signifiait rien.

Il a enfin reconnu que tout cela est insignifiant et a fini de m'assurer qu'il est tout prêt à m'aider dans ma mission. Alors je lui ai dit que, puisqu'il est à la tête de la propagande et que toute la presse et les publications sont sous ses ordres, qu'il crée le mouvement en faveur de la France et de l'alliance. Je lui expliquai tout le désintéressement et le dévouement de celle-ci pour le peuple russe, les intérêts identiques des deux pays et que sur ces événements d'Odessa, épisode regrettable, on fera une enquête et que M. Clemenceau, grand partisan de la justice, punira les coupables. Le Ministre Nératoff, comme diplomate fonctionnaire de l'ancien régime, m'a reçu avec bienveillance et m'a assuré que le mouvement en faveur de la France commence déjà doucement et qu'il ira *crescendo*.

Je lui ai reproché de tenir l'opinion publique dans l'ignorance de ce que la France partage les frais des Anglais, il m'a répondu qu'il le sait non officiellement. Alors, je lui dis que le Colonel Corbel est une personne officielle et que tout ce qu'il dit est officiel.

Cela me ramène à vous dire quelques mots sur les Anglais. Ils sont nombreux : 150 officiers et 2.000 hommes. Auprès de chaque général russe au front il y a une liaison anglaise. Ils se conduisent ici comme les vainqueurs. Le remplaçant du Chef de la Mission m'a dit qu'ils donnent les instructions à leurs officiers de ne pas se mêler aux discussions contre les Français et de soutenir les Français dans les cas nécessaires.

Ces Messieurs — les hommes politiques mentionnés plus haut — m'ont parlé aussi de la reconnaissance de la Russie pour la Conférence de la paix. Je leur répondais de cette manière : Promettez-moi la solidarité sur tous les points de vue avec les Alliés, reniez toute alliance avec l'Allemagne et je vous promettrai cette reconnaissance.

J'ai lu tous les discours du Général Denikine et d'après ces discours, d'après l'opinion unanime, d'après son origine paysanne, il paraît un véritable démocrate sans ambition, sans vanité qui désire sincèrement et passionnément la libération de la Russie, une et indivisible. Il a dit à mon ami : « Je me présenterai à la Constituante et si je ne suis pas élu je m'occuperai de la culture des choux. »

Par son véritable patriotisme, sa sincérité et sa simplicité, il a conquis le cœur de tout le monde, il est devenu l'idole de tous et il jouit d'une grande popularité. A Odessa, de son hôtel, il est allé à pied accompagné d'une foule d'ouvriers sur les quais à une usine et monté sur une tribune d'où parlent les bolcheviks, il a prononcé un discours en faveur des ouvriers. Ces quelques jours d'observations et de conversations m'ont inspiré le désir que mon audience avec Denikine soit officielle, que les déclarations de Denikine soient officielles pour pouvoir les publier.

J'ai confié mon projet au Ministre Fedoroff que j'ai connu autrefois à Pétrograd, qui m'a paru avoir beaucoup de bon sens et qui est francophile. Il m'a promis de parler au Ministre des Affaires étrangères Nératoff. C'était le 25 octobre.

Mon but était de vous télégraphier cette déclaration contresignée par Nératoff pour pouvoir la publier à Paris avant les élections. Le 27, Fedoroff m'a apporté une réponse favorable, le 28 je suis allé voir Nératoff et j'ai mis au courant de mon projet le Colonel Corbel. Nératoff m'a promis de me ménager l'audience dans quelques jours avec cette restriction que le Général Denikine n'aime pas publier les conversations privées. Je lui ai dit que cela se faisait en Europe, qu'il n'y a que deux ans qu'il occupe cette situation, qu'il peut facilement s'adapter à ces manières diplomatiques. Mais, voilà, ce soir, le 2 novembre, je n'ai pas de réponse. Certainement, les conservateurs craignent de se compromettre, dans leur milieu, en donnant les assurances claires et nettes. Ce soir, je viens de téléphoner au Colonel Corbel que je vais à Taganrog, 1 heure 1/2 de voyage, demain si M. Nératoff et lui n'arrangent pas cette audience, j'irai peut-être moi-même chez le Général. Le Colonel Corbel m'a répondu qu'il s'entendra ce soir avec M. Nératoff. Voici les questions que je tiens à soulever :

1º Salut du Chef du Gouvernement français ;

2º Assurance de la solidarité de l'alliance franco-russe ;

3° Solidarité dans tous les principes démocratiques des Alliés ;

4° Impossibilité de l'alliance germanique ;

5° Pas de retour en arrière à la réaction et à l'ancien régime ;

6° Le futur régime démocratique sera défini par la Constituante, la Monarchie constitutionnelle ou la République.

7° Large autonomie régionale avec décentralisation suivant les traditions nationales, la langue et la religion ;

8° La protection contre l'arbitraire des minorités techniques ;

9° La terre aux paysans avec le rachat ou non et la législation ouvrière.

En attendant cette rencontre je dois vous parler du Colonel Corbel :

Il est bien vu ici et après les événements d'Odessa on le plaignait plutôt.

La Mission est minime et sans importance, trois officiers dont M. Duchenne paraît très bien.

Sur moi il a produit l'impression d'un homme inoffensif et sans énergie ni autorité. Mon arrivée lui a déplu par crainte de concurrence peut-être.

Quelques faits désobligeants envers moi démontrent cette impression.

Le Consul remplaçant est un homme qui n'est pas tout à fait à sa place. Directeur de la Société Dreyfus et C°, il a son Consulat dans cette maison, dans un pays où domine l'antisémitisme, cela produit une impression très défavorable. Il est déplaisant, peu aimable, il spécule ici.

Le Professeur Novgorotzeff est venu me voir tout changé favorablement pour les Français. Il m'a promis de remettre un mémorandum que je vous enverrai. M. Gramage avec Maklakoff sont arrivés. Gramage a fait des déclarations au sujet de la France tout à fait remarquables que je pourrais signer. Il a parlé comme je parlerais moi-même. Il a produit de l'impression et le changement de Novgorotzeff s'explique par ce fait.

L'alliance Renaissance a organisé une réunion où ont été invités Gramage, Maklakoff et moi comme représentant français. Le Président Miakotine nous a souhaité la bienvenue à nous trois.

Il se dessine un courant contre moi comme représentant de la démocratie pour empêcher mes projets. Je vous en parlerai une autre fois quand j'aurai des renseignements complets. Cette lettre que vous remettra Alexinsky vous fournira tous les renseignements que vous désirez.

Excusez cette écriture et mon style, je ne fais pas copier par crainte d'indiscrétion. Espionnage et contre-espionnage fourmillent à chaque pas à Constantinople et ici.

En outre, je suis blessé du fait de l'organisation défectueuse des chemins de fer.

Je vous prie de communiquer ma lettre au Président.

Votre bien respectueusement dévoué.

Dr Jean LORIS-MELICOF.

Le 2 novembre 1919.

APPENDICE II

Lettre du Dr Loris-Mélicof à M. le général Mangin chef de la mission militaire française dans la Russie méridionale

Rostov s/D, le 25 octobre-7 novembre 1919.

Mon Général,

A mon arrivée à Taganrog, monsieur le Colonel Corbel a eu l'extrême obligeance de m'inviter à déjeuner le lundi 20 octobre. Me trouvant au milieu de son état-major amical et bienveillant, après un voyage pénible et plein d'accidents fâcheux, je changeais, à bâtons rompus mes impressions sur des incidents et entre autres sur la grossièreté des officiers russes à la gare de Rostov. La conversation roulait aussi sur la Russie en général. Un des officiers que le Colonel m'avait présenté la veille, comme son adjoint, à la fin de ce repas privé, a protesté contre mes paroles en disant qu'il était russe et en me recommandant la prudence. Cet incident m'a fortement étonné, car je croyais me trouver dans un milieu exclusivement français. Quoiqu'il n'ait été prononcé par moi rien de blessant, sous aucune forme, sauf une critique objective de la vie russe, néanmoins j'ai cru de mon devoir de m'excuser auprès de cet officier russe. Il n'a pas soulevé une conversation contradictoire pour préciser sa pensée, comme cela sied à un homme loyal et honnête, mais il s'est tu, ce qui m'a fait considérer l'incident comme clos. Il se passe une huitaine de jours et je demande, le 28 octobre, au Ministre des Affaires étrangères M. Neratoff une audience officielle auprès du Généralissime Denikine. Il me promet gracieusement d'arranger cette entrevue pour la fin de la semaine. Ne recevant à cette date aucun avis je prends la liberté de téléphoner au Colonel Corbel en le priant de faire prendre des renseignements à ce sujet auprès de M. Nératoff et en l'informant que de toute façon le lendemain j'allais me rendre à Taganrog pour voir M. Denikine. Le 3 novembre j'arrive à Taganrog où le Colonel Corbel me communique que l'officier russe en question, le lieutenant Dietch, m'a dénoncé au Généralissime Denikine et à son entourage comme ayant froissé les officiers russes, et que M. Tatischtchef, Ministre-adjoint des Affaires étrangères était venu annoncer au Colonel Corbel que le Généralissime refuse à cause de cela de me recevoir et que l'incident sera communiqué à l'ambassadeur de Russie, M. Maklakoff.

Suivant le conseil du Colonel Corbel, je me suis rendu chez M. Nératoff et chez M. Tatischtcheff. Tous les deux ont reconnu le peu d'importance de cet incident et M. Neratoff a ajouté que malgré cela il était maintenant gêné pour demander l'audience sollicitée par moi. Il m'a donc conseillé d'agir par l'intermédiaire du Chef d'état-major, le Général Romanofsky. Ce dernier, après avoir écouté mes explications, a promis de transmettre au Généralissime ma demande d'audience. Je viens de recevoir la réponse envoyée par l'officier d'ordonnance du Général Romanofsky, m'informant que le Généralissime étant très occupé ne peut me recevoir ni maintenant, ni prochainement. Il importe de noter que deux jours auparavant, samedi le 1er novembre, le Commandant-adjoint auprès du Quartier-Général a envoyé son officier d'ordonnance à mon domicile à Taganrog, d'où j'étais absent, pour dire que le Généralissime désirait me voir.

Etant envoyé en Russie chargé d'une mission par le Ministère des Affaires étrangères de France, sur l'initiative du Président du Conseil M. Clemenceau, pour tâcher de dissiper les malentendus franco-russes, les faits précités de l'officier Dietch, l'attitude de M. Neratoff et des autres..., prennent, me semble-t-il, une importance particulière en ce qui concerne la dignité de la France, ce qui ne pourra évidemment pas vous échapper.

En votre qualité de Chef de la Mission militaire française, je juge indispensable de porter, mon Général, à votre connaissance ce qui précède, en joignant à la présente une copie de la lettre que je viens d'adresser au Généralissime Denikine en réponse à son refus de me recevoir.

Veuiller agréer, mon Général, l'assurance de mon profond respect.

APPENDICE III

Extraits de la lettre du Dr Loris-Mélicof
au général Denikine

Excellence,

Je viens de recevoir la lettre de l'adjudant du Chef de votre Etat-Major m'informant qu'étant très occupé vous ne pourrez me recevoir ni maintenant, ni prochainement.

Je ne puis évidemment pas en discuter les raisons, mais comme il m'est impossible de vous voir, je me décide à vous exposer par écrit ce que j'aurais voulu vous dire verbalement.

J'ai voulu vous transmettre le salut de la France, du peuple français, du Chef de son Gouvernement que je connais bien personnellement depuis longtemps.

Je dois vous dire que votre place à la table du Tribunal Suprême des Etats Alliés est libre, que votre absence est regrettée surtout par la France et qu'elle attend impatiemment l'instant où vous occuperez cette place à côté des autres plénipotentiaires. Si cette place demeure inoccupée, ce n'est ni la France, ni vous-même qui en êtes fautifs. Cette guerre a créé un grand nombre de raisons et circonstances que je ne veux pas examiner en ce moment. Je dirai seulement que cette absence entraîne de très sérieuses conséquences. En vous trouvant loin de la France, il se crée entre vous et elle une atmosphère d'incompréhensibilité mutuelle et, grâce à des intermédiaires de toute sorte qui ne sont pas à la hauteur requise, il s'est amassé des nuages, au préjudice des intérêts des deux peuples, car je sais sûrement que le peuple français est l'ami désintéressé et cordial du peuple russe. C'est pourquoi je voudrais chaleureusement que vous aussi de votre côté, envoyiez, au nom de votre peuple, votre salut au peuple français et au Chef de son Gouvernement. Je voudrais que vous confirmiez qu'il continue de subsister entre la Russie et la France les mêmes liens cordiaux qu'auparavant et que l'ancienne alliance amicale n'a été nullement secouée malgré toutes sortes de malentendus qui ont surgi en si grand nombre entre tous les peuples.

Je voudrais que vous déclariez que rien ne vous attire vers l'ennemi commun et que, par contre, vous demeuriez solidaire avec les Alliés et que vous reconnaissiez tous leurs principes fondamentaux.

Mais à quoi bon exprimer tous ces vœux, quand le refus du Chef de votre Etat-Major les rend irréalisables et met fin à votre déclaration qui est si importante et si indispensable à l'heure actuelle ? Mais je ne désespère pas, vous direz peut-être au nouveau Chef de la Mission française, le Général Mangin, qui vient d'arriver, ce qu'il me tarde tellement de recevoir de vous ; car il ne s'agit pas des individus à qui le dire : la question est si importante que les personnes y perdent leur signification et traits distinctifs. Peu importe à qui vous le direz, mais il importe que vous le disiez et ce le plus tôt possible, que vos déclarations claires et précises, comme vous en savez faire de si fortes, puissent faire disparaître les petits courants dans la vie sociale et politique de la France, qui sont enclins au bolchevisme et créent de la confusion des notions et une série de doutes dans certains milieux sociaux qui ne sont pas entièrement convaincus du démocratisme de vos idées.

Vous objecterez peut-être que vous avez déjà dit tout, mais vous savez qu'on doit sans cesse répéter à la foule la même chose, afin qu'elle la fasse sienne. Il n'y aura pas de mal à ce que vous le disiez : par contre, il y en aura du profit. Vous procurerez de la sorte une satisfaction immense non seulement à la France, mais aussi à tous vos Alliés, à tout l'univers.

Cet acte de haute politique accélèrera sensiblement la prise de Moscou et le triomphe de toute la Russie.

Le Délégué au Sud de la Russie du Ministère
des Affaires étrangères de la France,
nommé sur l'initiative du Président du
Conseil des Ministres, pour l'amélioration
des rapports entre la Russie et la France.

APPENDICE IV

Extraits du rapport du Dr Loris-Mélicof
à M. le Directeur des Affaires politiques
au Ministère des Affaires étrangères

Monsieur le Directeur,

Dans cette lettre je tâcherai de tirer quelques conclusions sur l'état actuel de la Russie Méridionale.

La figure dominante, dont la popularité a atteint, comme je vous l'écrivais dans la précédente lettre, le point culminant est incontestablement le Général Denikine, qui a créé de rien l'armée volontaire et qui lui a donné toute son âme. Est-il vraiment l'homme qui ramènera toute la Russie à l'état normal et sauvera le pays tout entier de la ruine et de la désorganisation générale ?

En pesant le pour et le contre, ma réponse sera plutôt négative et voici pourquoi :

Avec toutes les qualités d'un brave homme, il lui manque l'intelligence d'un homme d'Etat, l'instruction générale et la culture et surtout la force pour s'imposer. Tout en acceptant des mesures rationnelles il lui manque des directives, un plan d'ensemble, le savoir-faire. Il est tout le temps ballotté de droite à gauche ; menacé par les réactionnaires qui, d'après lui, comploteraient contre sa vie, il se méfie des gauches qui ne présentent une force ni militaire, ni morale, à qui comme il le dit, il a proposé de se charger de tout, mais qui ont refusé. Pour ce motif, ses solutions politiques ne donnent satisfaction à personne. Cependant avec sa' popularité il pourrait faire beaucoup de choses s'il savait bien ce qu'il faut faire. Il ne se rend pas compte que toute popularité est passagère, s'il n'en profite pas à temps et s'il ne prend pas une note juste qui fasse vibrer le cœur de tout le monde.

Il doit imposer à tous avec force sa volonté, sa manière de voir en créant un milieu uniforme d'exécuteurs soit dans son entourage, soit dans l'administration. Autrement cette maison de cartes qu'est la Russie Méridionale en ce moment à cause de cette instabilité qui se manifeste partout, s'écroulera avec lui.

En dehors de sa personne si populaire y a-t-il quelques éléments stables qui puissent soutenir cette construction si fragile ?

Je ne le pense pas.

D'après l'avis des gens compétents, un état chaotique existe dans la gestion et dans la direction. Le monde dirigeant est conscient de cet état, et en ce moment il s'agite et se propose de faire de grands changements dans la vie politique générale (création du pouvoir législatif et exécutif) et dans le règlement des autonomies environnantes (des mesures sévères viennent d'être prises sous forme d'ultimatums, coup d'Etat et terreur politique dans l'Etat de Kouban). L'impression générale qui se dégage, est qu'on est en présence d'une maison, d'une propriété sans maître, qu'on veut sauver des ruines, mais tout le monde pense plutôt à ses intérêts, et se perd dans les détails au lieu de poursuivre le but principal. Tous, ont l'air égaré ne trouvant pas l'orientation nouvelle et juste. Se sentant impuissants devant l'immensité de leur tâche, ils tombent en accusation sur les alliés, sans reconnaître leurs propres fautes.

La grande majorité des militaires est recrutée principalement parmi les émigrés qui, n'ayant rien appris des événements sanglants, ont soif de se venger des bolcheviks pour rétablir l'ancien régime. Les intellectuels, une minorité infime, en partie reconnaissent la dictature de Denikine par patriotisme, en désespoir de cause; les autres hésitent en fouillant leur conscience et se demandent s'ils ne vont pas trahir leurs principes politiques. La grande masse, les paysans, s'intéresse avant tout à son existence propre; la question qui les préoccupe c'est le partage des terres, et pour le reste ils sont indifférents. Malgré le suffrage universel, il n'y a eu que 10 % d'électeurs qui se sont présentés aux élections municipales et quelques-uns se demandent à quoi bon toutes ces idées démocratiques auxquelles le peuple manifeste un si minime intérêt. Au point de vue psychologique on observe une exagération de la sensibilité, une nervosité maladive qui permet de dire à certains qu'on est dans une maison de fous. Un abaissement intellectuel et moral s'ajoute à cet état lamentable des populations d'ici. Par-dessus tout cela dans le peuple domine la misère noire et elle est indescriptible : manque absolu des objets de première nécessité. On m'assure que plus on s'enfonce dans le pays, plus cette misère est frappante. Les villes et les villages sont vides, maisons fermées, la vie morte.

Dans ces conditions, même la question agraire qui est la plus urgente, perd de son acuité. A quoi bon la terre quand on n'a rien pour cultiver, pour faire des échanges, quand on n'est pas sûr du lendemain ! En outre, on a perdu l'assurance de la stabilité : il s'est succédé tant de gouvernements ! On reproche à la nouvelle loi agraire que le paysan se trouve en face de propriétaires et que de là naît une série de conflits agraires regrettables; mais l'absence d'un pouvoir fort et bien policé seul, disent les uns, empêche que l'Etat ne soit l'intermédiaire pacificateur. Les commissions d'entente, disent les autres, empêcheront ces conflits. Cette grande question de la Terre « au point de vue économique » et même politique, est des plus importantes en Russie.

Dans une étude approfondie de Pechehonoff, dans le journal « Parouss N 11/1919 », démontre que la réforme proposée de l'aliénation des terres aux paysans se fera de la même manière qu'avant la révolution, sans aucune amélioration, qu'elle n'a pas pu résoudre cette question agraire et que la réforme projetée ne donnera aucune satisfaction aux paysans dans son application.

Cependant, le succès du bandit Mah io s'explique par l'extrême urgence de la solution rationnelle de la question agraire, puisqu'il annonçait en arrivant dans chaque village que la terre est aux paysans qui le suivaient en grand nombre. Si on tourne les regards du côté de la classe aisée, de la bourgeoisie, on constate une situation toute différente, surtout dans cette région de Rostov, avec les villes environnantes. Tout ce monde s'enrichit d'une façon fabuleuse. Des fortunes immenses de milliardaires apparaissent d'une façon prodigieuse. La spéculation de toute nature règne partout ici et tout le monde spécule. Le général Denikine a-t-il profité de cet enrichissement des villes pour son armée, a-t-il réquisitionné ces sommes formidables ? Non. Il y a quelques mois il a demandé 25 millions et jusqu'à présent cette somme n'a pas encore été réunie.

La même spéculation, la concussion sont pratiquées par les hauts fonctionnaires du gouvernement (l'affaire de Ribouchinsky). La spéculation se fait aussi sur l'argent russe. La valeur du rouble tombe d'une façon vertigineuse, ainsi, pour un franc on a 35 roubles. Comme conséquence de cette dépréciation on voit une variation inégale non proportionnée dans le prix du travail et des marchandises, ce qui produit une instabilité économique et la désorganisation financière. Au point de vue militaire, on constate la même instabilité. L'armée s'avance en général le long des chemins de fer. Les espaces entre les corps de troupe sont immenses par où se produit une infiltration des bandes bolcheviks, des noyaux de gens sans travail qui font les pillages et s'associent aux bolcheviks. Il paraît que les spéculateurs voyagent facilement, jusqu'à Moscou. On me signale aussi la présence des Allemands commis-voyageurs dissimulés qui font les affaires commerciales ici. Les persécutions sanglantes contre les juifs sont générales quoique le général Denikine se soit prononcé contre elles, mais les derniers pogromes de Kiev ont surpassé les précédents par la terreur, la cruauté et le cynisme. Même les intellectuels y ont pris part. Il y a des rumeurs annonçant qu'on prépare un pogrom ici.

Je passe aux sentiments sociaux. Il est incontestable qu'on assiste au réveil du véritable patriotisme russe au point de vue territorial. Il se manifeste surtout dans l'armée volontaire et dans « l'intelligence », mais ce patriotisme est plutôt celui du peuple dominant — des Grands-Russiens qui veulent rétablir le territoire de l'ancienne Russie et surtout sa puissance d'autrefois pour qu'elle soit « une, grande et indivisible ». Ce patriotisme sans autre idéal et sans esprit créateur, avec un orgueil national démesuré, est animé de la foi mystique en la grande puissance russe qui dominera l'Europe. Une rancune profonde de l'humiliation qu'ils éprouvent de leur impuissance devant les bolcheviks anime tous ces patriotes et ils attendent l'heure favorable pour la vengeance avec impatience. Voilà l'état d'esprit qui domine chez tous ces réfugiés du centre de la Russie; quant aux indigènes de ces villes, ils sont plutôt indifférents à cette ardeur patriotique comme toutes les autres nationalités qui habitent ici. Dans les sphères gouvernementales et dans l'administration générale, on observe une lutte des tendances politiques et il se produit des frottements, des désaccords dans l'action qui aboutit à un état chaotique.

Dans le Conseil spécial (Osoboje Sovichtchonié), parmi les vingt-deux membres il n'y a que cinq démocrates. Dans le département d'information (Osvag); parmi les trois directeurs, il y a au moins deux germanophiles (Grimm et Engelgard). Le général Denikine a beaucoup de bon sens et il paraît qu'avec son consentement le membre influent du Conseil, M. Astroff, a fait un rapport de la situation politique actuelle si noir que Denikine s'est écrié en plaisantant : « Je n'ai qu'à me suicider après ça ! » La même incertitude règne dans la diplomatie. En général, ils attribuent leur humiliation nationale aux étrangers ainsi qu'aux nationalités qui se sont formées en Etats autonomes, sans parler des bolcheviks. Le général Denikine tient à soutenir l'alliance franco-russe, mais il garde encore rancune à la France. Il a dit à un de mes amis : « La France maintenant cherche notre amitié et elle s'humilie devant moi. » Il est incontestable que les derniers temps il s'est produit un grand changement dans les rapports franco-russes et l'ordre est donné à la presse d'écrire en faveur de la France. Au point de vue de la diplomatie en général, les gouvernements veulent avoir les mains libres, comme ils disent dans les journaux, et ne veulent pas prendre des engagements avec les alliés ni donner des garanties tout en exigeant des secours comme une obligation morale de leur part. Au fond, ils éprouvent de la haine contre tout étranger et tiennent à se débarrasser d'eux à la première occasion.

Ni la France, ni les alliés ne peuvent compter sur eux ni maintenant, ni après leur libération des bolcheviks. La Russie variéra à chaque moment suivant l'appui réel qu'on lui offrira; toujours elle accusera les autres sans reconnaître ses propres fautes. La guerre, la révolution ont créé en Russie méridionale une situation toute nouvelle — un chaos! Aux situations nouvelles il faut opposer de nouvelles solutions. La situation est extrêmement grave. Voilà deux ans que les bolcheviks gardent la plus grande partie du centre de la Russie et opposent une résistance acharnée. En ce moment ils enregistrent encore des succès, au nord Omsk est repris, Koursk au sud.

L'action française, par conséquent, dans la Russie méridionale, est extrêmement difficile. Voilà les Anglais qui veulent la remplacer et ils réussissent dans leur plan : leur influence augmente; voilà les italiens qui se faufilent et veulent jouer leur rôle dans ce pays désorganisé. Les autres nations s'agitent aussi autour de ce grand inconnu qu'est devenue cette Russie chaotique. La solution à donner pour la France est aussi extrêmement difficile, surtout après cette indignation générale contre elle après les événements d'Odessa, mais la France ne peut se retirer en ce moment, ne peut pas observer la situation des bras croisés et il faut qu'elle agisse, mais en changeant complètement sa politique générale et sa manière d'action

Si on veut reconquérir, à la place de notre situation chancelante, une influence conforme aux hauts intérêts de la France, il n'y a pas un moment à perdre, il n'y a pas une faute à commettre.

Votre bien respectueusement.

LORIS-MELICOF.

APPENDICE V

Compte rendu de l'audience
accordée par le général Denikine au Dr Loris-Mélicof
le 24 Novembre 1919

M. Loris-Melicof exprime au général Denikine son admiration pour sa personne, l'élévation de son patriotisme et la grandeur de la tâche déjà accomplie; il dit être venu en Russie en ami, dont les sympathies pour le peuple russe sont connues et fait un exposé des affinités historiques des deux peuples dont les buts ont toujours été désintéressés et humanitaires.

Denikine relève qu'en dehors des raisons morales et sentimentales qui lient la France et la Russie, il existe entre les deux pays des nécessités et des intérêts d'ordre matériel les rendant solidaires.

Dans le domaine de la politique extérieure, son plan sera, tant qu'il tiendra le gouvernail, de réaliser l'union des peuples slaves et le bloc avec les alliés actuels de la Russie contre l'Allemagne, seul moyen d'assurer la paix du monde.

Les deux écueils de son chemin peuvent être : que les alliés l'abandonnent et la question polonaise. Le concours des alliés dans sa lutte contre le bolchevisme lui est absolument indispensable pour triompher; quant à la Pologne il semble, d'après les derniers renseignements parvenus de Paris, que la Conférence de la Paix commence à se lasser des appétits toujours plus grands des Polonais.

Le moment est décisif maintenant que sont en train de s'édifier les bases sur lesquelles reposera la Russie de demain; nos adversaires profitent de nos tâtonnements pour nouer des liens qui créeront des situations de faits dont il sera difficile de s'affranchir complètement plus tard.

Parlant de la situation intérieure, Denikine déplore la longueur de cette guerre, l'acharnement de la lutte fratricide qui a déjà coûté tant de jeunes existences et montre la lassitude générale. Il ne veut pas préjuger de l'avenir, car toute l'histoire de l'A. V. témoigne quelle place il faut faire à l'imprévu. Sur le front, la situation actuelle est des plus sérieuses sans être critique, les bolcheviks font un très gros effort et sont abondamment approvisionnés en munitions. Sans vouloir être optimiste, Denikine garde confiance malgré les difficultés matérielles et financières inextricables qui lui créent une situation sans exemple dans les annales des grands chefs militaires.

L'accueil fait par le général Denikine à M. Loris-Melicof a été des plus cordiaux; la conversation menée sur un ton familier a abordé successivement toutes les questions d'actualités.

APPENDICE VI

Allocution du Dr Loris-Mélicof au Parlement arménien le 23 Décembre 1919

Messieurs les Députés,

Je suis bien heureux de saluer en vous les représentants du peuple arménien au Parlement de l'Arménie tant rêvée par tant de générations, après avoir passé par tant de souffrances indescriptibles.

Je vous apporte le salut de la France généreuse et désintéressée qui à travers des siècles a montré son attachement aux idées humanitaires.

Cette France éternelle a manifesté continuellement ses sympathies chaleureuses au peuple arménien martyr. Toute l'élite française, malgré la divergence extrême de ses opinions politiques, s'est exprimée unanimement en votre faveur, comme à cette magnifique manifestation du Château d'Eau où la première fois, peut-être, s'est réalisée, il y a une quinzaine d'années, cette union sacrée qui a été pour la France le mot d'ordre pendant la dernière terrible guerre.

Parmi eux a été le grand vieillard, un des fervents défenseurs de la cause arménienne, M. Clemenceau, le Président du Conseil actuel et le Président de la Conférence de la Paix. Il conserve encore ses sympathies pour vous. Ce grand patriote, qui est resté toujours un démocrate dans le sens le plus large de ce mot, est animé d'un esprit de haute justice et capable de faire les réformes sociales les plus avancées pour le bien-être de son peuple. Toute sa vie, son abnégation pour le bonheur de sa nation puisse vous servir comme un illustre exemple.

Le peuple arménien a souffert des siècles pour son existence nationale, plus que n'importe quel peuple. Ses souffrances étaient de deux sortes : l'extermination systématique du peuple même et les souffrances de ceux qui ont consacré toute leur vie à la délivrance de l'oppression de ce peuple.

Je n'ai pas besoin de vous rappeler les noms de vos camarades de ces dernières dizaines d'années : ils sont sur toutes vos bouches; ils sont innombrables. Ils étaient d'une haute valeur intellectuelle et morale. Dans la lutte acharnée contre vos ennemis fanatiques durant la guerre et même maintenant contre vos voisins, vous avez pu organiser, malgré des difficultés matérielles et politiques insurmontables, une armée superbe par sa bravoure et par sa discipline.

Je suis enchanté d'arriver à Erivan juste le jour de son anniversaire pour exprimer à cette armée glorieuse mon salut d'admiration.

Je souhaite que cette fois l'Arménie soit définitivement délivrée du danger extérieur et qu'elle se consacre à l'épanouissement de son bien-être, plein d'une prospérité florissante.

Vous voilà arrivés au dernier terme de vos souffrances et vous êtes en train de former dans ce Parlement votre Etat arménien. Mon cœur bat à l'unisson des vôtres, mais permettez-moi de vous dire que sous ce rapport le moment est décisif et que de votre conduite actuelle dépend tout l'avenir du pays. Vous portez en ce moment une lourde responsabilité devant votre peuple qui vous suit et qui attend avec impatience la dernière solution. Votre responsabilité est aggravée devant les générations futures. Mais ce n'est pas tout : vous la portez devant vos camarades qui ont péri dans la lutte et devant ces millions d'Arméniens massacrés par les barbares. Votre responsabilité est énorme : elle est unique au monde. Vous vous êtes mis courageusement à l'œuvre et je n'ai qu'à me réjouir de votre ténacité dans cette dernière lutte contre les obstacles pour la reconstitution de l'Etat arménien. Ces obstacles sont encore nombreux, mais n'oubliez pas que vous avez comme soutien moral les sympathies du monde entier qui ne vous abandonnera plus maintenant.

Vous avez tous dans la mémoire les noms célèbres de toute l'élite française qui plaidait éloquemment votre cause. Vous connaissez aussi le nom du vénérable lord James Brice, autour duquel se groupent tant d'éminents hommes anglais.

Le grand Lloyd George est à la tête de vos meilleurs amis anglais. Les Etats-Unis, dans la personne de leurs éminents présidents, tour à tour Roosevelt et Wilson, encouragés par tous les citoyens libres, vous témoignaient toujours un dévouement sincère. Leur aide immédiate et réelle ne cesse pas. Vos représentants, à l'heure actuelle, sont fêtés à la Maison Blanche, et le Colonel Haskell continue de s'occuper de votre sort comme un bon papa qui soigne ses enfants pour qu'ils soient bien nourris, bien vêtus et bien armés. D'autres pays alliés sont aussi bien disposés pour vous : l'Italie, la Belgique ont maintes fois manifesté pour l'Arménie ; l'éminent Venizelos vous a prouvé à la Conférence de la Paix son extrême bienveillance.

Parmi toutes ces sympathies, les plus significatives sont celles de ces trois illustres représentants des alliés que je vous ai déjà cités : Clemenceau, Lloyd George et Wilson, les trois génies de leur race. J'ai une foi infinie en eux. Ils professent sincèrement les idées démocratiques qui sont à la base de toutes les évolutions sociales. La démocratie véritable est, ainsi dire, le pont nécessaire par lequel doit passer toutes les réalisations des rêves sociaux encore éloignés et que les myopes croient déjà arrivés. Que les représentants de ces trois illustres hommes d'Etat, disséminés dans les pays vaincus s'inspirent de leurs grandes idées pour éviter dans leurs actions des malentendus qui peuvent retarder la Paix mondiale.

Ces témoignages de profonde sympathie du monde entier ne suffisent pas pour la création d'un Etat nouveau. Je ne veux pas dire que le peuple arménien soit jamais abandonné. Les représentants des alliés, soucieux de votre bien-être, assureront toujours votre existence ; mais tous ces hommes éminents, qui s'occupent sans cesse de vous, sont obligés de raisonner comme des hommes d'Etat, quand il s'agit de résoudre cette grave question — la création d'un Etat. Ils sont obligés de prendre en considération toutes les conditions et peser le pour et le contre ; si tel ou tel autre peuple peut se gouverner seul ? A-t-il suffisamment de garanties nécessaires pour constituer un Etat viable ?

Moi, personnellement, je vous souhaite de tout mon cœur la réalisation de toutes vos revendications et ces hommes d'Etat sont pleins de bienveillance pour vous dans le même sens, mais pour prendre une décision ferme en connaissance de cause il faut que vous leur donniez des preuves réelles et palpables de votre capacité de vous gouverner.

Je sais bien que votre tâche pour remplir ce rôle est extrêmement difficile ; au milieu des ruines et des déserts, vous êtes forcés de vous organiser en vous défendant en même temps contre les agressions sauvages sur vos frontières et votre situation est beaucoup plus compliquée que celle de vos voisins, auxquels sont dévolus des pays riches et florissants avec un complet appareil gouvernemental et toutes les richesses accumulées par l'Empire russe. Sans donner des victimes nombreuses à la guerre, ils ont en outre conservé des traditions relativement récentes de leur ancien Etat, ou sont soutenus fortement par un autre Etat coreligionnaire. Mais courage ! encore un effort ! Vous avez supporté de plus grandes difficultés pour ne pas surmonter celle-ci.

Il faut créer ! tout est à créer ! Vous savez que l'esprit créateur de l'homme est le facteur principal de la civilisation. Il faut construire maintenant un Etat moderne, un Etat qui doit répondre à toutes les exigences du progrès humain. Cet Etat doit être basé sur les droits de l'homme et des peuples ; sur le droit du travail et des collectivités. Mais pour créer cet organisme il ne suffit pas de votre bon vouloir, dont je ne doute pas. Il faut savoir faire, il faut se mettre au niveau des connaissances modernes pour chaque branche gouvernementale. Il faut appeler des meilleurs spécialistes. Les Parlements d'Occident sont préoccupés eux-mêmes aussi à ce sujet et l'opinion publique de toutes nuances commence à se révolter contre les politiciens de profession et la question des compétences se pose aussi chez eux d'une façon urgente. Pour réussir dans cette voie il faut que vous fassiez un appel pressant à toutes les forces vives de la nation, à toutes les compétences.

Il existe chez vous, en Arménie russe, un ancien parti politique important qui s'appelle le Dachnakdjoudioun. Je sais qu'à l'origine de ce parti les fondateurs ont résolu de lui donner ce nom parce qu'ils voulaient former un parti national en unissant tous les éléments révolutionnaires, dispersés contre l'ennemi commun. Son but principal a été de détruire le régime oppressif des Arméniens en Turquie. Maintenant cela est atteint.

Il faut maintenant construire. Aux nouvelles situations il faut donner de nouvelles solutions. Je conseillerai à ce parti qu'il fasse appel dans ce but à toute la nation sans restriction. C'est ce parti, qui est au pouvoir, qui supporte en ce moment cette terrible responsabilité, dont je viens de parler. Celui qui ne remportera pas la victoire dans ce dernier effort national, dans ce travail positif, succombera sous le poids de cette responsabilité. Le moment pour la nation arménienne est grave. Tout esprit étroit du parti ou du chauvinisme traditionnel doit être écarté. Il faut se guider avant tout sur le haut intérêt du peuple arménien, de son bien-être matériel, intellectuel et moral. Il faut construire le nouveau régime de telle manière que le peuple puisse vivre mieux que jamais et qu'il n'éprouve pas quelques regrets pour la vie passée soit sous le régime turc, soit sous l'Empire russe.

Par conséquent, il faut une constitution sociale aussi stable, aussi souple que possible, donnant la satisfaction à tout le monde en dedans et en dehors. Il faut que votre Patrie soit largement ouverte à tous, bienveillante et hospitalière pour que non seulement ceux qui y restent soient fiers et heureux, mais aussi pour que les voisins soient attirés vers elle par un respect cordial.

Je viens de vous dire que la question morale est aussi importante que les autres. A ce sujet je vous citerai un fait caractéristique : mon ami Reynolds, qui a fait beaucoup de bien aux Arméniens autrefois, hésitait longtemps avant de se dévouer à cette question. Il m'a avoué un jour la cause de cette hésitation : « Je connaissais, disait-il, un Arménien à New-York, qui m'a trompé affreusement en me vendant son tapis. » Eh bien, il y a des Arméniens qui, soit sous l'influence des anciens régimes, soit sous l'influence des milieux malfaisants, produisent une mauvaise impression dans les relations commerciales ou dans les affaires, et grâce à ces Arméniens le jugement se généralise quelquefois sur toute la nation. C'est pour vous dire qu'en ce moment, quand votre sort se décide, il vous faut une tension de votre esprit dans tous les domaines pour aboutir au résultat tant rêvé par la nation, de longue date.

Je tiens à attirer votre bienveillante attention sur un autre fait d'une haute importance au moment de la formation d'un Etat.

Les grands principes de la constitution politique doivent s'adapter à la mentalité de chaque nation. Si des mœurs se sont formées sous l'influence du régime féodal dont les vestiges sont encore vivants, il faut effacer ce régime par les lois correspondantes pour éviter les germes de la dissolution de l'organisme social. Le fanatisme religieux ou de race est en opposition formelle avec l'Etat moderne s'il n'est pas contrebalancé par une constitution.

Votre mentalité d'individualisme formé à travers des siècles, fait craindre aussi des germes de dissolution sous forme d'anarchie, si vous ne vous y opposez pas aussi par des lois spéciales.

L'individualisme est sans doute utile à l'Etat comme tout esprit créateur, mais l'individualisme, sans la haute culture, est néfaste et nuisible à l'Etat. L'intérêt de chacun doit être soumis à l'intérêt général, à l'intérêt de la nation.

Voilà ce que je tenais à vous dire parce que je suis aussi bien dévoué à votre cause sacrée que vous-même et je considérais comme mon devoir de vous exposer ma manière de voir pour votre nouvelle et heureuse existence comme la nation, qui apportera à son tour sa part nationale à la civilisation humaine.

APPENDICE VII

Projet de fondation d'une École de Hautes Études pour la vulgarisation des idées démocratiques à Constantinople

But. — Maintenir le prestige de la France en Orient particulièrement au point de vue intellectuel et politique, et prouver que le foyer de la civilisation moderne, peut et tient à envoyer à l'étranger son élite pensante plutôt que des femmes galantes ou des coiffeurs, ainsi que par endroits on ose le prétendre.

En outre, montrer et prouver que la France victorieuse n'est animée d'aucun sentiment hostile pour les peuples qui furent ses ennemis, lors de la grande guerre, et qu'elle veut les aider pour prendre part au grand mouvement démocratique mondial dont les bases figurent au traité de Versailles.

En général, définir les principes démocratiques en détail, les vulgariser dans l'application de toutes les manifestations de la vie publique, et déterminer nettement les différences entre la Démocratie et le Socialisme et le Communisme, lesquels prennent une grande extension dans les masses, les foules, le peuple, à cause de leurs séduisantes promesses.

Dans cette école, les chaires seraient occupées par des professeurs français éminents, dont l'attrait des cours serait réhaussé au commencement ou à la fin de chacun d'eux par des représentations cinématographiques sur la guerre, ou théâtrale, comportant la mise en scène des pièces de Corneille, Molière, Racine.

La moitié des auditeurs libres pourraient jouir de l'entrée gratuite, au cas où surviendrait un déficit on pourrait le combler par les sociétés financières locales ou par une subvention.

Ce collège serait placé sous le haut patronage du Président du Conseil du Gouvernement français et sous la présidence du Haut-Commissaire de la République française à Constantinople. Le programme d'une série de cours pourrait être le suivant :

1º Les principes de la Démocratie ;
2º La Démocratie devant la Science ;
3º Le traité de Versailles et la Démocratie ;

4° L'histoire de la Démocratie ;
5° La Démocratie et la Diplomatie ;
6° La Démocratie et les Finances ;
7° La Démocratie et l'Administration ;
8° La Démocratie et l'Economie politique ;
9° La Démocratie, l'Instruction et la Religion ;
10° La Démocratie et la Politique ;
11° La Démocratie antique ;
12° La Démocratie française ;
13° La Démocratie anglaise (professée par un Anglais) ;
14° La Démocratie américaine (professée par un Américain) ;
15° La Démocratie italienne (professée par un Italien) ;
16° La Démocratie et les petits peuples ;
17° La Démocratie et la Russie ;
18° La Démocratie et l'Orient ;
19° La Démocratie et la Société des Nations ;
20° La Démocratie et son avenir.

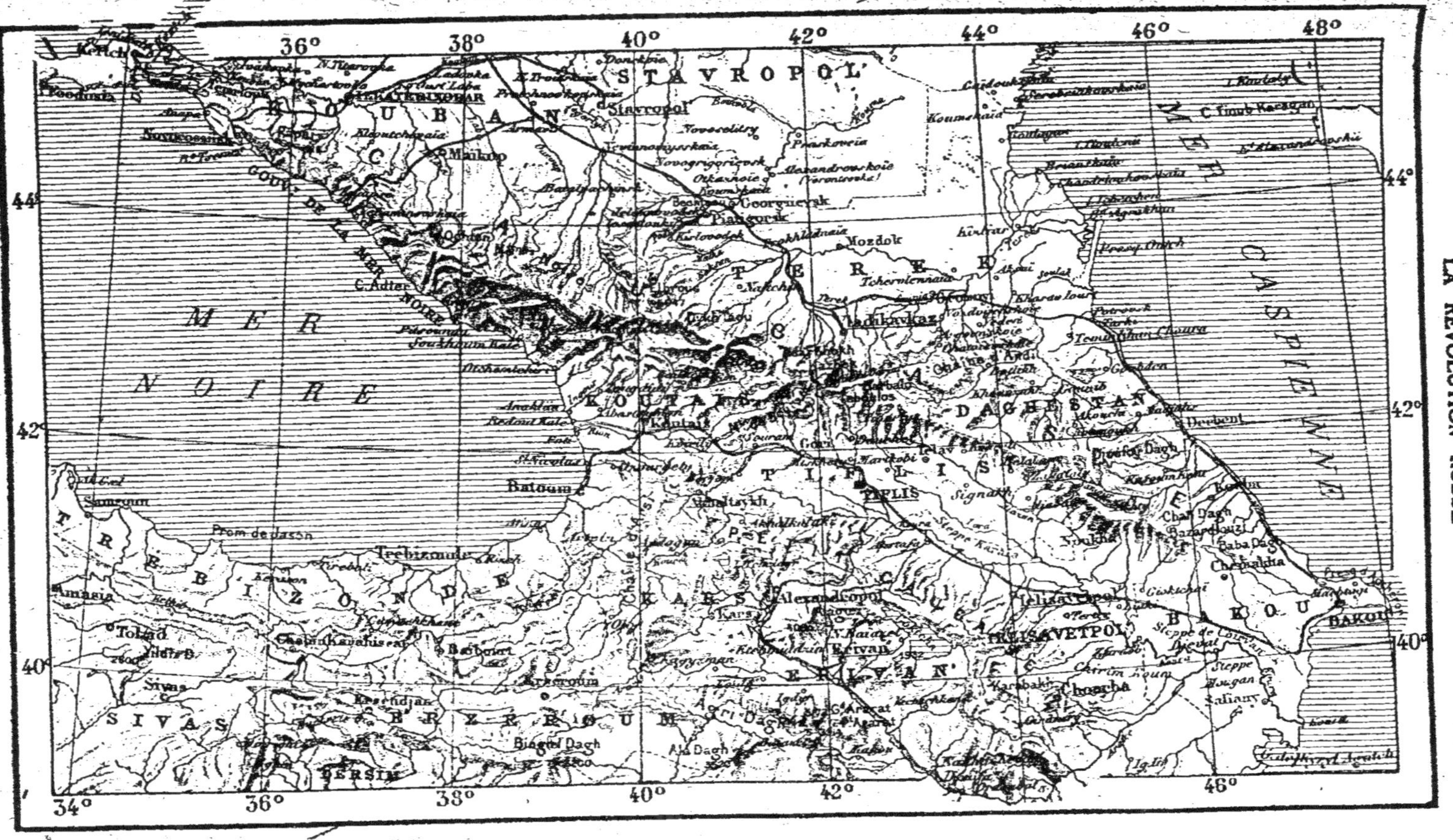
STAVROPOL
KOUBAN
MER NOIRE
MER CASPIENNE
TEREK
DAGHESTAN
KOUTAIS
TIFLIS
CAUCASE
KARS
ERIVAN
ELISAVETPOL
BAKOU
TREBIZONDE
ERZEROUM
SIVAS
PERSE
Stavropol
Ekaterinodar
Maikop
Mozdok
Piatigorsk
Georguievsk
Vladikavkaz
Batoum
Akhaltsykh
Tiflis
Alexandropol
Kars
Erivan
Ararat
Trebizonde
Amasia
Samsoun
Tokad
Sivas
Erzeroum
Derbent
Baba Dagh
Nonkha

TABLE DES MATIERES

Erratum. — Il faut lire à la page 54, entre la 9e et la 10e ligne, l'énumération suivante : les Moldaves (14.000), les Grecs (75.000) ; de races Iraniennes, les Kurdes Erivan (43.000), etc.

Jean RABILLOUD -- Imprimeur
23, rue de la Reine Blanche, PARIS